新时代 北京卷

教育文库

北 京 市 第 一 七 一 中 学

带着教育理想做理想教育

吴丽军　罗红燕　南　玲◎主编

中国言实出版社

图书在版编目(CIP)数据

带着教育理想做理想教育 / 吴丽军, 罗红燕, 南玲
主编. -- 北京: 中国言实出版社, 2023.3
（新时代教育文库. 北京卷）
ISBN 978-7-5171-4417-5

Ⅰ.①带… Ⅱ.①吴… ②罗… ③南… Ⅲ.①中学教
育—文集 Ⅳ.①G63-53

中国国家版本馆CIP数据核字（2023）第050281号

**带着教育理想做理想教育**

责任编辑：王战星
责任校对：郭江妮

出版发行：中国言实出版社
　　　　　地　址：北京市朝阳区北苑路180号加利大厦5号楼105室
　　　　　邮　编：100101
　　　　　编辑部：北京市海淀区花园路6号院B座6层
　　　　　邮　编：100088
　　　　　电　话：010-64924853（总编室）　010-64924716（发行部）
　　　　　网　址：www.zgyscbs.cn　电子邮箱：zgyscbs@263.net

经　　销：新华书店
印　　刷：徐州绪权印刷有限公司
版　　次：2023年4月第1版　　2023年4月第1次印刷
规　　格：710毫米×1000毫米　　1/16　　18印张
字　　数：310千字

定　　价：89.00元
书　　号：ISBN 978-7-5171-4417-5

吴丽军，北京市第一七一中学常务副校长，教学副校长，中学高级教师。教育部"国培计划"西部项目——雄安新区基于整校改进的优秀校长培养工程实践导师，北京市青少年科技教育协会理事，东城区"协同精准教研及资源众创共享共同体"项目负责人，北京市第一七一中学翱翔培养人文与社会科学领域基地校负责人。

罗红燕，北京市第一七一中学副校长，中学高级教师。中国扶贫基金会、中石油教育扶贫项目负责人，北京市农村中小学教师研修工作站指导教师，北京市中小学生性健康教育协会会员。

南玲，北京市第一七一中学德育副校长，语文教师，中学高级教师。东城区优秀共产党员、东城区师德标兵、东城区先进教育工作者、东城区教育系统未成年人思想道德建设先进个人。参与了国家教育部开展教师职业行为十项准则研制工作。

# 文库编委会

主　任：顾明远

编　委：（以下按姓氏笔画排序）

# 本书编委会

主　编：吴丽军　罗红燕　南　玲

副主编：李　昆　江武金　曹义龙　张　琳　王本喆

　　　　金英珍　张石友　王红轩　刘　童

编　委：（以下按姓氏笔画排序）

马冠英　王　芳　王　茁　王守勇　王胜华

王桢宇　史晨飞　刘　洁　刘　晶　许绮菲

孙冬君　严晓青　李　浩　李　铮　李彦辉

时子豪　吴晓龙　张　舒　张奕平　张姝玉

陈　述　苑红霞　罗　君　金春霞　郑佳悦

孟　岩　孟　璟　钟林莉　姚未然　秦建鹏

晏　辉　徐兴月　徐明辉　高晓燕　高新华

郭志强　黄素兰　常　霞　常育慧　梁　英

彭春雨　韩　凌　程金龙　雷　宏　褚　玲

管　悦　翟海燕　潘忠泉

# 总　序

党的二十大报告中指出，"高质量发展是全面建设社会主义现代化国家的首要任务"、"教育、科技、人才是全面建设社会主义现代化国家的基础性、战略性支撑。必须坚持科技是第一生产力、人才是第一资源、创新是第一动力，深入实施科教兴国战略、人才强国战略、创新驱动发展战略，开辟发展新领域新赛道，不断塑造发展新动能新优势"。为深刻领会以习近平同志为核心的党中央作出这一战略部署的深义和赋予教育的新使命新任务，加快建设教育强国，加快推进教育高质量发展，展示新时代我国基础教育的发展变革和取得的重大成就，中国言实出版社策划、出版了"新时代教育文库"丛书。

进入新时代以来，教育系统全面贯彻党的教育方针，落实立德树人根本任务，培养德智体美劳全面发展的社会主义建设者和接班人；促进教育公平、提升教育质量，加快推进教育现代化，办好人民满意的教育。教育的中国特色更加鲜明，教育面貌正在发生格局性变化。新时代以来，我国教育普及水平实现了历史性跨越，更好地保障了人民受教育的机会；教育服务能力稳步提升，为国家重大战略实施和经济社会发展提供了强大的人才和智力支撑；教育改革开放持续深化，服务全民终身学习的教育体系进一步完善。"新时代教育文库"丛书记录了、见证了基础教育事业的发展变革，对研究我国基础教育具有一定的史料价值。

本丛书选题视野开阔，立意深远。丛书以地区分卷，入选学校办学特色鲜明、教学教研成果突出，既收录了办学者、管理者高水平的理论研究创新成果，也收录了一线教师对课堂教学的真实感悟案例，收录了一线管理者的成功经验总结，这些，对基础教育工作者、研究者具有一定的参考价值。

是为序。

著名教育家，中国教育学会名誉会长、北京师范大学资深教授

2022 年 12 月

# 序　言

党的十八大以来，中国特色社会主义进入新时代，在以习近平同志为核心的党中央坚强领导下，我国教育事业取得历史性成就、发生历史性变革。中国言实出版社为深入展示新时代十年北京基础教育的突出成就和改革成果，策划推出了大型系列丛书"新时代教育文库·北京卷"，并邀请我校参与。为了配合中国言实出版社这一具有重要历史意义的活动，同时总结学校十年来的发展成果和成功经验，我校成立编委会，认真组织、积极动员，充分调动广大干部教师参与的积极性，共同回顾过去，抓住现在，展望未来。

北京市第一七一中学始建于1958年，原名红旗学校。1978年被定为东城区重点中学，2005年被评为北京市示范高中。2016年，北京一七一中学教育集团成立，包括北京市第一七一中学、北京市第一七一中学附属青年湖小学、北京市第一七一中学朝阳豆各庄分校等六所学校。北京市第一七一中学先后获得全国十佳科技创新校、全国综合体育传统校、清华大学等十余所名校生源基地校、北京市科技示范校、北京市金帆合唱团、金鹏科技团、金帆书画院、人文翱翔基地校等40多个荣誉称号。

十年来，北京市第一七一中学始终秉持"把一件事情做到底"的价值遵循，使之成为我们办学治校工作的方向标、内动力。我们侧重在以下三个方面下功夫：第一，形成办好家门口优质学校的文化认同。以"秉持信仰、尽心尽力、主动担当、饱含公心、落实到底"为精神引领，带领全体教职工把需要做的事坚持做到底。第二，凝练"有层次、无淘汰"六字基本方针。我们着眼"人人能发展、人人有发展、人人力争高水平发展"，"有层次、无淘汰"就是要关注学生的阶段发展、层级发展、优势发展、突破发展，探索面向全体，正确处理差异、实现均衡与质量高度统一的策略与路径。第三，明确具有学校特质的学生培养目标。将素质教育具体落实为学校的培养目标，我们提出四个维度的要求：一是健全的人格，二是优雅的行为，三是坚实的基础，四是出色的智慧。

十年来，北京市第一七一中学始终尊重教育规律，关注因材施教，遵循科学的方法论，推动学校由大向强。经过反复研究，我们明确了一个可以简称为"123"的工作思路。"1"，就是一个基本面。我们认为，在实践层面，所有的成功都是基本面的成功。"2"，就是两句话——"只问耕耘，静待花开"。我们感到，在教育领域，压根儿就没有"毕其功于一役"的事，只有扎扎实实地厚植于规律之上，日复一日精耕细作，才能水到渠成，实现学校可持续发展、高水平发展。"3"，就是我们根据因材施教原理，摸索获得的推进发展的三大定律：梯进定律、正强化定律、螺旋式上升定律。

十年来，北京市第一七一中学始终着力绘制和打磨把一件事情做到底的"施工图"，使之能够谋全局利长远。其中课程、课堂、课案"三位一体"的教学实践体系是我校育人体系的核心，是一七一全体干部师生自下而上全力以赴、十年磨一剑形成的重要成果之一。十年打磨课程体系。我们紧紧把握"国家课程深耕化、校本课程特色化、特色课程精品化"三个目标，加强课程领导力与加工力的建设。摸索出基本路径：变课标为学标，变教材为学材，变教案为课案，变先教为先学，变接受为探究，变独学为合作，变同质为个性。十年打磨课堂体系。一七一中学目前已经形成具有本校特色的"五步自主高效课堂"，这五步分别是：第一步，展示学习目标。第二步，自学交流。第三步，展示提升。第四步，教师精讲。第五步，练习反馈。把课改从改课开始这件事做到底，推广"五步自主高效课堂"，目的是实现三个转变：从关注结果向关注过程转变；从关注教学进度向关注学习状况转变；从单一评价课堂教学向多元评价转变。十年打磨课案体系。课案是教学载体和抓手，实现课案的高效、高端、高质，从被动接受课案教学到主动推进课案教学，我们一七一教育集团每位老师实现了课案文化的自觉升华，它有三个鲜明特点：第一，把预习、训练、检测变为一件事情。第二，管理层上，把课案这个抓手做到极致、惟精惟一。第三，实现星级化、生活化、学科价值化的统一。课案是抓手，课堂是学校最大的无形资产，课程质量是学校发展的生命线。将这三者有机融为一体，形成一个体系，这是我们集团教育内涵发展确保质量稳步上升的整体解决方案的基本面。本文集所选取的文章，恰恰就是全校干部教师在课程、课堂、课案探索中的缩影，而支持我们不断求索的正是一七一人胸怀的"教育理想"和心中美好的"理想教育"。

　　过去的十年，是北京市第一七一中学由强变大的十年，由优秀走向卓越的十年，从高峰攀登更高高峰的十年。站在新的发展机遇中，我校将积极响应党和政府的号召，以普通高中多样化示范学校创建活动为契机，坚守一七一"把一件事情做到底"的办学理念，甘当教育愚公，坚守"一以贯之、凡事彻底、持续改善"的一七一办学原则，抱着"好教育就是让人变好"的初心，为创建"东城品格、首都标准"的高质量教育，我们守正创新再出发！

陈爱玉

北京市第一七一中学校长

2022 年 12 月 12 日

# 目 录

## 教学探索

## 育人实践

## 管理创新

北京市第一七一中学
BEIJING NO.171 HIGH SCHOOL

教学探索

# 促进核心素养提升的"五线合一"的单元教学设计与实践

## ——以"钠及其化合物"为例

张　琳

　　学科核心素养是学科教育之"家",是指学生学了本学科之后逐步形成的必备知识、关键能力和价值观念。核心素养的实施意味着教学目标的升级,从关注"零散知识点的学习"到"学生运用学科知识与方法解决实际问题,能够正确地做事"。崔允漷教授指出:"教师必须提升教学设计的站位,即从关注单一的知识点、课时转变为大单元设计。只有这样,才能改变学科知识点的碎片化教学,才能真正实现教学设计与素养目标的有效对接。"

## 一、教材内容与学情分析

　　一个学习单元由素养目标、课时、情境、任务、知识点等组成,单元就是将这些要素按某种需求和规范组织起来,形成一个有结构的整体。"钠及其化合物"是人教版化学必修 1 第二章的教学内容,是在第一章学习了物质分类、离子反应、氧化还原反应等知识后学习的第一个典型的金属元素。同时钠及其化合物在生产生活中应用广泛,具有很好的研究价值。

　　从教学内容的编排来看,体现出化学学科的特点:结构 $\underset{反映}{\overset{决定}{\rightleftharpoons}}$ 性质 $\underset{反映}{\overset{决定}{\rightleftharpoons}}$ 应用。这也是本单元教学设计的核心观念。

　　我校高一学段的学生中考选考化学的学生比例为 78%,在高考中预选考化学的学生比例为 57%。中考未选考化学的学生对于化学学科的基本知识、基本方法都处于缺失状态，其中有 5% 的学生不会书写常见酸、碱、盐的化学式。基于学生现状，在学习本单元前对两个班级的 91 名学生进行了问卷调研，调研结果如表 1。

表 1　课前调研及结果分析

| 测试问题 | 测试目标 | 结果分析 | 学生认知状态 |
|---|---|---|---|
| 说出常见金属的物理性质，书写体现金属性质的化学方程式 | 调查学生在初三对金属物理、化学性质的认识情况 | 82.4% 的同学知道金属能导电、导热，对金属其他物理性质的关注较少；70.3% 的学生能准确书写锌和盐酸、铁和硫酸铜反应的化学方程式 | 学生对金属的物理、化学通性性质掌握情况较好 |
| 画出钠的原子结构示意图 | 检测学生对原子结构的认知水平 | 64.8% 的学生可以正确书写钠原子结构示意图 | 学生对原子结构有一定的认识 |

70% 以上的学生对常见金属锌、铁的物理化学性质有一定的认识，并能够书写相关的化学反应方程式。近 65% 的学生了解原子结构相关知识，具备了将钠单质的金属活泼性与其原子的最外层电子排布结合起来的逻辑能力，从而初步形成物质结构决定物质性质的观点。

## 二、教学目标及教学思路设计

根据课程标准中相关主题的内容要求和学业要求，结合学生具体情况，制订本单元教学目标如下：

1. 通过观察宏观实验现象并探析其微观本质，能列举、描述、辨识金属钠及其化合物的物理、化学性质。

2. 能够从物质的组成结构、类别、元素价态的角度，预测钠及其化合物的化学性质和变化。根据猜想或假说，自主设计实验进行初步验证，基于实验证据分析、解释有关实验现象，养成严谨的科学态度。

3. 应用氧化还原模型分析钠与水，过氧化钠与水、二氧化碳等反应的产物，并能用化学方程式、离子方程式正确表示钠及其化合物的主要化学性质，认识物质转化的路径。

4. 通过钠及其化合物的学习，建构学习元素化合物的认识模型——价类二维图。

5. 知道钠及其化合物在实际生产生活中的应用，建构"结构决定性质，性质决定用途"的学科观念；通过情境探究和实际问题分析感受化学知识在生产生活中的价值。

根据上述单元教学目标制订单元评价目标。

1.通过对实验现象的描述及对实验现象微观实质的分析，诊断并发展学生宏观辨识与微观探析的素养水平。

2.通过钠及其化合物从组成结构、类别、元素价态角度预测化学性质，及对金属钠、过氧化钠与水反应等反应后产物的分析及相关化学方程式的书写，诊断并发展学生证据推理与模型认知的素养水平。

3.通过钠及其化合物性质实验方案的设计与实验操作，诊断并发展学生科学探究与创新意识及科学态度的素养水平。

4.通过生产生活中实际问题的解决，诊断并发展学生学科观念与社会责任的素养水平。

根据钠及其化合物单元教学内容，本单元教学分为 3 课时，课时规划如表 2。

表 2　课时安排与核心知识

| 课时安排 | 核心知识 |
| --- | --- |
| 第一课时　金属钠的性质 | 金属钠的物理、化学性质<br>金属钠与水反应现象的分析、产物的探究 |
| 第二课时　氧化钠、过氧化钠性质 | 氧化钠、过氧化钠物理、化学性质<br>过氧化钠与水、二氧化碳反应的探究与分析 |
| 第三课时　碳酸钠、碳酸氢钠性质 | 碳酸钠、碳酸氢钠的物理、化学性质<br>碳酸钠、碳酸氢钠性质差异探究 |

在"钠及其化合物"的单元设计中，设计思路是基于真实的情境素材产生需要解决的真实问题，真实的问题在完成设置的特定课堂任务中得以解决，通过完成指向核心素养的知识、方法的课堂任务，发展学生的思维能力，流程见图 1。

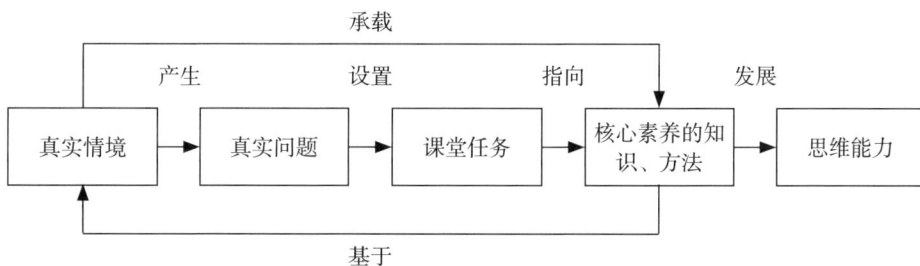

图 1　"钠及其化合物"单元教学设计思路

# 三、单元教学流程

《普通高中化学课程标准（2017 版）》提出，教师在化学教学过程中要紧紧围绕"发展学生的化学学科核心素养"这一主旨，开展"素养为本"的教学。因此，本单元的教学设计创设"五线合一"的教学模式，选取教学资源形成情境线，利用问题驱动融合知识线与活动线，最终使学生的学科素养得到发展，单元教学流程见图 2—图 4。

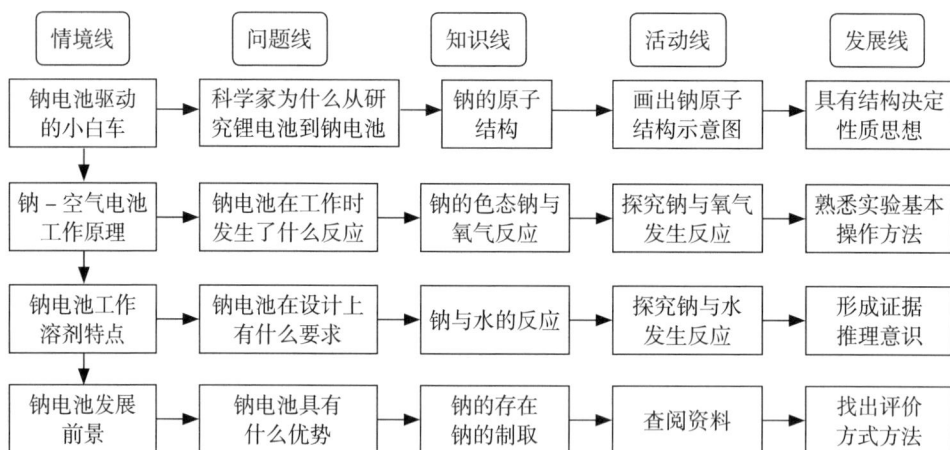

| 情境线 | 问题线 | 知识线 | 活动线 | 发展线 |
|---|---|---|---|---|
| 钠电池驱动的小白车 | 科学家为什么从研究锂电池到钠电池 | 钠的原子结构 | 画出钠原子结构示意图 | 具有结构决定性质思想 |
| 钠－空气电池工作原理 | 钠电池在工作时发生了什么反应 | 钠的色态钠与氧气反应 | 探究钠与氧气发生反应 | 熟悉实验基本操作方法 |
| 钠电池工作溶剂特点 | 钠电池在设计上有什么要求 | 钠与水的反应 | 探究钠与水发生反应 | 形成证据推理意识 |
| 钠电池发展前景 | 钠电池具有什么优势 | 钠的存在钠的制取 | 查阅资料 | 找出评价方式方法 |

图 2 "钠及其化合物"第 1 课时教学流程

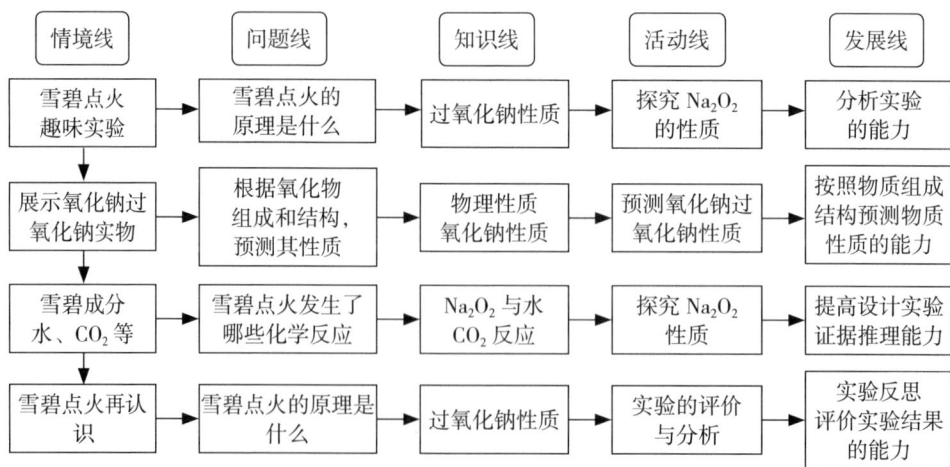

| 情境线 | 问题线 | 知识线 | 活动线 | 发展线 |
|---|---|---|---|---|
| 雪碧点火趣味实验 | 雪碧点火的原理是什么 | 过氧化钠性质 | 探究 $Na_2O_2$ 的性质 | 分析实验的能力 |
| 展示氧化钠过氧化钠实物 | 根据氧化物组成和结构，预测其性质 | 物理性质氧化钠性质 | 预测氧化钠过氧化钠性质 | 按照物质组成结构预测物质性质的能力 |
| 雪碧成分水、$CO_2$ 等 | 雪碧点火发生了哪些化学反应 | $Na_2O_2$ 与水 $CO_2$ 反应 | 探究 $Na_2O_2$ 性质 | 提高设计实验证据推理能力 |
| 雪碧点火再认识 | 雪碧点火的原理是什么 | 过氧化钠性质 | 实验的评价与分析 | 实验反思评价实验结果的能力 |

图 3 "钠及其化合物"第 2 课时教学流程

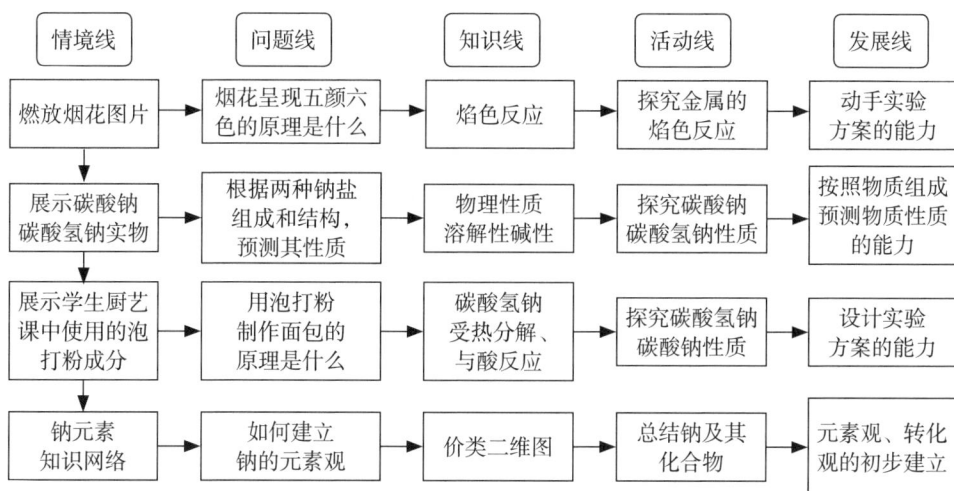

图4 "钠及其化合物"第3课时教学流程

# 四、单元教学实施片段

## （一）探究钠与水反应的产物

【资料】 展示钠空气电池工作原理图。

【教师】 钠空气电池的两级为什么能在不同的溶剂环境中工作呢？

【学生】 钠电极在有机溶剂中工作，而石墨电极在水中工作，说明钠与水可能发生反应，从而影响电池工作效率。

【教师】 如果钠与水反应，可能的生成物有什么？请根据氧化还原反应原理进行解释。

【学生1】 钠和水反应可能生成氢氧化钠和氧气，是置换反应，也是氧化还原反应。

【学生2】 钠和水反应可能生成氢氧化钠和氢气，钠原子最外层有1个电子，失去电子做还原剂，水电离出氢离子，氢离子得电子做氧化剂生成氢气。

【教师】 请同学们从氧化还原反应中氧化剂得电子、还原剂失电子的角度评价钠与水反应产物的哪一种猜想是合理的。

【学生】 不能生成氧气，因为氧水中的氧元素是 $-2$ 价，如果生成氧气，也是失去电子，在一个氧化还原反应中，不能都失去电子。所以钠和水反应可能生成氢氧化钠和氢气的猜想合理。

【教师】 除了从理论上对反应产物进行分析以外，我们还可以采取什么方法对产物进行验证？

【学生】 可以设计实验进行验证。

【教师】 设计实验方案并验证钠和水反应可能生成氢氧化钠和氢气。

【学生】 学生分组交流后展示的实验方案：向试管中或烧杯中加入水，然后加入金属钠，反应后收集气体并检验该气体是否为氢气，在反应后的溶液中加入酚酞检验是否有 NaOH 生成。

【教师】 在研究钠空气电池工作原理时，我们认识到钠是活泼金属，在空气中放置就会被氧化。为了保障安全，同学们在实验时要先戴好护目镜，然后在烧杯中加入适量水，酚酞可以在反应的时候加，也可以在反应后加，再加入绿豆粒大小的金属钠，在烧杯上盖好玻璃片。描述你观察到的实验现象。

【学生】 反应剧烈，钠浮在水面上，开始切割的钠是不规则的，反应时变成小球，在水面上跑，有声响，加入酚酞变红。

【教师】 钠的密度是 $0.971g/cm^3$，熔点是 $97.8℃$，沸点是 $883℃$。请结合钠的物理性质和实验证据解释我们观察到的宏观现象。

【学生】 钠的密度比水小，浮在水面上；反应剧烈并且放热，钠熔点低，熔成小球；反应后生成 NaOH，所以酚酞变红；有响声可能是氢气与氧气反应的爆鸣声。

【教师】 书写钠与水反应的方程式及离子方程式。

【学生】 $2Na+2H_2O=2NaOH+H_2\uparrow$，$2Na+2H_2O=2Na^++2OH^-+H_2\uparrow$

【设计意图】 在学习金属单质的性质时，可以从金属的原子结构出发，认识到金属单质容易失去最外层电子，在氧化还原反应中作还原剂。金属单质发生的反应均是和氧化剂的反应，如在钠空气电池中，钠可与氧气、水两种氧化剂反应。在探究钠与水反应的产物时，理论上除了可以利用质量守恒定律，还可以利用氧化反应的规律进行预测，再通过实验进行证据推理，帮助学生学会运用科学探究的一般流程研究物质性质。该片段的教学过程，可以诊断并发展学生模型认知、证据推理、科学探究的素养水平。

**（二）探究雪碧点火的反应原理**

【资料】 雪碧的成分有水、食品添加剂、二氧化碳、柠檬酸等。

【教师】 脱脂棉中包有过氧化钠，雪碧点火的实验中可能发生了哪些化学反应？

【学生】 假设1：过氧化钠与水反应；假设2：过氧化钠与二氧化碳反应；假设3：过氧化钠与柠檬酸反应；假设4：过氧化钠与水、二氧化碳、柠檬酸都反应……

【教师】 过氧化钠与水反应可能的产物是什么？设计实验并动手实验验证过氧化钠与水反应的产物。

【学生】 过氧化钠与水反应可能的产物是氢氧化钠和氧气。在试管或烧杯中加入过氧化钠，然后加入适量水，用带火星的木条检验气体，酚酞可以先加也可以反应后加。反应剧烈，产生大量气泡，使带火星的木条复燃，酚酞变红又褪色。

【教师】 根据实验的证据，书写过氧化钠与水反应的方程式。

【学生】 经过小组讨论与交流，书写的方程式为：

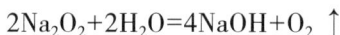

$2Na_2O_2+2H_2O=4NaOH+O_2\uparrow$

【教师】 过氧化钠与水反应中氧化剂、还原剂是什么物质？氧化剂还原剂比例为多少？

用双线桥标出电子转移方向和数目。

【学生】 氧化剂、还原剂均为过氧化钠。

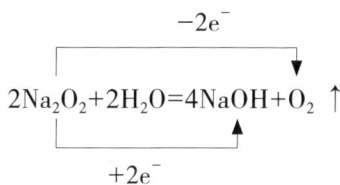

$$\overset{-2e^-}{2Na_2O_2+2H_2O=4NaOH+O_2\uparrow}$$
$$+2e^-$$

且氧化剂与还原剂之为1:1。

【教师】 推测：过氧化钠与盐酸反应的方程式如何书写？从反应类型角度分析：过氧化钠是碱性氧化物吗？

【学生】 $2Na_2O_2+4HCl=4NaCl+O_2\uparrow$，碱性氧化物是只和酸反应生成盐和水的氧化物，该反应复分解反应。而过氧化钠与酸反应除了生成盐以外，还生成氧气，是氧化还原反应，所以过氧化钠不是碱性氧化物。

【设计意图】 过氧化钠与水反应的原理是学习的难点。通过雪碧点火，学生获得了产物中有氧气的证据，降低了判断反应产物的难度。加强了对反应原理中氧化剂、还原剂及得失电子情况的分析，可以帮助学生更好地认识物质性质，而不是死记硬背方程式。同时运用物质分类、反应分类的方法构建碱性氧化物、过氧化物性质模型。本次教学设计没有对反应中的酚酞褪色现象进行研究，是为了突出知识主干及重难点。

# 五、单元教学实践反思

促进核心素养提升的"五线合一"教学模式将情境线、问题线、知识线、活动线、发展线有机融合。这种模式是基于学生的学情，围绕单元的教学目标和评价目标，选取生产生活中真实情境为教学素材，引导学生运用知识，边学边参与到解决实际问题的实践中，充分关注了"学生何以学会"的过程。本单元的教学，尝试运用"五线合一"的教学模式，确实使学生在宏观辨识与微观探析、证据推理和模型认知、科学探究等方面的核心素养得到发展。如何使核心素养在教学中落地是一个全新的课题，需要我们不断地探索。

# 对比实验巧创新　素养培养真落地

严晓青

新的中高考改革正如火如荼，以培养学生核心素养为目标的教学改革也正在全面展开。何为核心素养？物理学科的核心素养是什么？我们怎样培养学生的物理核心素养，才能将这个终极目标在每一节课的教学实施中落到实处？本文将分享我在教学中关于上面几个问题的体会。

## 一、什么是核心素养

核心素养是学生在接受相应学段的教育过程中，逐步形成的适应个人终身发展和社会发展需要的必备品格与关键能力，是关于学生知识、技能、情感、态度、价值观等多方面的结合体。核心素养兼具稳定性、开放性与发展性，是一个伴随终身可持续发展、与时俱进的动态优化过程，是个体能够适应未来社会、促进终身学习、实现全面发展的基本保障。而且核心素养主要是后天学习的结果，可以通过各教育阶段的课程设计与教学实施加以培养。

具体到物理学科，核心素养是指学生在接受物理教育过程中逐步形成的适应个人终身发展和社会发展需要的必备品格和关键能力，是学生通过物理学习培养起来的带有物理学科特性的品质。物理核心素养主要包括：物理观念、科学思维、科学探究、科学态度与责任。

## 二、如何培养学生的物理核心素养

科学素养的几个方面其实是互相关联、共同发展的。比如我们在带领学生进行科学探究的过程中，包含了对他们科学思维的训练，同时也导致观念的形成，并体现出我们的科学态度和社会责任，所以，每一个素养该怎样培养，不能单独、割裂地思考。众所周知，物理是一门实验学科，而实验正是我们培养学生核心素养的重要内容和手段。我自己的体会是可以通过实验教学的设计改进，巧用对比实验来培养学生的核心素养。

下面我用两个具体的例子来说明。

### 案例一：自由落体运动的教学

| 教学主要流程 | 流程设计目的 | 对比传统教学方法的改进之处 |
|---|---|---|
| 【分组实验】：<br>使用打点计时器测定自由落体运动的加速度。<br>测量对象：重锤（传统教学使用）<br>乒乓球（对照组）<br>数据处理方式：用 excel 作出 $v-t$ 图，并通过计算机拟合求出图像的斜率。即物体下落的加速度。<br>实验结果统计：<br>三个小组测量重锤的加速度分别为：<br>9.8m/s², 9.5m/s², 10m/s²。<br>两个小组测量乒乓球的加速度分别为：7.4m/s²，7.8m/s²。 | 练习使用打点计时器；<br>熟练掌握处理纸带数据的方法；<br>测量重锤和乒乓球下落的加速度。 | 增加了对照组，即对乒乓球的测量。 |
| 【分析与论证】：<br>教师通过提问引导学生分析数据。<br>（1）无论是乒乓球还是重锤，$v-t$ 图都成一条直线，说明他们做什么运动？<br>（2）乒乓球的加速度为什么比重锤的加速度小很多？<br>（3）哪个物体的运动更接近自由落体运动？ | 学会利用 $v-t$ 图像分析物体运动情况；<br>比较两个物体运动加速度的不同；<br>分析影响下落加速度的原因。 | 让学生有机会定量地分析空气阻力对物体运动的影响。加深对运动和力之间的关系的理解。有利于形成科学的运动观。 |
| 【推理和归纳】：<br>实际物体的运动在什么情况下可以看成是自由落体运动？ | 自主得出理想化的条件，加深对自由落体运动这一理想模型的理解。 | 能够通过更加具体的经验和数据体会理想化的方法。 |

从教学实施及学生后续学习检测的情况来看，这样的教学设计明显加深了学生对"合外力决定物体加速度"的理解和认识。学生还通过自己的分析得出了实际运动在什么条件下能看成自由落体运动，研究问题时应该抓住哪些主要矛盾而忽略某些次要矛盾，切实地体会到了建立理想模型的价值和意义。

同时，这种教和学的过程本身还渗透了"复杂问题简单化、实际问题理想化、理想问题模型化、模型问题具体化"的物理学研究方法。

### 案例二：机械能守恒定律的教学

| 教学主要流程 | 流程设计目的 | 对比传统教学方法的改进之处 |
|---|---|---|
| 【分组实验】：观察分析单摆运动过程中机械能是否守恒。<br>观察对象：1.金属小球做成的单摆（传统教学使用）<br>2.用乒乓球替换金属小球制作的"单摆"（对照组）<br>实验现象：<br>单摆1在摆动过程中可以多次回到初始高度；<br>单摆2每次摆动的高度都有明显降低。 | 培养学生的观察能力、设计改进实验的能力 | 增加了对照组，即对乒乓球的观察。<br>为了便于观察，引导学生自己设计参考线，完成实验。 |
| 【分析与论证】：<br>教师通过提问引导学生分析。<br>（1）摆球摆动过程中上升的最大高度和摆球具有的机械能有什么关系？<br>（2）两个单摆运动过程中，哪个机械能守恒？<br>（3）为什么单摆2运动时机械能损失这么快？ | 培养学生分析推理的能力；<br>利用能量转化的观点，分析得出上升最大高度可以反映系统具有的机械能大小；<br>从功能关系的角度理解机械能损失。 | 站在大概念的角度，更加重视做功与能量转化的关系，而不是只关心守恒这种特例。 |
| 【推理和归纳】：<br>机械能守恒的条件是什么？ | 从功能关系的角度，总结机械能守恒的条件。 | 学生能建立较为全面的能力观。 |

从本节课后的教学效果来看，学生能较好地建立起功和能之间的联系。对"重力做功的效果是使重力势能和动能相互转化，不改变机械能的大小；而其他力做功会使机械能和其他形式的能量发生转化，从而改变机械能"这一结论的认识更加具体、深刻。在教学过程中，学生能认识到机械能守恒只是一种特殊条件下的结论，而更为一般的关系应该是其他力做功与机械能变化之间的关系。这样的设计使得学生对于理论的接受不会感觉到生硬和遥远，物理规律不是只存在于理想世界中。学生会发现我们身边的任何研究对象、任何过程都是符合相应规律的。

综合上面两个教学案例，通过设计对比实验的方法，可以有效地对学生科学思维能力进行训练，促进科学观念、探究能力的形成。如果在长期的教学中，我们能时刻有这种意识，坚持这样的教学设计理念，一定能培养出具有更高学科素养和创新能力的学生。

# 对初中数学"课题学习"的一些思考

刘　洁

传统的数学课程与学生熟悉的现实生活距离较远，对数学应用的处理总是留有人为编造的痕迹。而且几何、代数都是遵循各自的学科体系，以直线式的结构发展的，它们相互之间的联系不多，即使有一些联系也比较牵强，综合运用就更谈不上了。这在一定程度上造成了我们的学生强于基础、弱于应用，强于答卷、弱于动手，强于考试、弱于创造的局面。这些问题的出现与课程结构有关，所以也应当通过调整课程结构来解决。在 2011 版的《义务教育数学课程标准（修订稿）》中指出："义务教育阶段数学课程的设计，充分考虑本阶段学生数学学习的特点，符合学生的认知规律和心理特征，有利于激发学生的学习兴趣，引发数学思考；充分考虑数学本身的特点，体现数学的实质；在呈现作为知识与技能的数学结果的同时，重视学生已有的经验，使学生体验从实际背景中抽象出数学问题、构建数学模型、寻求结果、解决问题的过程。"《标准》的具体做法是在"数与代数""空间与图形""统计与概率"这些知识性的领域之外，设置了"综合与实践"这一领域。

综合与实践的基本特点是，它是一种具有现实性、问题性、实践性、综合性和探索性的学习活动。结合学生的生活经验和知识背景，从现实生活中发现、选择和确定问题，引导学生以自主探索与合作交流的方式理解数学、认识数学，寻找解决问题的策略。具体到初中阶段，"综合与实践"领域的学习内容是进行课题学习。课题学习是指通过联系学生实际问题，实现以学生为主体的学习活动。其目的是为了促进以学生为主体的学习，培养学生的数学观念和思考方法。在课题学习的内容方面，主张从现实世界中的问题情境出发进行课题学习，设置将各部分内容综合起来的与日常生活相联系的课题。然而课题学习都是需要较长时间完成的数学活动，学生如何做，教师如何指导，我们都还在探索起步阶段，尤其是受制于常规教学的课时安排、中考的考察方式和教师本人对课题学习的认识程度，在实际教学中，课题学习往往流于形式，绝大多数教师都不是有目的、有计划地对学生进行指导。本文正是结合作者自身的教学经验，并借鉴了国外"课题学习"成功的经验进行的一些思考，希望能对初中的"课题学习"提出一些建议。

# 一、国外"课题学习"情况介绍

## （一）美国

1980 年 4 月，全美数学教师协会在《关于行动的议程》中强调"必须把问题解决作为 80 年代中学数学的核心"，并于 1989 年 3 月颁布全美首个数学课程标准——《中小学数学课程与评估标准》，认为课题作业是一切数学活动的组成部分，应成为数学课程的核心。2000 年颁布新的数学课程标准，建议教师创设适当的问题情境，强调采用探索法来解决问题，并推崇借助 Logo 语言、计算机实验室（CBL）和计算机代数系统（CAS）等信息技术手段进行数学探究活动。基于美国新课程标准理念，2001 年出版的一套适合于 9—11 年级使用的数学教材 Integrated Mathematics 以学习和应用数学为主线。教材抓住日常生活中的问题作为新内容的引入，围绕应用展开，其内容涉及建筑、文化、商业、家庭理财等多方面，这有利于创设问题情境，让学生体会到数学与每个人都有联系。教材还注重信息技术与数学课程的相互促进与紧密结合，这不仅给学生提供了丰富的学习环境和资源，而且有助于他们把精力集中在问题的思考和探究上，促进学生的数学学习，这套教材因其特色而备受各方关注。

## （二）英国

英国从上世纪 90 年代起就将数学探究活动作为课程的有机组成部分，1996 年颁布的《国家数学课程》中，探究活动是标准"运用和应用数学"中的主要内容，配套的数学教学框架安排了很多探究案例，便于教师正确地把握教学内容。而 2000 年颁布的《英国国家数学课程》将"运用和应用数学"单独列为一项教学目标，贯穿于整个数学课程，不仅列出了"知识要点"，还具体规定了学生应该从事的数学探究活动，并建议适当运用信息和通信技术（ICT）开展探究活动。课程委员会也提出按照大纲设计探究课题的要求，使学生的综合活动紧扣大纲的要求，教师也可以提出开放性课题任务，进行开放性教学活动。总之，以课题覆盖大纲的教学策略体现了英国数学课程的活动性与探究性特点。

### （三）日本

20世纪80年代至90年代，受西方"问题解决"模式的影响，也结合日本学生"讨厌数学，逃避理工科的倾向十分显著"的情况，日本的"数学课题学习"应运而生，并被写进教学大纲。1994年起实施的《学校数学学习指导要领》指出："为了促进以学生为主体的学习，为了培养学生的数学观点和思考方法，要设置将各部分内容综合起来的和日常生活相联系的课题进行课题学习，并把这种课题学习放在教学计划的适当位置加以实施。"

《学校数学学习指导要领》要求在各个年级的数学教学中，都要恰当地进行课题学习，在课题解决的过程中，要重视操作、观察、实验和调查等活动，从而提高学生独立发现问题、主动解决问题的能力，加深对数学思想方法的理解。课题学习中的课题包括三种：综合性课题、日常生活中的课题、发展性课题。

在数学课程中设置课题学习的目的是多方面的：学生可以综合地运用各科的知识和技能，养成综合解决问题的能力；培养学生发现问题的意识，自己思考、独立判断的能力以及掌握信息的收集、调查、总结的方法；培养以问题解决、探究活动为主的创造能力；通过课题学习使学生获得对数学的正确看法、养成灵活应用数学的态度。

### （四）小结

从美、英、日等发达的西方国家的数学教育我们可以看出，他们都非常重视对学生探究能力的培养，在各国全国性的教学大纲中都有明确的体现，并且都提出了通过"课题学习"的形式来实现对学生探究能力培养的要求，同时各国都已经编辑出版了多套非常成熟的配套教材，师生都有较为成熟的经验，而这些显然都是我们还不具备的。我们直到21世纪颁布的《全日制义务教育数学课程标准（实验稿）》才明确建议开展"课题学习""数学探究"等综合实践活动，但这能够有效实施的前提是教材、考试的改革，教师观念的更新，显然不是一朝一夕能够实现的。尤其是教师观念，因为长久以来我们的教学都更加注重"双基"的培养，教学模式主要是讲授式，老师们已经习惯了"我讲你听"的状态，如何启发、引导、带领、陪伴学生来做研究、做课题是陌生的，所以经过十几年的教学改革，"课题学习"在初中数学教学中仍然处于非常尴尬的"影子"状态。

# 二、我校"课题学习"现状

## （一）我校的教学实际

下表是 2013—2014 学年度第一学期我校初一年级数学备课组制定的教学计划。

| 周次 | 一 | 二 | 三 | 四 | 五 |
|---|---|---|---|---|---|
| 2 | 绪论 | 开学检测讲评 | 开学测试讲评 | 假期作业 | 正负数 |
| 3 | 有理数 | 数轴 | 相反数 | 绝对值 | 有理数加法 |
| 4 | 减法 | 加减混合 | 复习 | 中秋放假 | 中秋放假 |
| 5 | 乘法 | 除法 | 乘除混合 | 四则运算 | 乘方 |
| 6 | 运动会 | 国庆 | 国庆 | 国庆 | 国庆 |
| 7 | 国庆 | 字母表示数1 | 字母表示数2 | 整式1 | 整式2 |
| 8 | 整式加减1 | 整式加减2 | 整式加减3 | 小结 | 测试 |
| 9 | 讲评 | 从算式到方程 | 解方程1 | 解方程2 | 解方程3 |
| 10 | 解方程4 | 解方程5 | 小结 | 测试 | 讲评 |
| 11 | 复习1 | 复习2 | 期中考试 | 期中考试 | 秋游 |
| 12 | 解方程组1 | 解方程组2 | 解方程组3 | 解方程组4 | 解方程组5 |
| 13 | 实际问题1 | 实际问题2 | 实际问题3 | 全章复习 | 单元测试 |
| 14 | 立体图形 | 展开图 | 三视图 | 直线射线线段1 | 直线射线线段2 |
| 15 | 直线射线线段3 | 小结 | 角1 | 角2 | 角3 |
| 16 | 小结 | 相交线1 | 相交线2 | 相交线3 | 垂线1 |
| 17 | 垂线2 | 小结1 | 小结2 | 测试 | 讲评 |
| 18 | 期末复习 | | | | |
| 19 | 期末复习 | | | | |
| 20 | 期末复习、期末考试 | | | | |

从表中我们可以非常清楚地看到，在计划中并没有明确的"课题学习"的安排，这也反映出"课题学习"在我校初中数学教学实践中的地位，实事求是地讲，这种意识在教师群体中确实非常薄弱，从未有计划、有目的地带领学生开展"课题学习"的教师占绝大多数。不过令人欣喜的是，随着教育改革的不断深入，以及教师年龄结构和学历结构的变化，已经有一批青年教师开始尝试以各种形式来开展"课题学习"，如结合一些学习内容指导学生进行一些"微研究"，写一些小论文，或者开设了一些有研究味道的选修课，甚至开始摸索和其他学科进行跨学科的研究性学习。不过客观地讲，目前这些探索都还停留

在教师的个体行为上，依然没有形成整个教研组的共识，我想这是我们下一阶段需要努力的方向，并且力争能通过全体老师的努力，逐渐形成一套适合我校学生教学实际的"课题学习"校本教材。

### （二）我校所用教材在"课题学习"上的指导

我校一直使用由人民教育出版社编著的义务教育数学教科书，国家推进21世纪的教学改革后教材几经改版，我们可以非常明显地感到教材在突出探究式教学、培养学生的自主学习能力上做的努力。教材在每章的学习后，都专门安排了一个"数学活动"，同时每册书都平均安排了一次明确的"课题学习"，如下表：

| 章节标题 | 数学活动 |
| --- | --- |
| 有理数 | ·帮助家庭记录一个月（或一周）的生活收支账目<br>·熟悉所用计算器的运算功能<br>·收集生活中非常大的数据实例，体会科学记数法和近似数的应用 |
| 整式的加减 | ·用小棍拼图形，并探索 n 个图形的问题<br>·列式表示买 n 个本所需钱数<br>·探索日历中数字的关系 |
| 一元一次方程 | ·利用已有数据之间的关系利用一元一次方程计算新的数据<br>·通过加挂重物，使得木杆左右平衡 |
| 几何图形初步 | 课题学习：设计制作长方体形状的包装纸纸盒<br>·制作火车车厢模型<br>·画五角星、六角星，设计艺术图案 |
| 相交线与平行线 | ·你有多少种画平行线的方法？<br>·设计美丽的图案 |
| 实数 | ·制作正方体和圆柱体纸盒<br>·如何确定立方根 |
| 平面直角坐标系 | ·为当地古树绘制一幅平面分布图<br>·用不同方法描述公园内景点的位置 |
| 二元一次方程组 | ·画出两个二元一次方程的图像，研究方程组的解<br>·从报刊图书等搜集一些资料，编程二元一次方程组的问题 |
| 不等式与不等式组 | ·从报刊图书等搜集一些资料，编程一元一次不等式的问题<br>·猜数游戏 |
| 数据的收集、整理与描述 | 课题学习：从数据谈节水<br>·用简单随机抽样方法估计全班同学的平均身高<br>·谁的反应快 |
| 三角形 | 搜集用多边形镶嵌的平面图案或者设计一些平面镶嵌图 |
| 全等三角形 | ·观察图形，找到全等形<br>·用全等三角形研究"筝形" |
| 轴对称 | 课题学习：最短路径问题<br>·美术字与轴对称<br>·利用轴对称设计图案<br>·等腰三角形中相等的线段 |

| 章节标题 | 数学活动 |
|---|---|
| 整式的乘法与因式分解 | ·观察式子规律，并用本章知识证明<br>·计算两个数的积，发现规律，并利用规律计算 |
| 分式 | 探究比例的性质 |
| 二次根式 | ·纸张规格与 $\sqrt{2}$ 的关系<br>·做长方体纸盒 |
| 勾股定理 | ·测量旗杆的高度<br>·从书籍或网上搜集勾股定理的证明方法 |
| 平行四边形 | ·折纸做 60°、30°、15° 的角<br>·黄金矩形 |
| 一次函数 | ·根据数据画出世界人口增长图，根据曲线选择近似的一次函数，根据趋势估计 2024 年世界人口<br>·做滴水实验，并估计一天的漏水量 |
| 数据的分析 | 课题学习：体质健康测试中的数据分析<br>·提出五个问题全班进行调查<br>·分组测量同学的脉搏次数，得到几组数据，并用数据估计正常心脏的跳动次数 |
| 一元二次方程 | ·做圆柱<br>·围长方形<br>·计算变化率 |
| 旋转 | ·画花瓣<br>·利用对称点坐标关系找规律 |
| 圆 | ·设计图案<br>·探究四点共圆的条件 |
| 概率初步 | 课题学习：键盘上字母的排列规律<br>·记录一周实际降水情况与天气预报对比<br>·撒豆子实验 |
| 二次函数 | ·探究关于 $x$ 轴对称的二次函数解析式间的关系<br>·面积和的最值问题 |
| 相似 | ·测量旗杆高度<br>·位似与艺术字 |
| 锐角三角函数 | ·制作测角仪，测量树的高度<br>·利用测角仪测量塔高 |
| 投影与视图 | 课题学习：制作立体模型<br>·观察物体，画出三视图<br>·设计几何体，制作模型 |

从表中我们可以看出，教材的"数学活动"主要是从本章新学知识出发，引导学生通过动手操作或实验探究，实现对一些基本内容、基本方法的巩固，达到对一些基本思想加深认识的目的。不过也不难看出，表中内容大多较为简单，对学生而言，并不需要过多的研究即可解决，不能形成挑战，并且所用知识基本局限在一个章节，难以达到发展学生综合应用知识的能力，提供给学生的数学经验是有限的。因此这就需要教师发挥主观能动性，整合教学资源，创

造适合学生的"课题学习"内容。

# 三、对"课题学习"的几点思考

比较而言，我国在数学探究活动方面起步较晚，直到 21 世纪颁布的《全日制义务教育数学课程标准（实验稿）》才明确建议开展"课题学习""数学探究"等综合实践活动，对新数学课程内容的设置及数学教材的编写也进行了积极的尝试与探索。纵观各国重视数学探究活动的发展历程，我们可以从中获得一些启示。

目前数学探究活动已成为发达国家数学课程的基本内容，这些国家的数学探究活动主要以"内容渗透"与"专题穿插"两种方式体现在数学课程中，由此可以启发我们在数学教学中整合常规式教学与探究式教学的两种教学取向，通过开展活动探索、课题研究、项目学习与问题解决等实践活动逐步形成新型的课程实施形态，并且努力在常规教学的框架外，搭建选修课、兴趣小组、研究性学习等多种形式的学习平台，力求在全体学生学习的基础上为学有余力和对数学有着浓厚兴趣的学生创造更多的学习机会。

正确看待数学"课题学习"与现实生活的联系。学校数学应面向现实生活，各国的数学探究素材也特别注重联系现实生活。诚然，引导学生参加诸多有意义的数学探究活动的确离不开实际背景，但不应仅以日常生活素材作为主线，而且并非远离现实生活的数学活动就不是有意义的探究活动。我们应该持一种全面发展的学习观，既重视理论知识，又注重联系实际，应让学生参加各种类型的数学"课题学习"，这既符合学科发展和学生心理规律，又更加贴近于中考考试的要求。比如近几年的北京市中考压轴题，往往都特别注重对学生数学探究能力的考察，如 2012 年北京市中考第 25 题：

在平面直角坐标系 $xOy$ 中，对于任意两点 $P_1(x_1，y_1)$ 与 $P_2(x_2，y_2)$ 的"非常距离"，给出如下定义：

若 $|x_1-x_2|\geqslant|y_1-y_2|$，则点 $P_1$ 与点 $P_2$ 的"非常距离"为 $|x_1-x_2|$；

若 $|x_1-x_2|<|y_1-y_2|$，则点 $P_1$ 与点 $P_2$ 的"非常距离"为 $|y_1-y_2|$。

例如：点 $P_1(1，2)$，点 $P_2(3，5)$，因为 $|1-3|<|2-5|$，所以点 $P_1$ 与点 $P_2$ 的"非常距离"为 $|2-5|=3$，也就是图 1 中线段 $P_1Q$ 与线段 $P_2Q$ 长度的较大值

（点 $Q$ 为垂直于 $y$ 轴的直线 $P_1Q$ 与垂直于 $x$ 轴的直线 $P_2Q$ 的交点）。

（1）已知点 $A\left(-\dfrac{1}{2},\ 0\right)$，$B$ 为 $y$ 轴上的一个动点。

①若点 $A$ 与点 $B$ 的"非常距离"为 2，写出一个满足条件的点 $B$ 的坐标；

②直接写出点 $A$ 与点 $B$ 的"非常距离"的最小值。

（2）已知 $C$ 是直线 $y=\dfrac{3}{4}x+3$ 上的一个动点。

①如图 2，点 $D$ 的坐标是（0，1），求点 $C$ 与点 $D$ 的"非常距离"的最小值及相应的点 $C$ 的坐标；

②如图 3，$E$ 是以原点 $O$ 为圆心，1 为半径的圆上的一个动点，求点 $C$ 与点 $E$ 的"非常距离"的最小值及相应的点 $E$ 和点 $C$ 的坐标。

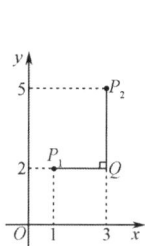
图 1
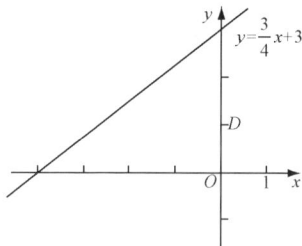
图 2
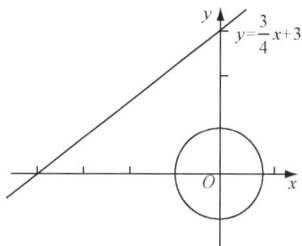
图 3

这个题目完全没有实际背景，纯粹是从数学的基础理论出发，给学生设置了层层难关，这对学生的探究能力、学习能力都提出了非常高的要求。这类问题，对于那些在平时的学习过程中疏于探究能力培养的学生，显然是非常困难的。

美国教育家 P. J. Philip 研究发现，在教学实践中，学生往往可以记住 10% 他们所读到的、20% 他们所听见的、30% 他们所看见的、50% 他们所听见且看见的、70% 他们所说过的和 90% 他们所在做一件事情时所说过的。在英语里有这样一句格言：只是告诉我，我会忘记；要是演示给我，我就会记住；如果还让我参与其中，我就会明白（Tell me and I forget, show me and I remember, involve me and I understand）。这句格言让我们清楚地看到了传授型学习和研究性学习在结果上的显著差异，格言的最后一句更是道出了研究性学习的本质意义与核心价值：主体参与和知识建构，这正是初中数学开展课题学习的目的所在。

# 高中数学整合课程研究

姚未然

## 一、课程研究的背景

21世纪，现代科学技术之间相互联系、相互渗透的趋势日益增强，全球范围的竞争越来越激烈。因此，新世纪的人才必须具有高层次、全方位和网络化的知识结构。那些基础扎实、知识广博、技术全面、在多方面领域具有高超水平的复合型人才，越来越受到全世界的欢迎和重视。而培养这些复合型人才，传统的分科教学往往会有一定的局限性。新中国成立后，我国的高中理科课程一直按照分科的方式设置的，分科科学课程在知识传授和技能训练等方面存在着独特的优势，同时也能够满足特定历史时期的社会需要，为我国中学科学教育的发展做出了不可磨灭的贡献。然而，长时期设置分科科学课程所带来的弊端也是比较突出的。在应试教育的大背景下，迫使老师们大多注重学科自身的知识体系，忽视与其他学科的内在联系，极有可能造成把原本具有内在统一性的知识割裂开来的结果，进而给学生们留下这样的印象：每一科的老师都在强调自己这门学科的重要性，这样就会在无意中加剧了学科之间的割裂，让学生缺乏对学习的整体把握，总是感觉疲于应付，容易造成学生被动地、机械地学习和重复劳动，降低了学习的效率；同时也增加了学生在内化所学知识的过程中的难度，引起厌学情绪。

在分科教学之外，引入部分整合课程则会使情况有所改善，因为整合课程相比分科教学在帮助学生整体把握学习内容、构建良好的知识框架方面有着十分明显的优势，而这正是当代我国正在着力建设的一种新的课程形态。现今，普通高中课程改革已经在全国展开。这次课改的一个具体目标就是重建高中课程内容，使课程内容与社会进步、科技发展、学生经验有机联系起来。为了有效地开展高中教学，在课程的编排中采取整合的观点显然是一条行之有效的途径。

## 二、整合课程的理论界定

整合（integration）在英语中主要含义是综合、融合、集成、成为整体、一体化等，现已逐步演变为生物学、生理学、心理学、人类学、社会学、物理学、数学、哲学等多学科共用的专业术语。在不同学科中，整合都具有独特的涵义。而在课程论的领域中，我国教育界把英美教育界使用的术语"integrated curriculum""curriculum integration"分别译为"整合课程""课程整合"，并用以概括和揭示我国教育、课程改革中正在建设的有关新型课程的内涵和理念。

整合课程实质上是一种采用各种有机整合的形式，使分科教学中各学科内容之间形成有机联系的课程形态。相比分科教学这种课程形态，它有更为丰富的内涵。分科教学是以学科的形式来组织教育内容的一种课程形态，它以人类对知识经验的分类为基础，从不同的分支科学中选取一定内容，来构成学校里对应的学科，从而使教育内容规范化、系统化。可是，这种系统化仅仅只是学科内部的系统化，学科与学科之间由于课时安排等要求的规范化，使原本相联系的知识相互割裂了。整合课程就是针对学科课程的这种缺陷，以各种整合形式来挖掘和利用不同知识之间，知识、技能和能力之间的有机联系，从而使它们形成有机整体。

## 三、课程开设的可行性

### （一）高中数学与其他理科整合课程的学科基础

整个中学的理科学习内容很多都可以通过数学知识加以梳理，其中包括物理、化学、生物和地理的部分内容。如果我们把一个人的学习历程近似地看作是整个人类科学发展的过程，那么中学阶段就可以说是承前启后的重要阶段，就如同近现代科学在整个科学史中的地位一样。

早在18世纪中叶，许多数学家就认为："自然科学上的任何问题，只要做到从数学上来理解，也就是说，找到它的正确的数学描述，就可以借助于解析几何与微积分学而获得解决。"从中我们可以受到启发：中学尤其是高中理科学习的绝大部分内容正是近现代自然科学的研究成果，而这些成果的产生很大程度上正是依赖了数学的发展。因此就应该把数学的思想渗透在理科的教学中，至少在一段学习结束后，应该给学生适当的点拨，让他们认识到理科的学习是一个有机的整体，即在每科的基础知识背后，它们很多内容都可以通过数学的纽带联系在一起，为整个高中的理科学习开启一个新的角度。

同时我们也应该考虑到，一门科学真正地得以确立，很大程度上依靠它数学化的水平，这一点和中学理科的学习也非常相似。在考察一门科目时，定性分析的题目的难度大都不及定量分析，即那些需通过计算来解答的题目，而这些恰恰是重点和难点的地方。比较高考理综的三门学科：物理、化学和生物，它们所占课时和高考分数是递减的，而它们中对数学化的要求也正是物理最高，化学次之，生物最低；物理中不仅用到了基本计算、一元二次方程、二元方程、三视图等初中学到的数学知识，同时还用到了向量、数列、三角函数、立体几何、平面解析几何和微积分等高中的数学知识；而在化学中主要用到的是分式方程、对数、指数运算和一些几何知识；相比之下，生物中数学的应用主要是计算，包括了一些简单的指数，还有就是函数图像，概率和统计中的一些知识；地理则主要是应用了数学中的平面和立体几何。这样看来，理化生中几乎用到了中学数学学习到的所有知识。因此，数学在整合整个理科学习的同时，也充实了自己，让数学教学有了更加丰富的自然科学背景。

**（二）理科整合课程与高中课改的关系**

课标是这次高中课改的纲领性文件，其中数学课标中非常明确地提出：数学是研究空间形式和数量关系的科学，是刻画自然规律和社会规律的科学语言和有效工具。数学科学是自然科学、技术科学等科学的基础，并在经济科学、社会科学、人文科学的发展中发挥着越来越大的作用。高中数学课程是学习高中物理、化学、技术等课程和进一步学习的基础。同时，它为学生的终身发展，形成科学的世界观、价值观奠定基础，对提高全民族素质具有重要意义。数学教育在学校教育中占有特殊的地位，它使学生掌握数学的基础知识、基本技能、基本思想，使学生表达清晰、思考有条理，使学生具有实事求是的态度、锲而不舍的精神，使学生学会用数学的思考方式解决问题、认识世界。高中数学与其他理科整合课程正是符合了课标的要求。

这次课改对高中课程编制做了大刀阔斧的改革，在高二一年的学习中，以选修课为主的教学方案也为整合课程的实施提供了先决条件和课时保障。整合课程不可能全盘替代分科教学，因为每个学科内部的知识体系和逻辑联系也是非常重要的，但也一定要有固定的课程保障，才能达到整合课程的预期效果。

### （三）数学与其他科目成绩相关性的调查研究

为了进一步说明高中数学与其他理科之间的联系，笔者对某示范高中高一年级数学、物理、化学、语文、英语的期末成绩进行了统计分析。

1. 样本选取

研究选取了北京某示范高中高一年级，调查了436名学生的数学、物理、化学、语文、英语的期末成绩，用于数学成绩与其他课程成绩相关性分析。

2. 统计工具

所用统计工具为SPSS13.0和AMOS6.0。

3. 研究结果与分析

我们以全部学生五科成绩的数据，运用AMOS6.0软件对数据进行处理，得到五科之间相关系数模型图表：

| | | | 相关系数估计 |
|---|---|---|---|
| 数学 | <--> | 语文 | .268*** |
| 语文 | <--> | 物理 | .385*** |
| 语文 | <--> | 化学 | .395*** |
| 数学 | <--> | 外语 | .169*** |
| 数学 | <--> | 物理 | .671*** |
| 数学 | <--> | 化学 | .589*** |
| 物理 | <--> | 化学 | .741*** |

注：***$p<0.001$，下同。

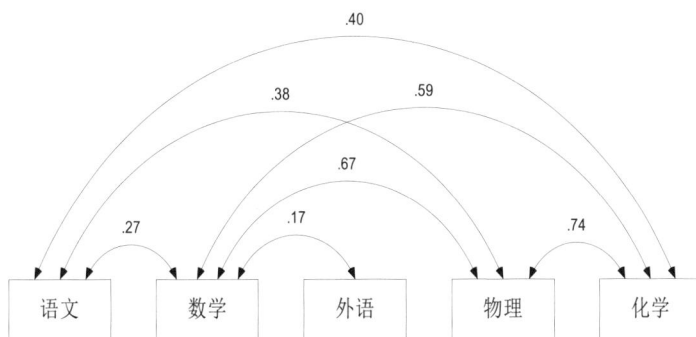

由于我国现行考试都以中文为考试语言，因此在统计中就没考量英语与除语文外的其他课程间关系。从表中可以看出：理科之间的相关系数明显高于其

他课程，尤其是物理与化学、数学与物理、数学与化学。在高中学习阶段，数理化三科不仅在知识内容上有着紧密的联系，而且在最后评价方面也有着很高的相关性。

进而运用 AMOS6.0 软件分析数学成绩与其他四科成绩的回归权重，得到下面的图表：

|  |  |  | 相关系数估计 |
|---|---|---|---|
| 物理 | <—— | 数学 | .820*** |
| 化学 | <—— | 数学 | .755*** |
| 外语 | <—— | 数学 | .545*** |
| 语文 | <—— | 数学 | .329*** |

可以看出：在四科中，数学对物理的回归权重最大，为 0.820；化学次之，为 0.755，远高于对外语和语文的。这说明数学学习在很大程度上影响了物理和化学的学习。

再分析数学成绩与其他四科成绩的线性回归结果，如下表所示：

|  |  |  | 线性回归方程 | 相关系数 R |
|---|---|---|---|---|
| 物理（y） | <—— | 数学（x） | y=0.575x+26.365 | 0.7201 |
| 化学（y） | <—— | 数学（x） | y=0.3554x+45.312 | 0.6423 |
| 外语（y） | <—— | 数学（x） | y=0.2743x+45.981 | 0.5448 |
| 语文（y） | <—— | 数学（x） | y=0.0963x+70.098 | 0.3286 |

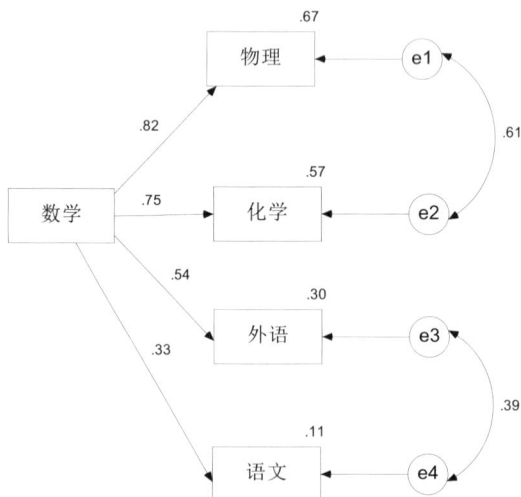

从上表中的回归方程和相关系数 R，我们还可以看出相比其他科目，数学学习的成绩与物理、化学成绩之间存在着较强的正相关性。

以上结果都说明：高中数学与物理和化学成绩之间有着比较强的正相关的关系，数学与其他理科的教学中有相当紧密的联系，而相应开设的理科整合课程是符合教学规律的，可以在一定程度上促进学生理科的学习兴趣。

4.研究的不足与展望

从前部分理论介绍和示例应用可以看出，利用结构方程模型可以寻找因素之间的相关性与因果关系，但是本研究中模型评价的拟合指数受样本影响，拟合程度很低。但也说明学科成绩是由多方面因素影响的，并非图中的几个随机干扰项那么简单，这也将是我们进一步要研究的。

# 四、未来的研究展望

由于研究水平和时间的限制，高中数学与其他理科整合课程研究还有很多内容有待完善。下一步的研究内容将分为两部分：第一部分是在丰富和修改数学为主线的课程设计基础上，进一步完成其他必修教材的课程设计；第二部分研究重点在选修课的实验上，开课年级以高二年级为主，既能对数学的内容进行复习和拓展，又可以辐射其他理科。对教学前后进行测评，辅之以问卷调查和访谈的形式，根据试验情况进一步调整、完善课程结构与内容。

# 核心素养视域下高中数学教学的实践研究

金春霞

普通高中数学课程标准（2017 年版，2020 年修订）指出，数学学科核心素养是数学课程目标的集中体现，是具有数学基本特征的思维品质、关键能力以及情感、态度与价值观的综合体现，是在数学学习和应用的过程中逐步形成和发展的。包括：数学抽象、逻辑推理、数学建模、直观想象、数学运算和数据分析。这些数学学科核心素养既相对独立、又相互交融，是一个有机的整体。

## 一、提出问题

下面是对高一（6）班学生入学考试各科成绩的统计分析，经计算得出各科的最高分、最低分、平均分和标准差。

学生入学成绩的基本描述量

|  | 样本量 | 最小值 | 最大值 | 平均值 | 标准差 |
|---|---|---|---|---|---|
| 语文 | 48 | 62 | 93 | 77.71 | 6.361 |
| 数学 | 48 | 12 | 100 | 76.46 | 16.517 |
| 英语 | 48 | 62 | 96 | 81.96 | 7.199 |
| 物理 | 48 | 44 | 95 | 81.75 | 9.382 |
| 化学 | 48 | 57 | 97 | 83.75 | 8.809 |
| 有效样本量 | 48 |  |  |  |  |

从表中可以看出，这个班学生的数学成绩的标准差是 16.517，远远高于其

他各科。标准差越大，说明数据的离散程度越高，也就是说这个班学生的数学水平参差不齐，差异较大。

新课标下，高中数学呈现出起点高、难度大、容量多、课时紧的特点，学生学习不适应现象突出，困难重重。有许多学生一遇见数学就头晕脑涨，不知道如何下手，久而久之就对数学感到厌倦。

在新高考中，数学命题在考查基础知识的同时，注重对数学思想和方法的考查，注重对数学能力的考查。

在教学中应如何提升学生的数学思维能力、发展学生的数学核心素养呢？基于以上问题，我在教学实践中不断研究、探索。

# 二、研究过程

"授之以鱼，不如授之以渔"，数学的精髓是数学思想方法，只有掌握方法，形成思想，才能学懂数学、学好数学。"数学思想"比一般的"数学概念"更概括和抽象、更本质、更深刻。"数学思想"是与其相应的"数学方法"的精神实质与理论基础，"数学方法"则是实施有关的"数学思想"的技术与操作。中学数学用到的各种数学方法，都体现着一定的数学思想。教学中教师能整体把握数学思想，重视方法就显得尤为重要。

## （一）教学中整体把握数学思想方法

数学基本方法包括待定系数法、换元法、配方法、割补法、反证法等，数学逻辑方法（或思维方法）包括分析与综合、归纳与演绎、比较与类比、具体与抽象等，数学思想包括函数与方程的思想、数形结合的思想、分类与整合的思想、化归与转化的思想、特殊与一般的思想、有限与无限的思想等。其中，函数与方程的思想、数形结合的思想、分类讨论的思想是高中阶段学习的重要的思想方法。

### 1. 函数与方程的思想

函数的思想，是用运动和变化的观点，分析和研究数学中的数量关系，建立函数关系或构造函数，运用函数的图像和性质去分析问题、转化问题，从而使问题获得解决。函数思想是对函数概念的本质认识，用于指导解题就是善于利用函数知识或函数观点观察、分析和解决问题；方程的思想，就是分析数学问题中变量间的等量关系，建立方程或方程组，或者构造方程，通过解方程或方程组，或者运用方程的性质去分析、转化问题，使问题获得解决。方程的教学是对方程概念的本质认识，用于指导解题就是善于利用方程或方程组的观点观察处理问题。

以问题 1 为例：函数 $y=|2^x-2|-2a$ 的零点有两个，求实数 $a$ 的取值范围。

分析：解决此类问题的关键是利用函数与方程的思想进行转化。函数 $y=|2^x-2|-2a$ 的零点问题转化为方程的根，即方程 $|2^x-2|=2a$ 有两个根，再转化为图象的交点，即直线 $y=2a$ 与函数 $y=|2^x-2|$ 的图像有两个交点。再通过数形结合解决问题。（见问题 2）

2. 数形结合的思想

数形结合思想是一种很重要的数学思想，把数量关系的研究转化为图形性质的研究，或者把图形性质的研究转化为数量关系的研究，这种解决问题过程中"数"与"形"相互转化的研究策略，就是数形结合的思想。数形结合思想就是要使抽象的数学语言与直观的图形结合起来，使抽象思维与形象思维结合起来。

在使用的过程中，由"形"到"数"的转化，往往比较明显，而由"数"到"形"的转化却需要转化的意识，因此，数形结合的思想的使用往往偏重于由"数"到"形"的转化。

以问题 2 为例：已知直线 $y=2a$ 与函数 $y=|2^x-2|$ 的图像有两个公共点，求实数 $a$ 的取值范围。

分析：对于函数图象的交点问题我们要分别画出图像。首先画函数 $y=|2^x-2|$ 的图像，如下图所示，这里要特别注意有条隐形的渐近线，这也是正确解决问题的关键。要使直线 $y=2a$ 与该图像有两个公共点，我们把这个形用数学式子来表示即为 $0<2a<2$，即 $0<a<1$，故实数 $a$ 的取值范围为（0，1）。

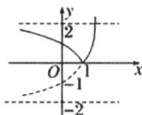

通过数形结合的方法，将形转化为数，使问题解决起来更清晰、更容易。

3. 分类讨论的思想

分类讨论思想是一种重要的数学思想方法，当问题的对象不能进行统一研究时，就需要对研究的对象进行分类，然后对每一类分别研究，给出每一类的结果，最终综合各类结果得到整个问题的解答。

以问题 3 为例：已知不等式 $kx^2 + 2kx - (k+2) < 0$ 恒成立，求实数 $k$ 的取值范围。

分析：本题的关键点（也是学生的易错点）是弄清这是一次不等式还是一元二次不等式。因题目中未强调是一元二次不等式，且二次项系数含参，就决定了我们要对二次项系数是否为 0 进行分类讨论。当 $k = 0$ 时，原不等式化为 $-2 < 0$，显然符合题意。

当 $k \neq 0$ 时，原不等式为一元二次不等式，由数想形可知，图像都在 $x$ 轴下方，即开口向下且与 $x$ 轴无交点，在转化成数的表示：$\begin{cases} k < 0 \\ \Delta < 0 \end{cases}$，解得 $-1 < k < 0$。

综上，实数 $k$ 的取值范围是 $\{k | -1 < k \leq 0\}$。

分类讨论是一种逻辑方法，在中学数学中有极广泛的应用。根据不同标准可以有不同的分类方法，但分类必须从同一标准出发，做到不重复，不遗漏，包含各种情况，同时要有利于问题解决。

**（二）教学中强调通解通法，淡化解题技巧**

数学在培养和提高人的思维能力方面有着其他学科所不可替代的独特作用，这是因为数学不仅仅是一种重要的"工具"或者"方法"，更重要的是一种思维模式，表现为数学思想。高考数学科提出"以能力立意命题"，正是为了更好地考查数学思想，促进考生数学理性思维的发展。教学中注意通解通法，淡化解题技巧。通过对数学知识形成的教学，帮助学生理解数学知识中所蕴含的数学思想和方法。

**（三）教学中加强归纳总结，突出思想方法指导**

数学思想与数学方法常常在学习、反思过程中获得，引导学生对数学思想方法和数学知识及时地梳理、总结，逐个认识它们的本质特征及思维过程，一方面总结出解题方法，提炼上升到思想高度；另一方面突出数学思想方法对解题的指导作用。让学生在复习中将本题所涉及的思想方法写在题目旁边。

以问题 3 为例：问题解决后引导学生归纳总结，一元二次不等式解集为 R 的情况，即

$$ax^2 + bx + c > 0 (a \neq 0) \text{ 恒成立} \Leftrightarrow \begin{cases} a > 0 \\ \Delta < 0 \end{cases}$$

$$ax^2 + bx + c < 0 (a \neq 0) \text{ 恒成立} \Leftrightarrow \begin{cases} a < 0 \\ \Delta < 0 \end{cases}$$

$$ax^2 + bx + c \geq 0 (a \neq 0) \text{ 恒成立} \Leftrightarrow \begin{cases} a > 0 \\ \Delta \leq 0 \end{cases}$$

$$ax^2 + bx + c \leq 0 (a \neq 0) \text{ 恒成立} \Leftrightarrow \begin{cases} a < 0 \\ \Delta \leq 0 \end{cases}$$

这样，随时归纳总结，学生在日常学习中逐步感受、领悟和掌握其思想方法，并能灵活应用，从而提高分析问题、解决问题的能力。逐步做到自觉地、灵活地运用所学知识、方法解决问题。

# 三、研究结果

下面是用高一（6）班期中的考试成绩的方差分析：

| 因变量 | 平方和 | 自由度 | 均方 | F 统计量 | P 值 |
|---|---|---|---|---|---|
| 基础知识 | 108.585 | 2 | 54.292 | .960 | .388 |
| 简单应用 | 1500.418 | 2 | 750.209 | 7.667 | .001 |
| 能力提升 | 1378.984 | 2 | 689.492 | 37.241 | .000 |

学生期中成绩的基本描述量

| | 样本量 | 最小值 | 最大值 | 平均值 | 标准差 |
|---|---|---|---|---|---|
| 语文 | 47 | 58 | 89 | 75.72 | 7.174 |
| 数学 | 48 | 69 | 100 | 90.25 | 7.892 |
| 物理 | 48 | 55 | 95 | 81.04 | 9.069 |
| 英语 | 48 | 54 | 94 | 81.35 | 9.002 |
| 化学 | 48 | 38 | 100 | 76.87 | 13.346 |
| 有效样本量 | 47 | | | | |

由上表可以看出，学生在基础知识的掌握上不存在显著性差异 [$F_{(2, 72)}$ = 0.960，$p > 0.05$]，在知识的简单应用及在能力的提升上都存在显著性差异 [知识简单应用：$F_{(2, 72)}$ = 7.667，$p = 0.001$，能力提升：$F_{(2, 72)}$ = 37.241，$p = 0.000$]。

与入学成绩统计比，从表中可以看出，本班数学成绩的标准差是 7.892，大大低于中考的数据。标准差越小，说明数据越集中。这也说明经过一年的教学实践，班级全体学生的数学水平的差距在减小，在基础知识的掌握上，学生的水平已经没有什么差别了，在简单应用和能力提升的知识水平上还存在着差距，但和中考成绩比，这个差距已经明显减小了，说明学生的数学成绩有了不同程度地提高。

  学生的数学核心素养的发展是一个长期的过程。我们知道，数学思想是对数学事实、概念和理论的本质认识，是对数学知识的高度概括。数学方法是数学思想在数学认识活动中的具体反映和体现，是处理探索解决数学问题、实现数学思想的手段和工具。数学中渗透的基本数学思想是基础知识的灵魂，如果能使数学思想潜移默化地渗透到教学中去，就会更好地调动学生的积极性，使学生通过对问题的深入思考，对思想方法的归纳总结、抽象概括，提高学习数学的兴趣，增强学好数学的信心，养成良好的数学学习习惯，提高分析问题、解决问题的能力，进一步发展数学学科的核心素养。

# 核心素养下减负提质的高中历史作业设计

## ——以部编高中历史必修一《两宋的政治和军事》作业设计为例

潘忠泉

2021年7月，中共中央办公厅、国务院办公厅印发了《关于进一步减轻义务教育阶段学生作业负担和校外培训负担的意见》，"双减"工作自此不断地深入开展。虽然此次"双减"工作主体学段是义务教育阶段，但高中作为青少年成长的重要时期，减负提质亦应该是高中各学科教师的追求。

在作业设计方面，以新课改的要求为基础，广大历史教师不断进行作业设计的实践探索，但现行新高考实施的阶段特征是不得不认真考虑的问题。尤其是在必修教材实施的高一阶段，学生要面临高中阶段14门学科的学习任务，各门课程均需学习和掌握，各门科目作业均需完成，让学生花费太多的精力和时间去完成历史作业，无疑是和语数外等科目争夺时间，结果是显而易见的。

由此可见，历史作业创新设计需要在认清历史学科在高中选学选考分科学习的地位的前提下，不占用学生过多作业时间是十分必要的，它既能真正减轻学生学习负担，又可以有效衔接等级考的历史作业；既能受到学生欢迎，也能落实历史教学任务，更能达成减负提质的培养目的。

为此，笔者在高一阶段的历史必修教材的教学过程中，初步设计出三种历史作业新形式——学科综合型历史作业、历史人物相关型历史作业、现实生活实践型历史作业，以求激发学生学习历史的兴趣，达到减负提质的目的。并对历史作业评价环节，提出符合新课程标准的评价原则，以确保作业功能的全面实现。现以部编高中历史必修一第9课《两宋的政治和军事》作业设计为例进行说明。

# 一、以大单元教学、核心素养培育和学习目标作为作业设计的前提

新的课改要求进行核心素养导向下的"大单元教学"。它要求教师建立好学科核心素养与学科核心内容之间的关系，依据课程标准和教材，选择有利于培养学科核心素养的教学内容和情境素材，制定学习目标、选择学科内容、设计学习活动、开展课堂教学、进行学习评价，环环紧扣，使学科核心素养具体化，可培养、可干预、可评价。而基于目前学校和一线教师的实际情况，这里所指的"单元"不是强调跨学科、跨学段、综合性的"大单元"，而是指基于学科核心素养、学生认知规律和学科知识逻辑体系建构的最小的学科教学单位，"大单元教学"体现在对学科教学单元内容进行的二度开发和整体设计。

《两宋的政治和军事》属于必修一第三单元《辽宋夏金多民族政权的并立与元朝的统一》。除本课外，本单元还有《辽宋金元的统治》《辽宋夏金元的经济与社会》《辽宋夏金元的文化》三课。单元立意在于，在前章学习完中华文明的起源及秦汉统一多民族封建国家建立巩固的基础上，又了解了三国两晋南北朝的民族交融与隋唐统一多民族封建国家的发展，而辽宋夏金元是继之而起的又一个北方少数民族活跃的时期。在这一阶段宋朝强化中央集权，表现出制度文明的优越性，有效保证内部的稳定、社会经济和学术文化的突出成就。同时，各民族间有对抗，但更多的是相互间的民族交融，最终，元朝结束了多民族并立的局面，成为中国历史上第一个由北方少数民族建立的全国性统一王朝，并在充分吸收前朝制度文明和治理经验的基础上实现了对国家及边疆地区的有效治理。

对此单元而言，《两宋的政治和军事》是基础，尤其是其制度文明的建设，是其经济文化发展的保证，也是辽夏金元学习从而促进民族交融的主要内容，正是在此基础上统一多民族国家得以不断发展，民族共同体得以不断熔铸。因此，认识两宋王朝在政治和军事上的新变化之"新"是本课学习的关键，其作业设计当以此为轴心展开，并贯穿历史核心素养的培育，将唯物史观、时空观念、史料实证、历史解释和家国情怀融汇其中。

## 二、以学科综合激发学生兴趣作为历史作业设计的创新点

随着教育改革和课程改革的不断深化，高考改革从形式到内容都进行了有益的尝试。推行"3+X"的考试形式，其中的"X"既是学科能力测试，同时也是一种综合能力测试。因为一些新情境的设计和考察本身就是跨学科的，这是在实践层面上对学生综合能力的要求。

历史学科在高一阶段并不被学生重视的现实情况下，历史作业设计不如打破学科间的界限，重视与其他学科知识之间的交流促进，和其他学科教师共同设计融合各科知识的"综合性"历史作业，使历史学科的综合性特点得以体现，使学科之间相互促进。这种与其他学科相结合的作业，不仅可以使学生更加牢固地掌握所学知识，避免知识点的重复训练，节省学生作业时间，更可以有效衔接高考，进行新情境下学科新表现的有效学习。

例如，与历史学科紧密联系的地理、政治学科，任何史实都发生在一定的地理位置上，而政治环境与历史发展相互影响，教师在教学过程中应相互结合，设计出涵括历史、地理、政治甚至数学知识的习题，不仅可以激发学生兴趣，更可以使学生所学的知识得以整合。

《两宋的政治和军事》作业设计案例一：

| 北宋统一后，两次发起夺回燕云十六州的北伐，均告惨败。后来辽军大军南下，逼迫北宋签订协议，维持已有边界，辽宋皇帝以兄弟相称。北宋每年送给辽一笔款项，称为"岁币"，通过这项协议，北宋勉强获得了北部边防的安定。你能从宋、辽各自制度建设上找出成败的原因吗？北宋以金钱换来和平，在经济上值得吗？从历史发展和政治的角度来看，损失在哪里呢？ | | |
|---|---|---|
| 历史学科 | 地理学科 | 数学学科 |
| 北宋强化中央集权，采取"事为之防，曲为之制""重文抑武"等政策，制度过于僵化，权力分割过细，固然是维护了国内的稳定，但军事力量不振，与北方少数民族作战处于劣势。<br>辽的南北面官制。<br>北宋每年送给辽的岁币数量：从 1005 年达成澶渊之盟到 1041 年，北宋每年给辽朝银 10 万两，绢 20 万匹。后每年增加绢 10 万匹，银 10 万两，岁币的名目改成"贡"。从 1042 年到 1121 年，每年银 20 万两，绢 30 万匹。<br>宋年收入：1 万万两以上。<br>一场中等规模的战事军费：3000 万两以上。 | 地图上划出 400 毫米等降水量线，明确划分农耕和游牧地区的原因，明确地理环境对生产方式的决定意义。 | 用数轴折线或曲线表示宋辽战和持续发展费用图。 |

这种形式的历史作业设计，可以使学生跨学科整合所学知识，得出正确结论而增加学习兴趣，而且也使教师在互相交流之间提升自身的综合素养，达到教学相长的效果。当然教师还要充分提供史料，为学生认识提供基础。如：

　　有一种想当然的看法，以为宋代给辽、夏、金岁币，使得它变穷，不得不拼命搜刮，全面激化了社会矛盾，最终导致政权的垮台。事实上，岁币数量很有限，在国家财政收入中只占很小的比例，而且，它可以在彼此的贸易中得到补偿，以宋对金的茶叶贸易为例，金方每年要掏出30万两银子（一作70万两），仅此一项就比绍兴和议中宋方付的岁币25万两还要多。

——李裕民《宋代"积贫积弱"说商榷》

多元史料的阅读为学生史料实证核心素养的培育奠定基础。

## 三、以人物为中心、以阅读为驱动的历史人物关联型历史作业

　　历史人物在历史的发展中产生着重要作用，他们背后的历史故事、生活经历、人生哲理，又能极大地激发学生的好奇心和求知欲。在历史教学过程中恰当运用历史人物相关的材料，整合相关知识脉络，可以提高学生的历史学习效果，能让学生更好地感受历史，激发学生学习历史的兴趣。在历史作业设计中合理利用历史人物的特点，不仅可以使学生在完成历史作业的过程中体会到探究历史的乐趣，还可以使学生在认知历史人物的过程中学到做人的道理。

　　《两宋的政治和军事》作业设计案例二：

　　在"王安石变法"一目中，王安石着力改革，力图改变北宋因循保守的政治风气，实现富国强兵，但最后以失败告终。为使学生能够深入理解王安石变法的时代背景，设计作业如下：

　　　　阅读《宋史·王安石传》以及《上仁皇帝言事书》《本朝百年无事札子》《答司马谏议书》《王文公文集》等王安石作品，了解王安石的思想特点，指出为什么王安石要执意变法。

　　学生通过阅读相关资料，了解到王安石刚毅果断和坚持原则的政治家风度，对当时危机四伏的社会问题的透彻理解，根据对北宋王朝内外交困形势的深入分析，提出了完整的变法主张，表现出"起民之病，治国之疵"的进步思想。当然王安石表现得急切焦躁也为他变法的失败埋下了伏笔。了解到这些，学生便能更加熟悉王安石变法时期的历史，对王安石变法做出客观的评价。

　　当今的高中生面临巨大的高考升学压力，所剩无几的课余时间被各种培训班、作业、试卷挤占。这就需要教师在设计此类作业时，要事先整合相关资

料，使学生进行有目的、有指导性的阅读，在了解历史人物的同时激发学生的求知欲望。

## 四、以鲜活生活吸引学生关注参与的现实生活实践型历史作业

教育来源于生活并为生活服务，是生活经验的结晶，同时教育又为生活智慧的传承提供了载体，推动生活向前发展。历史课程作为人文社会科学中的一门基础课程，其特点包括思想性、基础性、人文性和综合性。历史学科作为人文学科，需要帮助学生正确理解人与社会、人与自然的关系，不断提高人文素养，关注历史与现实的联系，使学生对社会有全面的认识。

《两宋的政治和军事》作业设计案例三：

阅读有关"疫情防控下的北京新发地市场"的相关材料，选一种自己喜欢的蔬菜，观察这种蔬菜在某大型菜市场的输入、销售及存储情况，对比王安石变法中的市易法，说明国家对市场宏观调控的必要性和可能性。

在设计这类作业时，需要教师关注生活实际与时事新闻，并考虑它们与历史教学目标的相关性，设计出能够使学生亲身感受到的历史作业。这类历史作业，可以让学生触摸到历史知识，让作业不再成为学生的负担，让学生爱上历史作业，在提高学生学习历史兴趣的同时，学生的生活实践能力得以提高。这正是日常教学中针对高考评价标准提出的历史学科学习的实践性和应用性的充分体现。

## 五、主体多样化原则指导下的《两宋的政治和军事》作业评价

传统的历史作业评价方式学生无法接收到反馈信息，教师也不能在作业评价环节了解学生对所授知识的掌握情况。作业评价并不是作业环节的结束，而是作业的中间环节，学生在完成作业评价后能够得到更多的学习信息。历史作业的评价也应进行相应的改革。要能够帮助学生建立自信，形成作业评价激励机制，充分发挥作业评价的教育功能。

《两宋的政治和军事》这三种创新型作业都属于开放性作业，并没有标准答案，教师要对学生的答案进行总结，指出其可取之处和需要改进的地方，教师在评价作业时，可对学生加以赞扬或鼓励，如"你的这个观点很棒，见解独

到，很有创造性"，等等。对存在的问题，指出学生错误所在，并做出有利于巩固相关历史知识的指导性评语。就此课作业设计而言，评价主体多样化应该是主要的评价选择。

在评价主体多样化的原则下，要求在历史作业环节中改变以往历史教师的主导地位，使历史学业评价的主体不再是单一的历史教师，而是让学生、家长、其他学科教师等参与到作业评价当中来。在评价与其他科目相结合的历史作业时，需要历史教师与其他科目教师共同参与到作业评价中来；评价与历史人物相关的历史作业，可以结合学生家长，让教师、学生与家长共同参加作业评价；在开放程度高的历史作业评价中，如与生活相联系的历史作业，可以让同学之间相互评价，达到共同学习的效果。

综上所述，高中历史教师在历史作业设计环节中，一方面，要适应新课程改革的要求，着力于减负提质，围绕学科核心素养的培育进行作业创新，从而激发学生学习的积极性。另一方面，历史作业在内容上要由封闭走向开放，让学生在完成历史作业的过程中，不仅可以巩固所学知识，通过完成历史作业学到其他学科知识，还可以结合前人经验，为自己的人生发展"推波助澜"，更可以在生活中感受历史，让学到的历史知识为生活实践服务，改变以往历史作业只为高考训练的状况。使学生在完成历史作业的过程中得到除去枯燥文字之外更多有意义的东西，使自身能力得到提高。历史作业设计是一个任重而道远的过程，只有做好每一个环节，才能使历史作业发挥它的功能。在教育改革不断深化的当前，历史作业设计也要紧跟改革的步伐，时刻关注自身生存环境，端正态度，求得发展。

# 新课标理念下的课案教学

秦建鹏

面对新课程改革，教师的教学方式在发生着悄然的改变。同时也遇到一个新的困惑：如何更加科学地利用课堂时间，提高课堂效率。"从旁引导"是课程改革的一个重要方面，同时也是英语教学模式变革的一大特点。所谓"引导"，就是要在新课程标准下，学生根据自己的知识水平、能力水准、学习特点和心理特征等具体情况，在教师主导下，由师生共同设计出供学生在整个学习过程完成学习任务使用的学习方案，为学生设定易于实现的学习目标，并就此为学生提供尽可能多的实践机会，增强教学的选择性和开放性。课案的使用给我们提供了一个良好的平台，让我们的教学和学生的学习有了共同的抓手，使我们的教学目标成为学生清晰可见的学习目标。课案既反映学习结果，又体现学习过程，其着眼点在于学生学什么和如何学。本文针对课案的编制、使用和课堂效率的提高办法谈一谈笔者的看法。

## 一、如何设计、编制课案

推行课案教学是为了增强教学的选择性和开放性，本着有教无类、做有层次无淘汰的教育理念，为我们的教学和学生的学习创造共同的抓手，使我们的教学目标成为学生清晰可见且易于实现的学习目标。为了实现这一目标，在课案的设计与编制过程中我们要做到：

（一）要做教材的主人，积极主动地了解学生的需求和固有的认知水平，从而大胆有效地选择、整合教材内容。同时，课案的设计，要由浅入深，由知识结构到知识形成，由知识的运用到能力。要让学生带着问题去解决问题，充分发挥其主观能动性；要让学生带着问题听课，增强他们学习的目的性。

（二）注重师生在教学过程中的互动，提倡活跃的课堂，互动地学习。力争使整堂课环环相扣，由浅入深，这是我们在课案教学的追求。

具体地讲，就是教师在设计每个课案时要做到心中有学生，要充分考虑学生在学科知识、语言能力和情感方面的基本情况，注重教学过程的安排、重点难点的分布以及必要的小组活动的任务设计。

此外，学生个体的差异性是客观存在的，课案设计中要注意面向全体，但这不意味着让每个学生都获得一样的发展，而是让每个学生都在自己原有的基础上获得发展。要把学生之间的差异看成是课程资源，教学中要充分地、合理地、艺术地利用这一资源，使学生之间发生实质性的互动，实现知识的共享。

（三）充分发挥备课组集体备课的优势，课案的设计兼具集体的智慧和教师的个性。各班课案无需整齐划一，集体备课只是统一认识、提出方案，大家尽可以各抒己见、畅所欲言，在这一过程中我们总会碰撞出火花，从而不断受到启发，获益匪浅。但有些点子虽好，应用在不同层次的学生群体当中效果却不尽相同，老师们在使用同一个课案的过程中也经常会感到不适。因此，教师可以根据个人教学风格和本班学生实际情况对此方案进行充实扩展或适当删减，这样既增强了课案的针对性，个性化的课案使用起来也会让我们感觉更加得心应手。同时，备课时应注意以课案设计为契机，做好课前预设。

此外，课案不仅仅在课堂上使用，还可以用作课前预习的指导、课中的活动线索和课后的复习。以课案引领，引导学生进行有效的语言学习，实际上是对学生进行学法指导，脉络清晰而富有成效。

例如，高中英语必修第二册 Unit4 History and traditions，阅读语篇有关英国的历史。可以在单元教学前一周发给学生一份课案，设计四大块讨论题，学生通过小组分工合作查阅资料，完成一个 project。在设计讨论题时，教师自己也经历了一个学习的过程，也要查找资料，对设计的问题要能解答圆满。这当中需要教师做好课文的文本分析，对隐藏的问题要敏感并抱有好奇心，设计的题目有意思，学生才会感兴趣。例如，课文中用几种方式提到英国：the Great Britain，England，the UK，为什么？英国国旗为什么被设计成几个"十字"，代表什么？历史上有哪些族群入侵过英伦三岛，对其产生了什么影响？学生的积极性非常高，对国旗的来历、伦敦作为首都的缘由等问题进行了激烈争论。在此基础上回归教材，学生通过阅读验证所学，就不会再觉得此类课文枯燥无味，就不再是教师一厢情愿地讲解和学生被动地接受知识的局面了。

## 二、如何在课堂上合理使用好课案

首先，课案的设计和使用中，要避免走入误区。如：活动越多越好，课堂越热闹越好。热闹的课就一定是堂好课吗？热闹是教学的"外貌"，而非教学的本质。相对于传统的"闷"课，新课程要求课堂要"活"起来。"活"，表面上是课程的内容活、形式活、情境活，实质上是师生双方的智力活、能力活、情感活。"活"意味着师生双方潜能的开发、精神的唤醒、个性的彰显和学生主体地位的弘扬，意味着师生双方经验的共享。显然，让课堂活起来绝不是简单的热闹。我们应该保持清醒的头脑，在教学过程中牢记以下两点：

1. 要强调学生的独立学习，学生能通过独立学习解决的问题就不要刻意强求合作学习。

2. 要对学生合作学习的技能和态度进行训练和培养，让学生乐于合作、懂得合作，使学生之间发生实质性的互动。

其次，教师要合理调控教学节奏。教师不能一味地按自己的既定计划按部就班地授课，而应关注课堂学生的反应，适时调控教学进程。教师一定要针对学生学习中存在的问题进行教学，妥善处理教学重点难点，采用多种方法吸引学生注意力，增加师生及生生之间的互动和合作，以达到解决问题的目的。众所周知，教学过程不会总是风平浪静，学生难免会提出各种意想不到的问题或话题，尤其是在我们的语言教学过程中。因此，我们在课上使用课案引导学生的学习并不意味着限制学生的思路，恰恰相反，我们往往希望利用课案启发学生的思考。

总之，课案的使用是为使学生亲身参与课堂教学，这样就真正确立了学生在课堂上的主体地位，给学生提供了学习的条件和机会，以学生的思维活动为主体，发挥了学生的主观能动性。课案教学是"以学生为本"理念的具体化，要求我们要深入研究学生的学法，促使教师进行角色转换，实现真正的导学。

## 三、课堂目标的达成与教学质量的提高

第一，在教学中要善于利用学生的个体差异。如让优生在课堂上展示充

分，搭桥引路，成为其他学生的引领者和提高学习效果的融合剂。让中等生在教师和优生的推动下经历过程，掌握知识，发展能力。学困生是课堂上要帮助的重点也是课外辅导的重点。课堂目标的设定切忌"高、大、全"，课堂上不一定人人有提问，面面俱到，要注重学生有没有参与学习、头脑是否有思考，兴趣是否在课堂。兴趣是最好的老师，培养学生对学习的兴趣，对教师的认同、认可是关键。可见，设计合理的课案能够体现出不同层次学生的不同要求，因此，既定的学习目标应尽可能的明确与具体，给学生尤其是学困生一个量化的标准、明确的学习目标，让每个学生都能有希望与追求。

第二，遵循教学规律，注重学生学习能力的发展。当学生处于依靠教师的学习阶段，必须先教后学，但是教的着眼点是为了不教，学的着力点在于自主、独立学习。高中教学的目标是要教学生学会学习，核心是培养学生的独立学习能力，从而使学生慢慢地摆脱对教师教的依赖。因此，我们在教学中应该把方法传授有机地渗透和融入知识的教学中，并引导学生保持对学习方法的关注，养成"方法"的意识。课案的使用恰恰为学法的渗透提供了一个非常好的平台，让学生在学习中可以"有迹可循"，而我们则可以让课案成为学生学习的真正抓手。

当然，在学生已经能够自己阅读教材和自己思考的时候，一定要先让他们自己去阅读和思考。显然，这时只靠学生自己读书和思考还不能解决全部问题。所以，教师一定要针对学生独立学习中存在的问题调整课案内容，这就是教学的针对性。教学有了针对性才能引起学生的注意和兴趣，取得良好的教学效果，进而提高教学质量。

第三，教师要经常进行教学反思。每上完一堂课，教师要坐下来冷静地进行反思和总结经验和教训，并及时加以记录，根据课堂上反映的问题对教学过程和课案进行必要的调整，从而增强针对性，减少教学的盲目性和随意性。教师的反思自 20 世纪 80 年代以来一直是教育领域研究的热点，这与教师专业发展的要求密切相关。杜威最早对反思进行了描述，认为"反思是一种对于任何信念或假设性的知识，按其所依据的基础和进一步结论而进行的主动的、持久的、周密的思考"。就我个人的理解，反思可以说是用批判和审视的眼光多角度地观察、分析、反省自己的思想、观念和行为，并作出理性的判断和选择。反思对教师专业发展具有重要意义，是教师专业发展的决定性因素之一。毕竟，教师专业的发展最终是要为实际教学工作服务的，不断地反思自己的教学，从而不断地学习、进步，能使教师摆脱传统对教师职业、对自身的习惯性定位，听取和吸纳各种意见，不断学习，向教师群体学习、向学生学习，以开阔自己的视野和胸襟。真正做到"崇真尚本"，以海纳百川之气度培养出各具特色的学生，真正做到因材施教、有教无类，从而容纳并创造出丰富多样的世界。美国心理学家波斯纳更是给出了一个教师成长的简洁公式：教师成长 = 经验 + 反思。诚然，教学是一门遗憾的艺术，正因为有了这些遗憾，教师才会有提高的余地，也就有了自我完善和发展的空间。也正因如此，我们的教学质量才有可能不断提高。

# 扣好"第一粒扣子"

## ——谈高中生论文写作审题

李　浩

　　习近平总书记说:"青年的价值取向决定了未来整个社会的价值取向,而青年又处在价值观形成和确立的时期,抓好这一时期的价值观养成十分重要。这就像穿衣服扣扣子一样,如果第一粒扣子扣错了,剩余的扣子都会扣错。人生的扣子从一开始就要扣好。"其实,作文也是如此。审题就是作文的"第一粒扣子"。扣不好审题这"第一粒扣子",剩余的扣子都会扣错。轻则不能深入,重则跑偏撞边,甚至"下笔千言,离题万里"。

　　那么,如何扣好审题这"第一粒扣子"?下面笔者就高中生议论文写作来谈一谈。

　　回顾自 2002 年北京开始自主命题至今的历次高考议论文,我们不难发现,高考议论文写作命题无非几种:命题、话题、材料,或是组合,即材料加话题、材料加命题。如果再深入具体研究北京高考的历年议论文写作命题,就会发现有一种类型特点突出,占比最高,我称之为"概念型"。比如,2002 年的"规则";2003 年的"转折";2004 年的"包容";2005 年的"说'安'";2006 年的"北京的符号";2017 年的"说纽带";2019 年的"文明的韧性";2021 年的"论生逢其时";2022 年的"学习今说"都属于此类。对于此类作文,我们一定要对相关概念进行界定,深入挖掘。

　　下面结合例题,谈谈具体做法:

# 例题 1：

战士冲出重重封锁，获得胜利；科学家在研究中拨开迷雾，发现真相；文学家穿越现实的荆棘，抵达心灵的彼岸；哲学家思考摆脱蒙昧，启迪智慧……人类总在不断摆脱困境，进行"突围"。对此，你有怎样的感受或思考？

请以"突围"为题写一篇议论文。

## （一）细读材料，注意分层

材料中前五个分句的主语分别是：战士、科学家、文学家、哲学家、人类；他们的行为，也就是对应"突围"的"突"字，分别是：冲出、拨开、穿越、思考、摆脱；他们的行为对象，也就是对应"突围"的"围"字，分别是：重重封锁、迷雾、现实的荆棘、蒙昧、困境；取得的结果分别是：获得胜利、发现真相、抵达心灵的彼岸、启迪智慧。其中，"迷雾""现实的荆棘"带有明显的比喻性质，应该是指表象困惑、物质困扰。

## （二）围绕题目，多维思考

所谓多维思考，一般包括"是什么""为什么""怎么做"，我称之为"审题三维"。

比如"是什么"这一维度，我们可以围绕"突围"二字问问自己：什么是"突"？什么是"围"？"围"有哪些类型？这一维度，很多同学往往一带而过，不做深入思考，因而流于表面，堕入平庸。其实"是什么"这一维度大有可挖掘之处，甚至可以带动"怎么做"这一维度。比如材料中所列举的多是"外物之围"，那么，与之相对的自然是"自我之围"，我们可以联想到王阳明说过的一句话，"破山中贼易，破心中贼难"。所谓"心中之贼"，主要是指那些错误的思想观念、僵化的头脑、脱离实际的想法、虚妄的念头、贪婪的欲望、矛盾的心理，以及顽劣的习性，等等。凡是违背科学、脱离实际、不合规律，让人生在现实生活面前遭到挫折失败的想法、念头、思维定式和习惯等，都属于"心中之贼"，都应该在破除之列。再比如，材料中所列举的多是"严酷之围"，那么，与之相对的自然是"温柔之围"，我们可以联想到人类对于外部世界认识的三个区域：舒适区（comfortzone）、学习区（stretchzone）、恐慌区（stresszone），进而思考如何走出"舒适区"。这些都是不俗的思考。

### （三）用心筛选，确立最佳

这里所说的"筛选"和"最佳"的标准是："有的说"和"值得说"。所谓"有的说"，是指自己的素材储备库里有相关的丰富素材。而所谓"值得说"，则是指别人都知道都明白的，我少说，乃至不说；别人不清楚或者是没有想到的，我要多说。这个和商业经上的"人无我有，人有我精，人精我专，人专我转"这句话有相通之处。比如，为什么要突围？也就是谈突围的必要性和重要性，突围的作用、价值、意义：一是生存；一是发展。这些大家都比较清楚，因此要少说。

我们再举一例来巩固落实上述的方法。

# 例题2：

> 有人说，多方听取不同意见，会让我们明辨是非、智慧通达，所谓"兼听则明"。
>
> 也有人说，大数据时代每天都有各种各样的"声音"向我们涌来，"兼听"更容易让人产生困惑，甚至迷失自我。
>
> 以上关于"兼听"的看法，引发了你怎样的联想和思考？请写一篇文章。
>
> 要求：题目自拟，立意自定；文体不限（诗歌除外）。将题目写在答题纸上。

### （一）材料分层

材料分为两层，第1层强调了"兼听则明"的普泛经验，第2层强调了"兼听生惑"的现实问题。而一篇文章的价值在于其现实意义，因此第2层应该做重点开掘。

### （二）审题三维

1."是什么"

"兼听"是什么？"多方听取不同意见"。"兼听"之"兼"，是"多方"，"多方"是什么？是人数众多？还是角度多元？"兼听"之"听"，是"听取"；那么，"听取"是什么？"听"等于"信"吗？"取"等于"做"吗？对于"是什么"的深度追问，对于"是什么"的近类比较，不仅可以引导我们深入思考，让文章有深度。浅而言之，也可以避免偏题跑题。比如，"兼听"等于

"倾听""聆听"吗？"兼听"等于"兼收""兼容""兼有"吗？在考试阅卷当中，我们经常发现学生因为偷换概念或者是转移概念而偏题跑题。

2."为什么"

为什么"兼听"？就是在探究"兼听"的价值和意义，探究"兼听"的必要性和重要性。每个人都必然具有局限性，都不可避免地存在着盲点。要想克服盲点，拓展认知，争取认清事物的全貌，必须"兼听"，以突破一人之力，汇聚众人之智。

为什么在大数据时代"兼听"反而"生惑"呢？这固然有信息庞杂、标题党、带节奏、信息茧房等客观原因，也和部分网民缺乏质疑精神、缺少思辨能力、缺失求真意识有主要关系。应该说"兼听生惑"不是大数据时代必然的产物。更何况疑惑并不一定是坏事，"兼听生惑"反而是思考的开始。

3."怎么做"

兼听则明，这个"则"字，"怎么做"才能自然而然、水到渠成？这里有对所听内容的选择，尤其是逆耳的忠言。面对各种各样的言论，我们应当保持清醒，保持冷静，保持客观，保持坚定的初心。兼听作为一种方法，就像一把菜刀，用好了是砍瓜切菜，用不好才会伤人伤己，网络上的信息多到数不胜数，把兼听当滥听的人必然会晕头转向。

### （三）筛选最佳

兼听则明，大家耳熟能详，实则不甚了了。比如兼听一定能明吗？什么是真正的兼听？什么是"伪兼听"？"兼听生惑"是大数据时代必然的产物吗？"生惑"的根本原因究竟是什么？这些问题都是能够让人耳目一新的。

总之，扣好审题这"第一粒扣子"，后面的立意、构思、选例、论证才有其意义。请各位高中同学在写作之前，一定要花时间花心思做好审题这件事，扣好审题这"第一粒扣子"。

# 窥函数一题多解　悟高三复习策略

## ——"双减"背景下我思我行

翟海燕

教育部召开新闻发布会强调，落实学校承担的"双减"工作任务，必须严格落实教育教学工作纪律。在新政策背景下，面对学生成长需求以及家长的"教育焦虑"，一线教师们应该怎么做？教育教学工作怎样开展？这是每个教育者都必须面对和解决的问题。作为一名连续任教高三的数学教师，我也尝试用高考数学中最常见的函数问题教学拟合这一新的决策与改变。

## 一、学生的减法——明确高中函数地位及考查

《普通高中数学课程标准（2017年版）》（以下简称《标准》）指出，函数是现代数学最基本的概念，是描述客观世界中变量关系和规律的最为基本的数学语言和工具，在解决实际问题中发挥着重要作用。函数是高中数学学习的核心内容，是数学中最重要的概念之一，也是如物理学等自然学科研究问题和解决问题的工具。高中阶段，函数学习为数列、不等式、向量、曲线与方程的综合研究提供了知识和方法上的工具。因此，函数是贯穿高中数学课程的主线。

正是由于函数是高中数学的主干知识，其相关概念和衍生知识非常多，因此，高考中对函数基础知识考查颇多，考查形式多样。综观历年全国各地区高考试卷，函数专题的题型有选择题、填空题、解答题，主要围绕函数的概念和图像、函数的表示方法、函数的简单性质，几类初等函数，体会函数与方程、导数概念，用导数研究函数的性质，函数与导数在实际问题中的应用进行

考查。

# 二、教师的加法——高中函数解题及分析

题目：已知 $x_1$，$x_2$ 是函数 $f(x)=2\sin2x+\cos2x-m$ 在 $[0,\dfrac{\pi}{2}]$ 内的两个零点，则 $\sin(x_1+x_2)=$ _____。

## （一）常规分析及解答

高中阶段初等函数主要包括指数函数、对数函数、幂函数、三角函数，是研究函数性质的重要载体。函数的概念和性质部分主要考查函数的定义域、值域、解析式、单调性、奇偶性、周期性，以及综合应用。

本题是三角函数大背景下的带参函数零点问题，对于学生而言，变量较多，会有无从下手的感觉。有部分同学试图利用函数零点为函数 $y=2\sin2x$ 及 $y=m-\cos2x$ 图像交点问题的转化求解，但参数 $m$ 的不确定性让此方法搁浅。

方法1：对三角函数运算有较好掌握的同学甲通过化简函数引入辅助角获得求解。

$$f(x)=\sqrt{5}\,(\dfrac{2\sqrt{5}}{5}2\sin2x+\dfrac{\sqrt{5}}{5}\cos2x)-m=\sqrt{5}\,(\sin2x\cos\varphi+\cos2x\sin\varphi)$$

$$=\sqrt{5}\sin(2x+\varphi)-m，其中 \varphi\in(0,\dfrac{\pi}{2}) 且 \tan\varphi=\dfrac{1}{2}$$

$$x_1,\ x_2\in(0,\dfrac{\pi}{2})$$

$$2x+\varphi\in(0,\dfrac{3\pi}{2})$$

$$f(x)=\sqrt{5}\sin(\sin2x+\varphi)-m 有两根 x_1，x_2 时，$$

$$2x_1+\varphi+2x_2+\varphi=\pi$$

即 $x_1+x_2=\dfrac{\pi}{2}-\varphi$

$$\therefore\ \sin(x_1+x_2)=\sin(\dfrac{\pi}{2}-\varphi)=\cos\varphi=\dfrac{2\sqrt{5}}{5}$$

## （二）选取工具分析及解答

与此同时，有同学在理解函数概念的基础上，利用导数是研究函数的工具，可以通过导数研究函数的单调性、极值、最值和函数零点等，使此题获得求解。学生在研究函数性质的基础上研究图像的性质，突出数和形之间的关

系。通过作图、识图、用图进而综合应用数学知识解决问题。

方法2：利用导数是研究函数的工具求解

$f(x)=2\sin2x+\cos2x-m$

$f'(x)=4\cos2x-2\sin2x$

$f'(x)=0$，即 $\tan2x_0=2$

由函数性质可知 $x_0$ 为 $f(x)$ 的极值点

$x_1$，$x_2\in(0，\dfrac{\pi}{2})$ 且为函数的零点

根据三角函数对称性可知 $x_1+x_2=2x_0\in(0，\pi)$

$\therefore\ \sin(x_1+x_2)=\sin2x_0=\dfrac{2\sqrt{5}}{5}$

反思：以上两种方法均从函数概念出发关注本源，思考平时所学最终获得求解。从而可以看出数学概念的学习是数学学习的基础，是落实数学技能训练的重要途径，概念的形成过程蕴含着丰富的数学素养，我们应以概念教学为抓手，正确把握概念教学方法，提升学生的核心素养。这就要求我们数学教师在教学过程中要返璞归真，带领学生回归概念本源。

**（三）巧用概念分析及解答**

分析：函数与方程关系主要包括函数 $f(x)$ 零点，函数 $f(x)$ 图像与坐标轴的交点，方程 $f(x)=0$ 的根，三者之间常常相互转化。针对这类比较抽象或者难以理解、难以思考的问题，一部分同学的解决方法是根据问题的性质和条件，运用转化和构造的方法，将复杂的问题简单化，把待解决的问题转变为新的研究对象。

方法3：根据所求 $\sin(x_1+x_2)$，将已知角 $2x_1$，$2x_2$ 转化拆分构造求解

$x_1$，$x_2$ 是函数 $f(x)=2\sin2x+\cos2x-m$ 在 $(0，\dfrac{\pi}{2})$ 内的两个零点，即 $x_1$，$x_2$ 方程是 $2\sin2x+\cos2x-m=0$ 的两根。

$2\sin2x_1+\cos2x_1=2\sin2x_2+\cos2x_2$

$2\sin[(x_1+x_2)+(x_1-x_2)]+\cos[(x_1+x_2)+(x_1-x_2)]$

$=2\sin[(x_1+x_2)-(x_1-x_2)]+\cos[(x_1+x_2)-(x_1-x_2)]$

$4\cos(x_1+x_2)\sin(x_1-x_2)=-2\sin(x_1+x_2)\sin(x_1-x_2)$

$x_1\neq x_2$ 且 $x_1+x_2\in(0，\pi)$

$\sin(x_1-x_2)\neq0$，则 $\tan(x_1+x_2)=-2$

$$\therefore \sin(x_1+x_2) = \frac{2\sqrt{5}}{5}$$

## （四）适当知识拓展分析及解答

方法 4：利用函数零点与方程根的关系转化及和差化积解题技巧求解

$x_1$，$x_2$ 是函数 $f(x)=2\sin2x+\cos2x-m$ 在 $\left(0, \dfrac{\pi}{2}\right)$ 内的两个零点，即 $x_1$，$x_2$ 方程是 $2\sin2x+\cos2x-m=0$ 的两根。

$2\sin2x_1+\cos2x_1=2\sin2x_2+\cos2x_2$

$2(\sin2x_1-\sin2x_2)=\cos2x_2-\cos2x_1$

$4\cos(x_1+x_2)\sin(x_1-x_2)=-2\sin(x_1+x_2)\sin(x_1-x_2)$

$x_1\neq x_2$ 且 $x_1+x_2\in(0, \pi)$

$\sin(x_1-x_2)\neq0$，则 $\tan(x_1+x_2)=-2$

$$\therefore \sin(x_1+x_2) = \frac{2\sqrt{5}}{5}$$

反思：相对于方法 1、方法 2，方法 3、方法 4 更多体现了转化、构造的数学思想。学生呈现的方法 3 是质朴的数学转化，利用所求角度正弦 $\sin(x_1+x_2)$，将已知 $2x_1$，$2x_2$ 角转化拆分构造成 $(x_1+x_2)+(x_1-x_2)$ 和 $(x_1+x_2)-(x_1-x_2)$。方法 4 是学有余力的同学对课外知识和差化积公式的掌握。在 2019—2023 届高三的教学过程中没有涉及，但新课标已经将其纳入学生应了解知识范围内。以上均能体现出，对于函数模块的学习乃至数学知识的教学，要让学生领会转化与化归的数学思想，巧妙转化，恰当构造。而这些数学技能是在练习的基础上形成的按照数学规则或操作程序，完成一定数学任务的活动方式。主要体现为数学思维活动，其内化为个体的经验，外化为程序性知识，最终形成一定的思维模式。数学教学活动的根本目的在于促使学生形成这种思维模式，进而使其建立一定的数学直觉，能够一眼"看"出数学的结果，即由条件"看"出结果、由结果"看"出条件。这种"看"是一种直观判断能力，是学生未来创新的基础，也是我们日常教学的重点。

# 三、科技改变教育，教学补充上乘之选

随着科技的发展，"5G 教育 +"的概念逐渐进入人们的视野，但是我认为科技对于教育的意义应该是"乘"，因为"乘"的变化率更快，即在高速的发展过程中极速累积进而体现出完美的飞跃。

在具体的教学过程中我们应该最大限度地让科技参与教学评价及多彩课堂。大量的计算机模型（如 TAT 等）帮助我对如何进行"多元评价"的内容、维度、标准有更深入的了解，因此让我能更好地为不同层次的学生制定更合理的高中复习策略及讲解，让孩子们"看见自己"，努力做最好的自己。从小处着手，比如改变教与学的方式，运用高效、趣味的授课工具、新颖创意的教育方式（微课、STEM）提高授课质量和学习兴趣；课堂上除了一对多的讲解，还可以组织同伴互助、小组共学，让每个孩子都"在场"，同时我校应用了"一起教育"平台，在上面我和同学们一起记录了每一个类似函数复习课的不同分析及成长。

# 结语

以上可以看出，"双减"为减负而生，需要教师自我提升做加法，即减轻负担，要从源头抓起。研究学情，就是要研究每节课学生"在哪里"；研究教材，就是要研究每节课应把学生"引到哪里"。学科核心素养是学科育人的重要目标，分析研读教材，就是要对准学科核心素养这个靶心，确定"把学生引到哪里"，只有全面把握教材的前后联系，深入挖掘教材蕴含的学科核心素养要素，才能使课堂教学实现有的放矢。教学聚焦学科核心素养，更加突出学生的主体参与，组织学生开展深度学习。深度学习不只是深在知识难度上，而是要利用现有的科技力量精心设计问题情境或探究活动，激发学生主动探究的欲望，引导学生借助已有知识和经验开展探究性学习。

总之，教师不断学习不断探索，时代赋予教育的重任，每一个教师都有一份！学生茁壮成长，会用数学的眼光观察客观世界，以数学的思维方式分析客观世界，用数学的语言表达世界。师生共成长——仰，不愧于天；俯，不愧于人；内，不愧于心；外，不愧于颜。

# 在精研中提升，在实践中求索

## ——高中历史课堂历史解释核心素养培育研究

刘　童

　　新课程标准改革的核心任务是让每个学生得到最大程度的发展，其重要途径是通过转变教师的课程设计、教育理念与教学策略促进学生学习方式的转变，为学生搭建自主、合作、探究、交往的学习平台。其中，历史课程标准改革对核心素养的要求旨在推动学生树立正确的世界观、人生观、价值观与历史观，而对学生历史解释素养的培养是对学生历史思维与表达能力培养的核心。基于此，建构合理有效的课程模式、探索改革传统教学策略，把注重学生识记知识转变为注重培养历史技能与创造性运用知识上来，关注学生的学习过程；强调学生"学"，确保学生在教学关系中的主体地位；促使历史课堂完成从封闭的教师中心教学到学生主体学习模式的转变，从而使历史教学更加符合社会与个人发展的需要。

## 一、何为"历史解释"

　　教育部 2017 年制定的《普通高中历史课程标准（2020 年版）》（以下简称《课程标准》）指出，"历史解释"是指"以史料为依据，对历史实物进行理性分析和客观判断的态度、能力与方法"的历史学科核心素养。《普通高中历史课程标准（2017 年版）解读》指出，历史解释"以时空观念为前提、史料证据为支撑、历史解释为基础，有意识地对过去提出理性而系统的具有因果关系的叙述"，培养难度较高。依据《课程标准》，历史解释核心素养分为四个层次，即"能够有条理地讲述历史上的事情，概述历史发展的基本进程；能够说出重要历史事件的经过及结果、重要历史人物的事略、重要历史现象的基本状况"；"能够分析有关的历史结论；能够区分历史叙述中的史实与解释；能够在叙述历史时把握历史发展的各种联系，如古今联系、中外联系等，并将历史知识与其他相关学科如地理、语文、艺术等知识加以联系；能够选择、组织和运用相关材料并使用相关历史术语，对具体史事作出解释；能够尝试从历史的角度解释现实问题"；"能够分辨不同的历史解释，尝试从来源、性质和目的等多方面，说明导致这些不同解释的原因并加以评析；能够选择、组织和运用相关材料并使用相关历史术语，在正确的历史观和方法论的指导下，对系列史事作出解释"；"能够比较、分析不同来源、不同观点的史料；能够在辨别史料作者意图的基础上利用史料；在评述历史时，能够对材料进行适当的取舍；在对历史和现实问题进行探究的过程中，能够恰当地运用史料对所探究问题进行论述；能够符合规范地引用史料"。

## 二、学生"历史解释"素养培育的困境

在课程改革的背景下，学生历史学科核心素养的培养成为了教学的重中之重，其中"历史解释"素养是学生历史学科核心素养的关键。对于"历史解释"核心素养培养的具体方式方法至关重要，也是众多研究者探索的重点。目前针对课程改革背景下有针对性地培养学生历史解释素养的研究尚缺少比较系统的实践路径，几乎所有的研究或将重心放在对"历史解释"核心素养的培养原则上，或重点研究某一具体课程案例。而从教学策略角度探索高中不同年级"历史解释"能力培养的完整路径的研究非常缺乏。

对于高中学生来说，特别是新高一学生，一下子从初中的简单陈述史实到达深层分析与思考，这个要求是很难的。再加上高中学生各学科的课业负担重，很难有时间、有余力对于一些自己感兴趣的历史问题进行资料的查找、深入的思考。

## 三、历史课堂"历史解释"素养途径

### （一）基于问题链设计下的"历史解释"素养培育

例如高三专题复习课《古代中西交往》，如果按照传统教学方式，只是停

留在知识梳理的层面。根据"历史解释"素养培育的要求，就可以通过材料群的阅读后，设计如下问题链：

（1）丝绸之路开通的原因是什么？对中西方产生哪些影响呢？

（2）为什么到唐宋时期，史学家们就把丝绸之路称为陶瓷之路呢？陶瓷之路又会对中西方产生怎样的影响呢？

（3）到了16—19世纪，虽然中国出口的商品大部分还是瓷器和茶叶丝绸之类，可史学家们为什么又给它命名为"白银之路"了呢？通过材料的阅读，找到白银之路出现的原因及影响。

（4）中西方交往出现了哪些变化？

（5）纵观古代到近代的东西方交往，你能得出怎样的认识？

在整体的设计中，教师以古代中西交往的专题复习为切入点，创设"丝绸之路""陶瓷之路""白银之路"三个情景，通过问题链的设计，引导学生从地图入手，构建时空观念，通过对史料的补充和发掘并结合所学，分别对古代中西交往的变化进行合理解释。由于铺垫充分，在此基础上学生就很自然地达成认识的提升。最后，用折叠学案的方法帮助学生重新梳理了本节课的思路，并点明"解读题"这一类题型的解题思路。可以说，这节课很好地将构建解题思路和历史解释素养的培育进行了有机结合，学生获得很好的达成度。

### （二）基于习题训练设计下的"历史解释"素养培育

例如北京市朝阳区2022届高三上学期期中质量检测试题的第18题第2问，需要学生对于三线建设这一当时国家规模空前的重大经济建设战略进行分析。经过对材料信息的提取后，学生写出第一稿如下：

> 三线建设是党中央由于西部工业发展不均衡，为改善中西部地区的工业和经济状况，制定政策，让东部的工业企业和优秀人才驰援中西部的建设战略。三线建设的时间处于"三五"时期到"五五"时期，支援的人才和企业多，支援的领域以交通、能源行业为主，涉及民生的各个领域。基建投资的总额不断提升，但三线建设所占全国投资总额的比重逐渐减少。

> 20世纪五六十年代，在一五计划完成、社会主义工业化奠定基础后，中苏关系交恶，国际形势严峻，为了尽快建成社会主义，中共中央领导"大跃进"和"人民公社化"运动。但两个运动的失败和自然灾害的影响导致国民经济严重困难，东西部的建设差距被进一步拉大。在这种情况下，党中央提出三线建设的战略决策，缩小东西部的建设差距。为了尽

快提升西部的经济实力，面对严峻的国际形势，三线建设以发展重工业为主，包括了比较齐全的工业部门和比较完整的工业体系。而随着西部重工业快速发展，以及全国的国民经济比例失调，三线建设所占全国投资总额的比重逐渐减少。

课堂中，这样的答案展示出来后，所有学生集体诊断发现，最明显的问题是没有将三线建设这一国家战略制定的时代背景与这个战略进行合理的解释，而仅仅是单纯地将20世纪五六十年的重大事件进行默写。于是，在集体批改中，学生们的思维不断碰撞、互鉴，从国际形势的严峻、国内的现实需求等多角度来进行了分析。

修改后的答案如下：

20世纪五六十年代，中国开始改变工业落后的面貌，但东部和西部工业发展不平衡，经济水平差距较大，需要加强对西部的工业建设。国际方面，中苏关系交恶，苏联撤走援华专家和物资。与此同时，在两极格局下，以美国为首的西方帝国主义国家对华实行政治孤立、经济封锁和军事威胁，中国需要发展重工业和军工业提升国防力量，因此党中央制定三线建设的战略决策，让东部的工业企业和优秀人才驰援中西部的建设战略。三线建设的时间处于"三五"时期到"五五"时期，支援的人才和企业多，支援的领域以重工业和军工业为主。基建投资的总额不断提升。通过三线建设提升了我国国防力量，改善了工业布局，推动西部开发，有利于中西部经济协调发展。

总之，三线建设是中国共产党根据国际形势的变化和国内的实际国情调整国家政策，推动了中国社会主义建设。

不同于一般的培养学生主动探究的教学模式，利用习题和习题课程对学生进行引导能充分调动学生的积极性与主动性，并且能为学生找到自我评价的合理平台。同时，通过合理的习题编制与习题课程设计，能有效地做到课上与课下、教师主导与学生主体的合理衔接，更好地将"历史解释"核心素养培养落地。

当下，当务之急就是改变教师的教育理念，形成真正以学生为主体的课程模式。这将极大地有助于学生"历史解释"核心素养的培养，促进历史教师的专业发展，实现普通高中历史教学的高效、可持续发展。

# 马克思主义经典著作融入高中思政课教学的几点思考

金英珍

高中思想政治课程聚焦思想政治学科核心素养，是落实立德树人根本任务的关键课程。高中阶段的学生正处于"拔节孕穗"的关键时期，需要我们教师的教育和引导。马克思主义经典著作（以下简称"经典著作"）是思想政治课的灵魂，是马克思主义理论的本源和基础。将经典著作融入高中思政课教学，是顺应时代发展的要求，也是培养学生核心素养、转变教师教学思想的需要，有利于引导学生坚定中国特色社会主义道路自信、理论自信、制度自信、文化自信，形成正确的世界观、人生观、价值观。

## 一、如何选择经典著作

马克思主义经典著作浩如烟海，我们在思政课教学中上要选用代表性强、适合学生能力、与中学阶段所学理论相关性大的著作进行研习。

### （一）选择与学生能力相适应的经典著作

"引导高中生读经典学经典，并不是要求所有学生今后做一个专业的马克思主义理论研究者，而是用经典著作的理论魅力感染鼓舞学生，使学生从情感和理智上认同、尊崇马克思主义的科学性和价值性。"所以，经典著作的选择必须充分考虑学生阅读和理解的能力。一是坚持全读与选读相结合，篇幅较短的可以全读，如，毛泽东的《实践论》《矛盾论》，恩格斯的《马克思主义墓前的讲话》，理解能力和阅读意愿强烈的学生可以全读，如《共产党宣言》。多数原著学习会进行部分章节的选读。二是坚持课前阅读与课后再阅读相结合，课前阅读为课堂做准备，课后再阅读深化课堂学习的理论。如，课前阅读毛泽东的《实践论》，学生能够区分感性认识和理性认识的不同，明确获得认识的途径，以及初步理解实践和认识的关系。课后再阅读则侧重《实践论》写作的时代背景，理解"实践是认识的来源""实践是检验认识真理性的唯一标准""坚持实践第一的观点""马克思主义不是教条而是行动的指南"等，对辩证唯物主义的知行统一观有更深刻的理解。三是坚持原文阅读与信息技术手段相结合。著作原文的写作背景以及主要内容可通过 PPT、视频等方式先进行介绍，使学生在短时间内对原著有直观了解，减少陌生感和距离感，明确阅读重点。

### （二）选择与教材内容直接相关的经典著作

学习经典著作不是为了读而读，为了学而学，"融入"归根到底是为了引导学生更好地理解高中教材所学的马克思主义基本原理。与教材内容直接相关的经典著作，一是教材在编写过程中引用了原文的，如《共产党宣言》《资本论》《〈政治经济学批判〉序言》《矛盾论》等。二是教材中提到了著作名称的，如《在马克思墓前的讲话》。三是教学过程中教师补充的，如学习"运动的规律性""新发展理念"或"推动绿色生产和消费"时，可以引导学生阅读《习近平谈治国理政》第四卷"坚持人与自然和谐共生"专题中的文章；在学习"中国共产党的红船精神"或"中华民族伟大复兴的中国梦"时，可以和学生一起诵读李大钊的名篇《青春》，引导学生坚定理想信念，在实现中国梦的伟大实践中放飞青春梦想。

## 二、如何设计课堂活动

课堂教学需要我们设计有效的活动，为教学任务服务。经典著作融入高中思政课教学，既可以是整个课堂活动的一个环节，也可以是整节课的主题。

### （一）关注教材提供的探究活动

教材提供的探究活动，任务指向明确，适合学生查阅、思考、分享、讨论、辨析，能够增强学生的学习兴趣，具有较强的典型性和可操作性。如，必修 1《中国特色社会主义》"科学社会主义的创立"一目的探究与分享，设计了"诵读《共产党宣言》名言名句，与同学分享自己的感想"和"结合所学知识，谈谈《共产党宣言》发表的意义"两个探究活动。再如，必修 4《哲学与文化》第二单元的综合探究活动建议提到"阅读马克思的《〈政治经济学批判〉序言》和恩格斯的《在马克思墓前的讲话》，思考历史唯物主义的基本原理"。

### （二）设计凸显教学特色的阅读活动

学情不同，要完成的教学任务不同，我们要结合教学实际设计原著阅读活动，提升思政课教学的针对性和实效性。

选读《共产党宣言》可设置阅读问题引导学生思考：《共产党宣言》如何评价资产阶级，揭示了怎样的客观规律？《共产党宣言》认为改变世界的力量是什么？用什么方式去改变世界？宣告了无产阶级的历史使命是什么？《共产党宣言》设想建立的是一个什么样的世界？通过研读原著，引导学生了解科学社会主义理论的核心思想，理解科学社会主义正确把握社会发展规律，为无产阶级和共产党人认识和改造世界提供了强大的思想武器，真正实现了科学性和革命性的统一，坚定理论自信。

选读马克思《1844年经济学哲学手稿》，可以设计以下问题引导学生理解其现实意义。如，在市场经济中，"你情我愿"与行为正义构成什么条件关系？你如何看待"996工作制"？资本主义创造了巨大的物质财富，马克思认为它仍然会被新的更高的社会形态取代，你如何从人道主义的角度理解这一问题？人总是追求快乐，厌恶操劳，你是否认同这一观点？到底什么才是有价值的人生？等等。这些问题把马克思主义的异化观、解放观与现实社会存在的问题相结合，让学生切身感受到马克思主义不是过时的理论，而是开放的、与时俱进的，是对今天仍然有巨大启示的理论。引导学生体会"经典"的力量，增强学生学习马克思主义的自觉性、主动性、创造性。

### （三）积极开展课外实践活动

经典著作融入高中思政课教学，还可以走出思政小课堂，走进校园或社会大课堂中。"经典"传递方向可以从教师到学生，社会到学生，也可以从学生到学生。

举办专家讲座。在学生自主阅读和课堂讨论的基础上，邀请专家进行专题讲座或邀请大学教师为高中生上一节课，借助专家研究的视角，延伸学生对"经典"研习的广度和深度。

开设选修课程。"追寻无用之用"，通过介绍伟大哲学家的经历、分享经典原著阅读的感想，阐述西方政治思想的产生、发展及演进等内容，帮助学生对哲学、政治学等相关专业形成初步认知，培养政治学思维和思辨精神。"打开哲学的神秘之门——从知识之境到智慧之境"，引导学生以"智慧之爱"为起点，与经典相遇，从源头上把握哲学思维的抽象性、批判性和反思性，体味哲学之魅力。

开设"海量阅读大讲堂",培养"海量阅读小讲师",为学生提供向同伴交流阅读收获的舞台。

加大将经典著作阅读与参观党史馆、博物馆、名人故居等实践活动的融合力度,把课堂和社会结合起来,把理论与实践结合起来,培育学生的综合素养。

# 三、需要注意哪些问题

## （一）关注学生的学习兴趣

经典著作自身有较强的学理性、思想性和抽象性,容易使学生"望而却步""敬而远之"。经典著作融入高中思政课教学必须突出学生的主体地位,关注学生的学习体验,设计能够提升学生的学习兴趣、调动学生的积极性、发挥学生的主观能动性的活动。让学生通过学习经典著作,体会马克思主义历史逻辑、理论逻辑和实践逻辑的统一,"在自主辨析的思考中感悟真理的力量",实现有效的价值引领,提升学生的核心素养。

## （二）提升教师的理论素养

越来越多的思政课教师深刻体会到,要把思政课教好是需要有真本领的,提升理论素养已成为高中思政课教师专业成长的巨大挑战和迫切需要。作为经典著作融入高中思政课教学的引导者、活动的设计者和承担者,思政课教师自身的马克思主义理论素养、马克思主义经典著作研读的广度、深度,这直接关系"融入"的效果,关系学生在教师的引导下能否掌握马克思主义的立场、观点、方法,坚定马克思主义的理想信念,做到真学真懂真信真用马克思主义。

## （三）变革教学的评价方式

课标强调"教学与评价的一致性",经典著作融入高中思政课教学的"评价要将过程性评价与终结性评价相结合","专注学科核心素养的行为表现"。教师可以设计包括"活动目标明确恰当""积极参与资料的搜集""与小组同学积极配合""流利表达小组观点"等维度的学生活动等级表,以活动内容、过程为依托,既评价学生对有关学科内容的学习和理解情况,又评价学生在活动中表现出来的能力、情感和态度。还要注意要把教师评价与学生自我发评价、同学评价、小组之间的评价结合起来评价,要关注学生的成长和发展,发挥评价促进学生成长的作用。

无论时代如何变化，"马克思主义经典著作包含着经典作家所汲取的人类探索真理的丰富思想成果，体现着经典作家攀登科学理论高峰的不懈追求和艰辛历程"。把马克思主义经典著作融入高中思政课教学，用"经典"的力量感染学生，有利于学生深刻理解马克思主义基本理论，培育核心素养，凸显思政课教学的价值性和实效性。但融入点、融入的途径和方法还需要不断研究。

# 利用类比推理，显化科学方法

## ——以 2021 年北京市物理高考第 19 题为例

孟 岩　高新华　时子豪

类比是一种逻辑推理，也是抽象思维中的一种基本形式。它通过联想，将未知的对象对比已知的对象，然后依据两个对象之间存在的某种类似的关系，从已知对象存在的某种性质或规律推出未知对象的某种性质和规律。类比推理是创造性思维的一种体现。

2021 年北京市高考物理第 19 题以具体的实验为情境，融合了实验探究和科学论证，以论述题的形式来显化学生对于"类比推理"这种科学方法的运用。此题形式新颖，目的指向明确，值得我们从科学方法的角度进行深入分析和思考。

# 一、高考卷第 19 题展示

类比是研究问题的常用方法。

（1）情境一：物体从静止开始下落，除受到重力作用外，还受到一个与运动方向相反的空气阻力 $f=kv$（其中 $k$ 为常量）的作用。其速率 $v$ 随时间 $t$ 的变化规律可用方程 $G-kv= m\dfrac{\Delta v}{\Delta t}$（①式）描述，其中 $m$ 为物体质量，$G$ 为其重力。求物体下落过程中的最大速率 $v_m$。

（2）情境二：如图 1 所示，电源的电动势为 $E$，线圈的自感系数为 $L$，电路中的总电阻为 $R$。闭合开关 $S$，发现电路中电流 $I$ 随时间 $t$ 的变化规律与情境一中的物体速率 $v$ 随时间 $t$ 的变化规律类似。请类比①式，写出电流 $I$ 随时间 $t$

变化的方程；并在图 2 中定性画出 $I-t$ 图线。

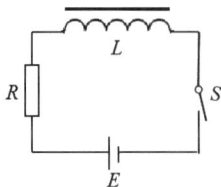

图 1

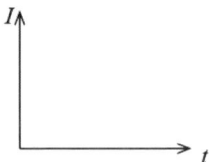

图 2

（3）类比情境一和情境二中的能量转化情况，完成下表。

| 情境一 | 情境二 |
| --- | --- |
| 物体重力势能的减少量 | |
| 物体动能的增加量 | |
| | 电阻 $R$ 上消耗的电能 |

## 二、科学方法的分析

本题分别选取了高中物理中力学和电磁学中的典型情景，以物体在有阻力作用下从静止下落和电感器充电为素材，考查通过类比推理的方法对两种情景的现象认识和规律探索。本题虽然情景简单，对数学运算的要求也不高，但对科学方法的考查非常深入，需要学生能够准确地分析和理解两种情景所涉及的物理量、物理过程、功能关系等，并运用类比推理最终得出新的规律，显化学生的思维过程。解决该题目所需要的核心思想方法是"类比推理"。类比推理是以比较为基础，根据两个（或两类）对象之间在某些方面的相似或相同，而推论它们在其他方面也可能相似或相同的思维方法。类比推理的图示可表示为：

A 与 B 有属性 $a_1$，$a_2$，$a_3$，…，$a_n$，

A 有属性 $b$，

所以，B 也有属性 $b$。

本题第 1 问所述"物体下落"情境，我们称作"对象 A"，得出的规律是运用类比法的"前提"，通过分析物体下落过程的受力特征，并结合题目所给信息 $f=kv$ 和 $G-kv= m\dfrac{\Delta v}{\Delta t}$，可判断出物体在下落过程中做加速度减小的加速运

动，并当加速度为 0 时，以最大速度 $v_m = \dfrac{G}{k}$ 匀速直线运动。

本题第 2 问所述"电感器充电"情境，我们称作"对象 B"，最终得到的规律是运用类比推理得出的"结论"。根据题意，"对象 A"与"对象 B"的已知共有属性 a 与推论属性 b 如表 1 所示：

表 1

| 对象 | 属性 $a_1$ | 属性 $a_2$ | 属性 $b$ |
|------|-----------|-----------|----------|
| A：情境一 | $v$ 随 $t$ 的变化规律 | $k$、$m$ 为常量 | $G-kv= m\dfrac{\Delta v}{\Delta t}$ |
| B：情境二 | $I$ 随 $t$ 的变化规律 | $R$、$L$ 为常量 | |

根据上表的信息，结合自感的相关知识，能够比较容易推出"对象 B"的属性 b 为：$E-RI = L\dfrac{\Delta I}{\Delta t}$。其实即使学生没有学过自感的相关知识，也是可以通过类比得出上面这个关系式，因为在"对象 A"的属性 b 关系式 $G-kv= m\dfrac{\Delta v}{\Delta t}$ 中，等号左侧被减数和减数具有相同的量纲，所以"对象 B"的属性 b 对应关系式的等号左侧的被减数与减数也应具有相同的量纲。由于题目中的信息已经将 $\dfrac{\Delta v}{\Delta t}$ 与 $\dfrac{\Delta I}{\Delta t}$ 对应上了，那么等号左侧的 $v$ 的位置自然对应 $I$，因此学生很容易推断出 $I$ 前面的系数为 $R$，被减数为 $E$，那么剩下的 $L$ 自然对应的就是 $m$。这也突出了"类比法"作为一种科学方法的价值所在。接下来关于 $I$ 随 $t$ 变化的方程以及 $I-t$ 图像就迎刃而解了。以上类比推理的方法属于"协变类比"，即根据两个对象可能都具有的属性之间的某种协变关系（定量的函数关系）进行的类比推理。这种类比形式，根据两个对象的各个属性在协变关系中地位相似，推出它们的数学形式相似。

第 3 问是在第 2 问类比两种情景中物理量和物理过程的基础上，进一步类比力学情景和电磁学情景中的能量转化情况。我们同样利用上面所提到的类比推理的图示，结合题目的设问，建立表 2 所示的类比表格。

表 2

| 对象 | 属性 $a_1$ | 属性 $b_1$ | 属性 $b_2$ | 属性 $b_3$ |
|------|-----------|-----------|-----------|-----------|
| A：情境一 | 能量守恒 | （重力势）能减少 | （动）能增加 | 消耗（③）能 |
| B：情境二 | 能量守恒 | （①）能减少 | （②）能增加 | 消耗（电）能 |

首先，"对象 A" 与 "对象 B" 所述情景均有一个共同的属性，即能量守恒。在能量转化的过程中必然有某种能量的减少，同时有其他能量的增加。关于①和②所填的内容，由题目所给信息，可知 "对象 A" 存在属性 $b_1$（减少的能量）和 $b_2$（增加的能量），通过类比推理可知情境二同样存在相同的属性。通过分析情境一存在的能量转化是重力势能转化为动能，而学生在学习 "自感和互感" 时，已经定性地了解了磁场能的存在。在人教版教材 "互感与自感" 一节中提到 "当开关闭合时，线圈中的电流从无到有，其中的磁场也是从无到有，这可以看作电源把能量输送给磁场，储存在磁场中"。通过教材中的这句话，便可以将线圈中的能量变化与物体下落中的能量变化对应上，即情境一中的 "重力势能的减少" 类比推理出情境二中的 "电源电能的减少"，情境一中的 "物体动能的增加" 类比推理出情境二中的 "线圈磁场能的增加"。关于③所填的内容，情境二中的已知属性 $b_3$ 是 "电阻 $R$ 上消耗的电能"，类比推理到情境一中，也必然有 "能量的消耗"。"消耗" 一词一般常用于 "产生内能" 的情景中，意思是减少的能量并没有转化为我们 "需要" 的能量，而是以热量的形式散到空气中 "消失" 了。那么通过 "消耗" 这个词，即可类比推理出情境一中由于空气阻力的原因，使得一部分机械能转化为内能，即物体克服阻力做功 "消耗" 了机械能。以上类比推理的方法属于 "因果类比"，即根据两个对象各自属性之间可能具有相同的因果关系而进行的类比推理。情境一中因为能量守恒，所以一种能量（重力势能）的减少必然伴随其他能量（动能）的增加。在情景二中也具有能量守恒和转化的属性，因此推理出情景二也应具有相同的能量变化属性。

需要指出的是，类比法是提供假设的常用方法，科学家常常是应用类比法得出新的假说。类比法的前提和结论之间的联系是或然性的。所以我们在教学中采用类比法时一定要向学生强调类比法的适用范围，不能让学生产生通过类比推理就一定能得到正确结论的错觉。

## 三、对教学的启示

本题对知识和运算的要求并不高，重点是考查学生对于类比推理这种科学方法的掌握。而我们在平时的教学中过多地关注知识的理解以及运算能力的训练，容易忽视了科学方法的渗透。可以说这道考题准确地击中了我们平时教学的"软肋"。在高考评价体系的"一核"中所论述的高考核心功能是"立德树人、服务选才、引导教学"。这道题目在"引导教学"方面为我们教师指明了方向，那就是要重视科学方法的教育。之所以指明这个方向，笔者认为是因为科学方法的运用属于"关键能力"的范畴。"关键能力"是指符合高水平人才培养体系所必需、适应时代要求并支撑其终身发展的能力，是培育核心价值、发展学科素养所必须具备的能力基础，具体包括理解能力、推理论证能力、模型建构能力、实验探究能力、创新能力等。北京高考第19题所考查的"类比推理"属于推理论证能力和创新能力的范畴，此题以论述题的形式来考查，显化了学生的思维，使得对上述关键能力的甄别可以更加具体地量化。对于高考考查要求中的"综合性、应用性、创新性"来说，论述这种主观题的考查形式也能够更好地体现出考查功能。

本轮高考改革的主要指导思想之一就是要实现从"知识"考核向"能力"考核的转化，打破应试教育的顽疾，突出创新型人才的选拔和培养。所以我们在平时的教学中要注重改进教学方法，突出对学生"关键能力"的培养，在具体的实践中不断研究和改进，努力培养出适应新时代发展要求的创新型人才。

# 因材施教 有的放矢

## ——浅谈英语教学个性化辅导策略

高晓燕

个性化辅导是适应中考新形势和满足时代对学生英语能力的新要求而采取的教学策略，其重要性日益凸显。本文中我结合自己的教学实践，从个性化辅导的重要性和实施的具体策略等方面，浅谈在初中英语教学中如何实施个性化辅导。

## 一、个性化辅导的重要性

《义务教育英语课程标准》（2011年版）指出：义务教育阶段的英语课程应面向全体学生，体现以学生为主体的思想，在教学目标、教学内容、教学过程、教学评价和教学资源的利用与开发等方面都应考虑全体学生的发展需求。由于学生在年龄、性格、认知方式、生活环境等方面存在差异，他们具有不同的学习需求和学习特点。只有是最大限度地满足个体需求，才有可能获得最大化的整体教学效益。学生的发展是英语课程的出发点和归宿。教师要正确认识学生的个体差异，因材施教，使每个学生都在原有的基础上得到发展。因此在英语教学中，教师应以学生为本，进行个性化辅导，促进各层次学生英语能力的发展。

个性化辅导是考虑到学生性格的独特性和个体差异性，为每位学生提供必要的帮助和辅导，是一种提倡以学生为中心的教学模式。每个学生都是独特的个体，因而在英语学习中，每个人的前期基础、对知识的认知，以及学习方法等各个方面都存在差异，因此，个性化辅导就成了辅助课堂教学的必要环节。

个性化辅导首先要解决的是学生的学习动机和学习方法问题。为提高工作效率，教师可以根据学生能力，对学生进行分组，有针对性地加强对不同类别学生的学习指导，以便使每个学生都得到最好的发展。通过分组式个性化辅导，教师帮助学生建立英语学习的成就感和自信心，培养和提高学生的个性化学习及自主学习能力，提升教学质量。

## 二、具体策略

### （一）学生小组化

在给学生分组前，教师应当认真研究全班学生的共同特点和差异，综合考虑每个学生的智力与非智力因素，将学生分成优秀生、向优生和潜质生三个团队。为了调动学生的学习积极性，教师可以给每个团队取一个响亮的名字。以前我在给学生分组时，并没有想到要给小组命名，只是简单地将学生分为 A、B、C 组。但是在一次听完了语文组常晔老师分享的个性化辅导经验后，我突然感受到了名字的力量。常老师以颜色给每个团队命名——"走向辉煌""小红帽"和"蓝精灵"。因为常老师在平时对学生进行个性化辅导时，使用"红、黄、蓝"这三种不同颜色的记号笔，记录学生的作业和考试得分情况。于是就有了这些可爱的团队名称。当我第一次听到这三个团队的名称后，我突然意识到原来学习小组还可以这样命名。一个团队有了名字，就有了灵魂，就有了凝聚力。所以在今年接手的班级里我给每个团队都选取了响亮的名字："能力满满"是优秀生团队，"能力"正好对应英语单词 Ability，寓意是团队的成员们有获得满分的满满能力；"信念满满"是向优生团队，"信念"正好对应英语单词 Belief，寓意是团队的成员们有进入优秀生团队的满满信念；"勇气满满"是潜质生团队，"勇气"正好对应英语单词 Courage，寓意是团队的成员们有成为向优生的满满勇气。而 Ability、Belief 和 Courage 这三个单词的首字母分别就是 A、B、C。尽管有些时候我还是会简称这些学习团队为 A、B、C 组，但无论是我还是学生们都知道这个简称是有实际含义的，而不再是简单的字母符号。

当然在分组后，我也会告诉学生，每个团队的人员不是固定不变的。在每一次月考后，会根据学生的考试成绩和近一个月的表现，来决定去留或升降级。这种有淘汰和晋级机制的分层，有利于调动不同层次学生的学习积极性和主动性，同时也会让学生产生一种紧迫感，没有压力就没有动力，使学生意识到不努力就会被淘汰。

## （二）教学内容层次化

在平时的课堂教学中，教师应根据学生现有的语言水平和认知能力来确定教学目标、设计教学活动。教学活动的设计要符合学生的实际情况，根据不同层次学生的认知水平，确定各层次学生的不同要求，即能让优秀生学生吃得饱，向优生吃得好，又能让潜质生吃得了。特别是在问题设计上要有梯度，能够让不同层次的学生都参与到教学活动中来，都能体验到成功的喜悦。

比如，在听说训练课上，同样的练习，对于不同层次的学生可以布置不同的任务。以中考听说考试的第一大题听后选择为例：我们要求优秀的学生尝试速记，尽可能将听到的短对话或独白的内容大致记录下来；要求向优生只记录与题干相关的关键信息；对于潜质生来说，能选出答案就可以。在初期的训练阶段，对于优秀生和向优生来说，速记和记录关键信息可能有难度，但若能坚持这样的训练，学生的听力理解能力定会得到提升。这样根据学情设计的教学活动既能调动学生的学习积极性，又满足了不同能力层次学生的学习需求。这样的设计能使不同能力层次的学生均能通过完成适合自己的任务，获得成就感和自豪感。

## （三）课后作业、辅导和评价多样化

除了教学内容分层，课后作业、辅导和评价也必须多样化。

课后作业包括必做作业和分层作业。必做作业全班统一标准，统一要求。比如，在第一次听说备考阶段，班级必做作业就是"一起作业"里的听说模拟题。教师可根据全班完成情况，及时发现听说作业里的问题，并在班级集中讲解。听说的分层作业一般是布置给向优生和潜质生。这两组学生的朗读能力相对较弱，所以他们的作业一般是朗读课本的模块词汇、短文朗读。教师可以在课间检查，面对面指导，也可要求部分学生将语音发到学习小组微信群里进行指导。笔头作业基本上是分层。比如我们每周给学生布置中考模拟题练习时，对不同层次的学生会提出不同的要求：优秀生重点做中档题和难题，比如完形和阅读理解的 C、D 长难篇，注重能力的提升；向优生完成单选、完形、阅读 B、C 篇，在巩固基础的同时，又关注能力的提升；而潜质生只需完成单选和 A、B 篇练习，进行基础的巩固和强化。

对于优秀生的辅导，我更关注学生思维能力的培养。比如，我会让学生在读完文章后绘制思维导图，旨在培养学生的语篇意识，提高语篇理解能力，促进逻辑思维能力的发展。对于向优生的辅导，主要是对他们进行学习方法和答题技巧的指导。对潜质生的辅导重点放在最基本的知识点掌握和最基本的题型解决上，以巩固基础为目标。

除了辅导内容的多样化，辅导主体也可以多元化。通过在班级开展"师徒结对"活动，改变了个性化辅导由教师一人负责的局面，实现"兵教兵、兵强兵、兵练兵"的效果，同时使优秀生更优，向优生成优，潜质生向优。比如在每次月考结束后，我会统计单选题丢分的所有学生。我让这些学生自己在班内找师父，每天做完一套单选练习后让师父检查，师父必须给徒弟讲明白错题错在哪里。最后，徒弟需要跟我再讲解错题才算过关。师父给徒弟讲题，自己的思路会更加清晰；徒弟在同辈师父的帮扶下，能更容易理解和掌握学习的重难点。

在作业批改和评价时，我们对不同层次的学生采用不同的评价标准。对优秀生坚持高标准、严要求，促使他们更加严谨、谦虚，不断超越自己。对向优生采用激励性评价，既揭示不足又指明努力的方向，促使他们积极向上。对潜质生主要是表扬，不断寻找闪光点，及时肯定他们的点滴进步，调动他们学习积极性。

语言学习和语言运用能力的培养是一项长期任务，学生的个性化辅导也是如此。教师必须制定明确的个性化辅导策略。个性化辅导能够充分调动学生的学习积极性，提升成绩，提高教学质量。当然，任何教学策略的实施，在短时间内，效果可能不是特别显著。随着个性化辅导的逐步推进，教学一定会有成效。

个性化辅导充分体现了面向全体、尊重差异、分层优化的教学特点，是激发学生兴趣、提高学习成绩的有效途径。个性化辅导本身引出的思考和实施过程中出现的一些挑战都有利于教师能力的全面提升。个性化辅导必然会增加教师的工作量，但教师应以提升自身素质和提升学生能力为出发点，积极思考并探索适合不同班级的个性化辅导策略，提高工作效率。

# 浅析议题式教学在高三政治复习课中的运用

徐明辉　钟林莉

议题式教学对落实立德树人根本任务、提升普通高中思想政治学科教学质量具有重要的理论指导和实践意义。高三复习时间紧、任务重、压力大，要完成知识的系统梳理、总结归纳；要完成重难点的巩固、漏洞的弥补；要进行知识迁移，发展综合性、创新性思维；要对复习的结果及时评价与反馈，激发内驱动力等。"以议为形式，以育为内容"的议题式教学能够很好地实现高中思想政治复习课的教、学、评的有机统一，提高复习效果，培养关键能力与必备品格。下面以《从"动批"腾笼到"金科"引凤看贯彻实施新发展理念》为例，探究高三复习课如何进行议题式教学。

## 一、情境创设要遵循真实性、复杂性原则

关键能力与必备品格是学生在现实生活情境中运用学科知识与技能，发现问题、分析问题、解决问题的过程中培养起来的。真实的议题来源于真实的情境，议题的展开依赖于情境的创设。高三复习课议题式教学必须创设真实的情境。此外，对于高三学生来说，根据学科任务，还要创设多主体、多关系、多维度的复杂情境。如"从'动批'腾笼到'金科'引凤看贯彻实施新发展理念"的情境创设：

### 从"动批"腾笼到"金科"引凤

对北京人来说，原北京二环西北角的动物园服装批发市场（简称"动批"）记忆颇深，逛"动批"是不少人生活中的一部分。四十年间，"动

批"从地摊儿起家，一步一步实现退路进厅、"登堂入室"，最终发展成为30万平方米营业面积，1.3万个服装批发摊位，3万从业人员以及10万人次的日均客流量的中国北方地区最大的服装批发集散地。但"动批"也带来了巨大的城市病：位于核心城区不到1平方公里的地方，密密麻麻全是楼，人口密度远超宜居标准十几倍；巨大的人流、物流导致交通拥堵、空气污染，噪声不断，居民楼被商户用于存储货物，消防隐患重重……资源和环境不堪重负。

进入新时代，习近平总书记亲自为北京开出治理良方，要求北京坚持和强化全国政治中心、文化中心、国际交往中心、科技创新中心的核心功能，调整疏解非首都功能。

服装批发产业与北京未来发展的战略定位不相协调，与此同时，随着经济结构转型升级，天津和河北高污染、高耗能等传统产业已经不能适应新时期经济发展要求，而北京需要疏解出去的部分产业正好与当地产业规划存在交集。北京从2015年起，启动"动批"搬迁计划。西城区和河北、天津等地的市场频繁对接；指挥部又先后与沧州、石家庄、廊坊、白沟等地政府和企业签署协议，帮助搬迁商户进驻河北沧州明珠商贸城、石家庄乐城国际市场、白沟和道国际服装城……

2021年2月下旬，国家级金融科技示范区（简称金科新区）正式亮相。金科新区的核心区所在地，便是"动批"原址。昔日聚集了多个服装批发市场的四达大厦，改造后成为金科新区地标性建筑——新动力金融科技中心，是金融科技"国家队""独角兽""生力军"企业落地的重要载体，中央结算公司、奇安信公司、神州信息公司等业界知名头部企业已签约入驻。到2035年，这里将建设成为全球金融科技监管体系引领者、产业发展增长极、制度标准策源地和创新人才首选地。

从"动批"腾笼到"金科"引凤，实质是贯彻实施新发展理念，促进京津冀协同发展的生动实践。该情境结构复杂，涉及党的领导、政府、"动批"商户、"金科"商户、消费者和周边居民等多元主体；涉及政府与"动批"商户之间、政府与"金科"商户之间，北京政府部门与天津、河北政府部门之间，"动批"搬迁商户与天津、河北区域等多重作用关系；涉及北京市该核心区域昨天的辉煌、今天的困境和明天的发展多个时间维度等。

## 二、议题设计要遵循生活化、结构化原则

议题式教学首先在于议题的设计。好设计应该遵循生活化原则，即贴近时代、贴近社会、贴近生活，从政治、经济、文化、社会、生态、科技等领域及具有鲜明地方特色的真实生活和社会实践中选择可议的真议题。议题越是真实，越能增强教学的实效性，越能让学生感兴趣、有话可说，越有助于学生在"议"中深化所学知识、迁移并运用，越能在情感价值观上产生升华的共鸣。

"坚持新发展理念"是选必 2《经济与社会》第三课第一框的内容。这节高三复习课中，选择"从'动批'腾笼到'金科'引凤看贯彻实施新发展理念"这一议题是结合新时代我国社会主要矛盾中解决不平衡和不充分问题，坚持以人民为中心，贯彻新发展理念，推动经济高质量发展的社会热点，也是基于高三学生对北京动物园周边环境的熟悉以及"动批"搬迁的真实故事情境。同时高三学生正在经历夯实基础、梳理知识点的一轮复习中，学习缺乏对知识的深入理解和系统化整合。选择这一议题希望调动学生的积极性、主动性，使他们在已有知识和经验的基础上实现"议中再学"。此外，议题关键在于"议"。根据高三复习内容的特点，议题设置一般采用递进式、系列化等结构化的问题链，而不是单独的问题。问题链构成的完整议题更能彰显议题式教学的设计思维。因此，可采用中心议题与子议题相结合的方式。中心议题的设置要具备可探究、可挖掘、可串联本课知识点的特点；子议题的设计往往是为了增加中心议题的深度和广度，子议题之间也要沿着一定的逻辑线索展开，常见的关系有并列式和递进式。本课的中心议题是"从'动批'腾笼到'金科'引凤看贯彻实施新发展理念"，三个子议题按照历史逻辑分别为："过去，从'动批'看北京是如何实现发展的"，"当下，北京为何要实现新的发展？""展望，从'金科'看北京如何实现新的发展？"每个议题下设置若干问题。高三学生通过对层层递进、具有综合性、应用性、开放性的问题链的思考、讨论、交流，重新建构知识，培养自己在真实情境中分析问题、解决问题的能力、培育科学精神素养。

# 三、教学活动要遵循活动化、生为本原则

《课程标准》明确规定了"围绕议题展开的活动设计，包括提示学生思考问题的情境、运用资料的方法、共同探究的策略，并提供表达和解释的机会"。议题式教学主张构建活动型课堂，坚持以学生为中心。因此议题设计要组织学生思辨和讨论、交流和展示，充分调动学生的积极性和创造性，教师则起着引领和指导作用。那么，应该如何进行教学活动的设计和实施呢？以"从'动批'腾笼到'金科'引凤看贯彻实施新发展理念"为例：

教学环节1："过去，从'动批'看北京是如何实现发展的？"

学生通过图片或亲身经历讲述北京"动批"四十年的发展历程。

思考：过去的北京是如何实现发展的？

教学环节2：当下——北京为何要实现新的发展？

教师播放《遇见北京》视频，介绍北京城市战略定位以及疏解非首都功能目标。

学生思考讨论：你眼中的北京是怎样的？"动批"为什么要搬？

从国家、商户和周边居民等多个角度思考讨论得出原因：一是符合北京城市发展规划，有效疏解非首都功能，保障民生与安全；二是商户实现改造升级，提高经济效益；三是居民生活环境得到改善，交通便利化。

教学环节3："展望，从'金科'看北京如何实现新的发展？"教师引出探究话题："动批"迁出后，原有空间如何处置？科技创新如何推动经济高质量发展？谈谈"动批"搬迁产生哪些积极影响？

学生多角度分析"动批"迁出后原有空间的处置：有观点认为应引进科技创新型企业，带动北京经济高质量发展；有观点认为应该改建成绿地、公园，增加公共空间，建设和谐宜居之都；有观点认为应改建成博物馆、艺术馆和美术馆等综合性的文化艺术中心，满足群众多层次的文化需求。此讨论注意培养学生的发散思维、创新思维。

学生从产业、劳动者、资源和产品四个角度分析科技创对经济高质量发展的推动作用：科技进步有利于优化产业结构、提高劳动者素质、提高资源利用率、增加产品附加值等，从而实现经济效益和生态效益的相统一，促进经济高质量发展。此环节注重培养学生的逻辑推理能力。

学生讨论分享"动批"搬迁产生的积极影响：对服装产业来说，延长了产业链，增加了利润，前景广阔；对商户，除了收入增加，子女教育以及住房问题得到解决，实现多赢样本；对迁出地和迁入地来说，有效疏解工作能促进京津冀区域协调发展，经济社会的协调发展，发展的整体性不断增强。"动批"搬迁是贯彻新发展理念的缩影。此环节注重培养学生的综合思维能力。

教学环节4：提升——知识迁移到新情景，解决新问题、得出新结论。

例题（1）[2017北京文综38] 中心城市的人才、产业和技术优势向周边辐射和输出，能够带动周边区域经济发展，产生"外溢效应"，在"疏解非首都功能、推进京津冀协同发展"的背景下，结合材料，运用《经济生活》相关知识，谈谈如何理解北京的"外溢效应"。

例题（2）[北京市朝阳区2020高三年级学业水平等级性考试19] 在区域经济发展过程中，发展程度不同的城市之间，存在着"虹吸效应"：核心城市、中心城市、大城市、具有优势地位的城市，以其对各种发展要素的更大的吸引力，对周边城市、中小城市和小城镇的各种资源和生产要素吸引过来，产生集聚作用。结合材料，从哲学角度谈谈如何正确认识和把握"虹吸效应"。

在教学设计和实施的过程中需要注意：第一，高三复习有试题的训练，在做题中学生会阅读大量的背景材料，这些材料来源于生活或者时政热点。因此议题可以充分挖掘试题材料进行设计，学生通过对议题的讨论，从而深入理解、再次建构学科知识。第二，教学情境要真实可感，促使学生产生参与感和沉浸感，增强政治课的亲和力，实现有效的价值引领，从而促进知识的内化和素养的培育。第三，遵循高三学生认知和学习心理规律，以问题为导向，引导学生分析和解决实际问题。如此下来，掌握和运用核心知识、形成关键能力、落实学科核心素养水到渠成。

# 四、课堂评价要坚持个性化、过程性原则

《课程标准》提出"活动型学科课程的教学评价，应专注学科核心素养的行为表现，一般采用'求同'取向与'求异'取向相结合的验证思路。"本课意图扩展学生视野、深化学生的思维，着重评价学生解决情境化问题的过程，反映学生所表现出来的学科核心素养水平。从"求异"的角度，本课设计了开放性问题，给予学生充分的空间，鼓励学生运用相关学科知识和技能，基于不

同经验、运用不同视角、利用不同素材，表达不同见解，提出解决问题的不同方案。同时特别关注学生学习过程的表现。一方面，在课上议题研究讨论过程中，教师认真观察学生的课堂表现，了解学生对议题的认识状况，及时记录学生的发言、对话和交往、思辨和质疑、共识和分歧等，并给予精准的现场反馈。另一方面，课后学生完成作业的质量也是评价学生的重要内容。教师通过对学习者完成课后作业的情况进行调查分析、评价，鼓励学生养成独立思考、自主解决问题的习惯，从而实现学生不断发展的目的。此外，科学的评价要求政治教师不断提高自己的专业素养，站位要高、政治要强、情怀要深、思维要新、视野要广，评价要体现政治性与学理性统一、价值性与知识性统一、建设性和批判性统一、理论性与实践性统一、统一性与多样性统一。

〔本文系北京市教育科学"十三五"规划 2020 年度课题"新课程背景下运用议题式教学构建高中思想政治活动型学科课程的实践研究"（立项编号：CDDB2020230）阶段成果〕

# 深入研究 PCK 理论　有效进行教学设计

徐兴月

教学效果的取得在课堂，教师在课堂教学中起着主导作用。常常听到老师抱怨，我已经把知识都讲明白了，学生怎么就是听不懂？我想，学生能够掌握一节课的主要内容，应该包括多方面的原因，老师清楚本节课的内容并且讲明白只是其中最基本的条件之一。

首先应该明确的是，一节好课的标准，首先应该是从宏观角度分析本节课能够达成的育人价值，能够渗透的学科核心素养，能够体现的学科的关键能力，当然这些内容的落实离不开具体知识作为载体。因此，如何有效地完成一节课的教学，教师应该具备以下几方面的能力：能够准确判断本部分内容的育人价值和需要能够渗透的核心素养，能够准确抓住本节课可以体现的地理学科的基本能力，能够精准解读课程标准的要求，能够制定恰当的教学目标；能够准确判断学生对知识的理解和误解；能够采用多种形式正确地呈现知识；能够了解不同类型学生在学习中可能遇到的困难，并进行有效地点拨。因此，教师与学科专家的最大区别不是学科专业知识，而是学科教学知识（Pedagogical Content Knowledge，简称 PCK）。教师具备学科教学知识，然后有针对性地进行教学设计，才能有效地完成课堂教学。

# 一、学科教学知识（PCK）

## （一）学科教学知识（PCK）的概念

教师应当具备怎样的知识结构才能更好地发挥自己的教学效能一直是现代教师教育研究不断探索的问题，从师范教育中的课程设置来看，20 世纪 70 年代以前比较强调教师的普通知识和专业知识；70 年代之后，开始注重教师的教育学知识，尤其是一般教学知识。80 年代以来有些学者又特别强调学科教学知识（PCK）对提高教学成效和促进学生理解的重要作用。在 21 世纪的今天，为了促进有效教学，培养高素养的师资，对 PCK 的研究是有意义的。

20 世纪 80 年代，舒尔曼（Lee. Shulman）率先提出了学科教学知识（Pedagogical Content Knowledge）的概念，简称 PCK。他认为传统的教师知识结构只重视专业学科知识和一般的教学法知识，忽略了教师作为一门像医生、律师那样的专业所必须具备的知识，这种知识是在复杂的教学工作中使用的，并且有别于单纯的学科知识和一般教学法知识的知识，舒尔曼称之为"迷失的范式"（missing paradigm）。

PCK 这一术语最早出现于 1986 年舒尔曼在美国教育研究协会会刊《教育研究者》发表的一份研究报告中。在次年发表于《哈佛教育评论》的另一篇论文中，舒尔曼再次强调及重申了 PCK 的概念。指出，"教师对学科知识的认识和理解，这种认识和理解与教师提供给学生的教学之间的关系研究，可能是现有教育研究中所缺的"。

舒尔曼认为，教师除了必须拥有所教学科的具体知识外，还应该具有将自己拥有的学科知识转化成易于学生理解的表征形式的知识，即学科教学知识（Pedagogical Content Knowledge）。

### （二）学科教学知识（PCK）的典型观点

自从舒尔曼（1986，1987）提出学科教学知识的概念之后，不同的研究者从不同的路径探讨学科教学知识概念的内涵。其中格罗斯曼（Grossman，1988）认为学科教学知识（PCK）由四部分组成："关于学科教学目的知识、学生对某一主题理解和误解的知识、课程和教材的知识、特定主题教学策略和呈现知识。"

# 二、教学设计

教学设计是教学过程的一个环节，是为完成特定的教学任务，在有关教育原则的指导下，对教学诸要素进行的系统谋划。

教学设计是教学过程的一个重要环节。一节优质高效课应该从教学设计开始，这是教学活动的起点，通过教学设计可以把教师、学生、教材以及教学资源等各种教学要素有机地整合起来，形成一个有机的整体，因此，教学设计是教学成功的基础。

教学设计在不同情境下有所不同，教师对于一门课程，应该有一个宏观的设计，以便于从整体上把握整个学科的进度和内容安排，形成整体的教学思路。在某个学期，会有一个学期或一个单元的教学设计。对于教学过程而言，而我们关注更多的是一节课和一个具体内容的较微观的教学设计。

# 三、PCK 与教学设计

## （一）PCK 是教学设计的基础

PCK 理论认为，教师在进行教学设计的时候，应该充分考虑以下几个方面的问题：关于这一知识，学生已经知道哪些内容，还应该掌握哪些内容？什么方法可以使学生掌握所学内容？学生在学习中会遇到什么困难？怎么帮助他们克服这些困难？哪些工具和材料可以帮助学生掌握所学内容？怎样判断学生掌握了所学的内容？

通过对于 PCK 理论的研究，结合高中课改的精神，有专家设计了如下的学科教学知识（PCK）的教学设计模型：

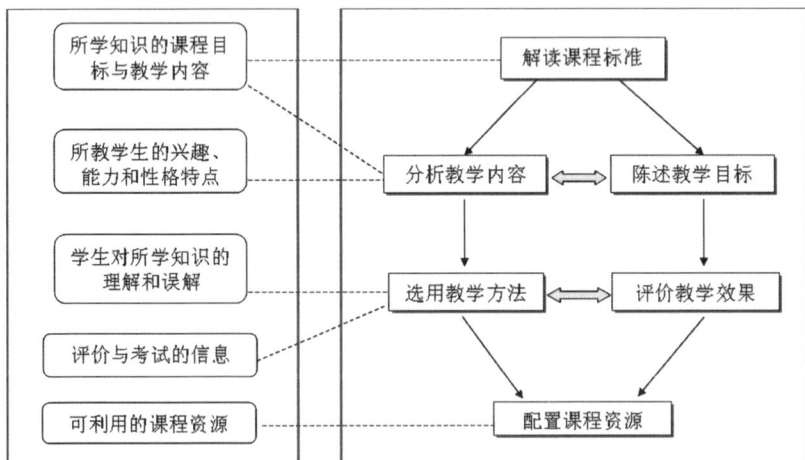

## （二）基于 PCK 理论的教学设计

通过对于 PCK 理论的研究，结合上述教学设计模型，我们尝试对高中地理课程标准中"结合实例，解释内力和外力对地表形态的影响"进行教学设计。

首先我们要明确本节课的课程目标与教学内容，即解读课标。课标要求"结合实例"也就是说教学内容的进行应该以案例的形式，有具体的材料作为依据，而不是空洞的推理；"解释"体现学生解决问题的过程与方法，"解释内力和外力对地表形态的影响"则要求学生首先应该能够说出内力作用和外力作用的表现形式，能够解释内力作用和外力作用如何影响地表形态的变化。

对于学生的兴趣、能力和性格特点的分析，也就是我们常说的学情分析。学生对于内力作用和外力作用的表现形式能够比较了解，但是如何结合实例分析解决实际问题还存在一定的难度，虽然经过一个阶段的学习，具备了一定的分析问题的能力，但是如果要求他们很具体地很有逻辑性地分析真实复杂情境下的地表形态形成过程还存在一些困难，因此我们在进行教学设计时应该注意给学生以充分的问题链设计，让学生进行合理地"解释"。

学生对于所学知识的理解和误解实是我们确定教学重点和难点的依据，学生易于理解的，可以相对少讲或不讲，学生容易产生误解的地方也就是本节课的重点和难点，教师应该重点思考如何采取有效的教学方法突破重点和难点。例如本节课中学生对于不同时空尺度下内外力作用对地表形态的影响过程存在误区，那么我们就应该给学生充分的暴露机会，让学生充分地提出问题，然后教师再给以重点点拨，教师的话不宜过多，但是一定要精准，起到画龙点睛的作用。同时学生可能在分析问题和语言表达上存在逻辑问题或者条理不清楚，这都没关系，让学生充分地表达，然后教师帮助整理归纳，以便提高。

评价与考试的信息当然是教师需要关注的问题，为了检验教学效果，教师需要选取典型的试题对于已经进行的内容进行检测，可以是往年的经典试题，也可以是教师自创的有针对性的问题，目的在于充分巩固所学知识，检验教学效果。

在以上分析的基础上教师再有效地整合成教学资源，包括教材内容的增加、删减、调整以及微调，教学课件的制作等，形成有效的教学设计。

## 四、一点体会与反思

通过教学实践可以发现，优质高效的课堂教学绝对不是把知识说明白那么简单，通过创设真实的情境，优化教学设计，把学科专业知识通过恰当的学科教学方法，以合适的方式传授知识，培养能力，渗透核心素养，最终达成立德树人的教育目的，才能真实体会到教育教学的目的。这样的课堂才能够引导学生关注真实情境，运用所学知识，提取有效信息分析和解决问题，达成课标要求，这样的课堂才能够气氛活跃，学生参与程度高，才能有效地提高课堂教学效率。

通过研究 PCK 理论并且在教学过程中不断实践，我发现理论指导下教学设计更能够做到有的放矢，应该在以后的教学过程中进一步地实践和提高，进一步提高课堂教学效率。

# 梳理变化　明确方向　科学备考

## ——近三年北京物理"等级考"考查特点分析

时子豪

自 2020 年起，北京进入新高考模式，2022 年为启用新教材后第一届高考。通过三年的过渡、探索和实践，北京物理学科学业水平等级考试试题在保持总体稳定的同时，始终具有"北京特色"。在命题上坚持以能力立意，注重对主干知识和典型物理模型的考查，注重核心规律的生成过程，注重以物理学视角对真实情境的剖析和真实问题的解决，注重考查方式的灵活创新和知识关联整合的能力等，充分发挥和体现新课程教育改革的指挥棒作用。本文通过对近三年北京物理等级考试题考查特点进行分析，把握高考命题的趋势，从而助于科学制定备考策略，提高备考效率。

## 一、依托教材中的素材，考查必备知识

北京高考物理试题中，大量的素材均源自于教材：

2020 年高考试题的第 2 题（选修 3-5P63）、第 4 题（选修 3-3P24）、第 6 题（选修 3-4P28）、第 7 题（选修 3-1P19）、第 12 题（选修 3-3P13）、第 13 题（选修 3-5P5）、第 15 题（必修 1P23）、第 18 题（选修 3-2P1）等。

2021 年高考试题的第 3 题（选必 1P65）、第 5 题（选必 2P55）、第 7 题（选必 2P44）、第 10 题（必修 2P30）、第 11 题（选必 2P36）、第 12 题（选必 2P15）、第 13 题（必修 1P114）、第 19 题（选必 2P40）等。

2022 年高考试题第 1 题（选必 3P87）、第 2 题（选必 1P102）、第 3 题（选必 3P43）、第 6 题（选必 1P59）、第 8 题（必修 2P42）、第 9 题（必修

3P38）、第 10 题（选必 1P28）、第 11 题（选必 2P26）、第 12 题（必修 2P20）、第 13 题（选必 2P107）、第 14 题（选必 3P124）、第 15 题（必修 3P71/74）、第 18 题（必修 3P36）、第 19 题（必修 2P50）、第 20 题（选必 2P108）等。

以上这些题均能在教材中找到它们清晰的影子。

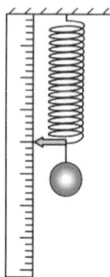

例如 2021 年选择题第 13 题：某同学使用轻弹簧、直尺、钢球等制作了一个"竖直加速度测量仪"。如图所示，弹簧上端固定，在弹簧旁沿弹簧长度方向固定一直尺。不挂钢球时，弹簧下端指针位于直尺 20cm 刻度处；下端悬挂钢球，静止时指针位于直尺 40cm 刻度处。将直尺不同刻度对应的加速度标在直尺上，就可用此装置直接测量竖直方向的加速度。取竖直向上为正方向，重力加速度大小为 g。下列说法正确的是 _____

A. 30cm 刻度对应的加速度为 $-0.5g$

B. 40cm 刻度对应的加速度为 g

C. 50cm 刻度对应的加速度为 2g

D. 各刻度对应加速度的值是不均匀的

本题由新教材必修第一册第四章牛顿运动定律的章节复习题改编，原题大意为对于此竖直加速度仪，根据其设计原理，说明为什么可以在长刻度线旁标注加速度。而本题以此为素材，要求考生能够运用物理规律和数学方法确定物理量之间的定量关系，通过对小球进行运动分析和相互作用分析，考查基本物理模型的分析思路以及推理论证能力。

再如 2022 年解答题 19 题（2）：设行星与恒星的距离为 r，请根据开普勒第三定律及向心力相关知识，证明恒星对行星的作用力 $F$ 与 r 的平方成反比。

本题是新教材必修第二册第 50 页万有引力定律的正文内容（如下），无论是新授课还是高考复习，都是要求亲自推导和落实的必备内容。将教材内容直接编为为一道计算题目，可见北京高考命题对教材的重视，同时引导教师和学生应该读好教材、用好教材、挖掘好教材。

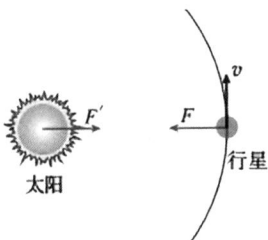

**图 7.2-1　太阳与行星间的引力**

教材正文：设行星的质量为 $m$，速度为 $v$，行星与太阳间的距离为 $r$，则行星绕太阳做匀速圆周运动的向心力为 $F=m\dfrac{v^2}{r}$。

天文观测可以测得行星公转的周期 $T$，并据此可求出行星的速度 $v=\dfrac{2\pi r}{T}$，把这个结果代入向心力的表达式，整理后得到 $F=m\dfrac{2\pi^2 r}{T}$。

通过上节的学习我们知道周期 $T$ 和半径 $r$ 有一定的关系，把开普勒第三定律 $\dfrac{r^3}{T^2}=k$ 变形为 $T^2=\dfrac{r^3}{k}$，代入上面的关系式得到 $F=km\dfrac{4\pi^2}{r^2}$，上式等号右边除了 $m$、$r$ 以外，其余都是常量，对任何行星来说都是相同的。因而可以说太阳对行星的引力 $F$ 与行星的质量 $m$ 成正比，与 $r^2$ 成反比，即 $F\propto\dfrac{m}{r^2}$。

此外，像每年的计算题第 17、18 题、19 题的第 1 问、20 题的第 1 问，所给的情境都会比较直接、简单，属于基础水平考查。题目均是分析最常规、最典型的物理模型，运用最重要的、最核心的物理规律进行求解。比如 2022 年的第 17、18、19（1）题，都要求学生能够规范的运用动能定理解决问题。

## 二、重视学科思想方法，考查关键能力

物理思想方法的考查一直都是北京高考试题的特色，近三年试题中，重点体现了建模、类比、等效、图像等思想方法的考查。

如 2020 年第 16 题，该题是一道创新性实验题，题目以测量电源电动势和内电阻实验为背景，将实验原理和误差分析进行全面考查，设问层层递进，很好地考查了学生对于闭合电路欧姆定律的理解，同时希望学生能够体会等效的

思想，深入理解何谓等效电源，建立等效电源模型，结合图像分析，完成进一步的推理论证。

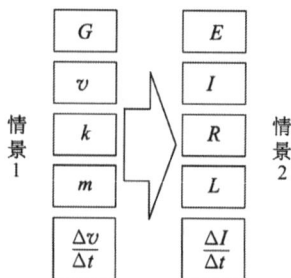

2021年第19题是一道不同于往年风格的计算题，该题灵活地"融合"了实验探究与科学论证，引导学生运用物理科学方法（类比法），素材源于课本，针对熟悉的力学和电磁学情境，进行问题探讨与解决。该题数学运算要求不高，但对物理观念和科学方法的考查非常深入，需要学生能够准确地分析和理解两种情境所涉及的物理量、物理过程、功能关系等。该题对学生的综合水平要求较高，既要通过逻辑推理分析问题得到结论，同时更要进行准确严谨的表述。

2022年第19题是一道以万有引力为背景的力学综合题，解决问题的核心方法就是构建模型。第一问作为基础问题，需要学生识别运用椭圆模型，规范列出动能定理即可求解。第二问要求学生理解平方反比规律的生成过程，需要建立圆周运动模型，运用圆周运动规律进行科学论证。而第三问则是对物理建模能力的高要求考查，要求学生将题目信息进行有效分析，剥离复杂情境，将地球在新公转轨道的温度与接收恒星的辐射量进行关联，并建立恒星向外辐射能量的模型，找寻约束条件进行求解。

### 三、关注科学前沿发展，实现试题的育人价值

北京高考物理试题的问题情境十分关注学生生活实际、关注国家科学技术进步，结合我国重大科技成果，增强考生的民族自豪感和国家认同感。

2020年第3题以5G通信技术为背景考查电磁波相关知识，第5题和2021年的第6题均以我国首次火星探测任务"天问一号"为背景考查万有引力相关问题，2021年第14题介绍我国首个第四代同步辐射光源（北京高能光源），

2022 年第 8 题将天宫实验与地面实验进行比较讨论，第 12 题以冬奥会"雪如意"为素材考查跳台滑雪运动各个阶段的物理问题，第 14 题提到"2021 年 5 月，中国科学院全超导托卡马克核聚变实验装置（EAST）取得新突破，成功实现了可重复的 1.2 亿摄氏度 101 秒和 1.6 亿摄氏度 20 秒等离子体运行，创造托卡马克实验装置运行新的世界纪录，向核聚变能源应用迈出重要一步"。宣传了我国先进的科学研究成果，展现了我国在世界上的科学技术水平，提升了考生的情感价值观。

## 四、拓宽实验能力的考查，引导中学"真做实验真探究"

早在 2018 年实验能力的考查方式就已经开始创新，2019 年增加了实验设计题目，2020 年 14 道选择题中有 5 道题以实验为背景，2 道实验题"探究加速度与合外力、质量的关系"和"测电源电动势和内阻"，完整考查了实验方案、实验原理、实验误差、数据处理等。2021 年选择第 11 题是教材选择性必修第二册 36 页的"做一做"，这是对教材实验内容是否真正体验和分析的反馈。实验题的考查形式进行了较大的创新，一改以往考两个大实验的形式，而是以实验环节要素为线索，从实验仪器、数据分析、实验原理 3 个方面，通过 3 个不同的实验进行考查，提高了实验考查内容的覆盖面，形式新颖。15（1）题考查游标卡尺的测量与读数，15（2）题考查对纸带的数据处理，计算出某点的瞬时速度。这两问突出了实验考查的"基础性"。15（3）题以论述题的形式考查在探究加速度与力的关系实验中，分析"桶和沙的总质量 $m$ 比小车质量 $M$ 小得多"的原因，突出了"综合性"和"应用性"的考查，培养了学生在论述过程中的逻辑性与数理运算等高阶思维能力。16（4）题用电流传感器测量通过定值电阻的电流和通过小灯泡的电流，给出电流随时间变化的图线，让学生根据图像信息分析说明小灯泡电流变化的原因，也是对学生思维能力的高要求考查。而计算题 19 题以自感实验为背景，融入论述和证明，不涉及复杂的物理过程和繁难的计算过程，着重考查考生对情境的深入思考、对知识规律的深入理解，对思想方法的深入领悟与内化。试题每小问的设计既"向下兼容"，对于绝大多数的学生在解决问题时能轻松入门，同时又具备"高端发展"，真正考查学生的综合素养与关键能力。

2022 年北京高考试题在往年的基础上，又进一步的拓宽了实验能力的考查范围，选择 13 题以某同学设计利用压力传感器设计水库水位预警系统为背景设置问题情境，引导学生学会把实际情境转化为解决问题的物理情境，把情境中需要完成的工作转化为相应的物理问题。实验题第 15 题考查了伏安法测电阻中电流表内、外接法，欧姆表的正确操作步骤，电路故障分析，这三个问题都要求学生在学习过程中有真探究和真体验。第 16 题（1）-（3）问都是较为常规的实验考查，而第（4）问则是在学生实验拓展性考查上的进一步创新，要求考生基于学生实验原理（利用自由落体运动测量重力加速度），走出学生实验情境和实验室环境，利用生活中物品"居家"完成实验方案设计，开展实验探究活动。计算题 20 题第（3）问要求学生说明测量北京地区地磁场磁感应强度大小和方向的设计思路，考查学生面对真实情境，发散思维，结合物理学原理，制定有新意的科学探究方案，解决问题的能力。

# "双减"政策背景下体能课程教学对促进学生运动参与提高身体素质研究

吴晓龙　　郑佳悦

由于我国基础教育的改革以及学生体质健康当前的现实需求的转变，学生课后服务和教育问题成为家庭和社会关注的焦点。2022年，教育部印发了《关于做好中小学生课后服务工作的指导意见》，号召各地区开展课后服务工作，正是对这一焦点问题的回应。意见中指出：要充分发挥中小学校课后服务主渠道作用，广大中小学校要充分利用在管理、人员、场地、资源等方面的优势，积极作为，主动承担起学生课后服务责任。课后服务内容主要是安排学生做作业、自主阅读、体育，以及娱乐游戏、拓展训练、观看儿童适宜的影片等。为积极响应国家的政策号召，我校积极开展系列课后服务活动，着力提高学生运动参与度，探索提升学生身体素质的途经。

## 一、研究方法与对象

本文使用实验法，对参与体能课的学生身体素质测试成绩与未参加体能课后服务的学生身体素质测试进行对比实验，进行总结，探寻规律。

实验对象分为实验组三组（初一年级参与体能课后服务的学生的身体素质测试成绩）和对照组三组（初一年级未参加体能课后服务的学生的身体素质测试成绩），每组各22人。

## 二、干预手段及实验周期

本研究的干预手段为体能练习（训练方案见下表）

<table>
<tr><th colspan="3">训练计划</th></tr>
<tr><td colspan="3">常规准备期</td></tr>
<tr>
<td rowspan="6">基础身体素质练习</td>
<td rowspan="3">力量</td>
<td>上肢</td>
<td>俯卧支撑、俯卧撑 n 个递加</td>
</tr>
<tr>
<td>下肢</td>
<td>负重/自重：直膝跳 30 个、半蹲跳 20 个</td>
</tr>
<tr>
<td>核心</td>
<td>腹桥、臀桥、侧桥 1min</td>
</tr>
<tr><td colspan="2">速度</td><td>50m 加速跑、100m 跑</td></tr>
<tr><td colspan="2">耐力跑</td><td>400m 跑、800m 跑</td></tr>
<tr><td colspan="2">柔韧练习</td><td>正、侧压腿、踢腿</td></tr>
<tr><td colspan="3">能力提高期</td></tr>
<tr>
<td rowspan="6">专项身体素质力量</td>
<td rowspan="3">力量</td>
<td>上肢</td>
<td>俯卧支撑、俯卧撑 n 个递加、臂屈伸</td>
</tr>
<tr>
<td>下肢</td>
<td>单腿跳（左右腿各 20）、后踢腿 30 个、高抬腿 60 次、膝下击掌跳 20 个、军姿转体跳 20 个、开合跳 20 个、原地快频跑 40s</td>
</tr>
<tr>
<td>核心</td>
<td>腹桥、臀桥、侧桥 1min、仰卧举腿 15、仰卧起坐、腹肌踩单车、仰卧抬腿展胸</td>
</tr>
<tr><td colspan="2">速度</td><td>50m 加速跑、100m 跑、200m 跑、短程阻力跑、负重跑、变速跑</td></tr>
<tr><td colspan="2">耐力跑</td><td>400m 跑、600m 跑、800m 跑、递增耐力跑、200m 变速跑</td></tr>
<tr><td colspan="2">柔韧练习</td><td>正、侧压腿、踢腿、体前屈</td></tr>
</table>

并通过选取初测时各组成绩平均值皆无明显差异的方式排除干预因素。本研究试验周期为两个月，每周两次体能课，每节课 40min，共 16 次课。前四周基本素质练习期，后四周专项素质练习期。本研究的检测手段为身体素质测试，内容设置：50m、800m、立定跳、体前屈。

## 三、研究结果

### （一）实验前后身体素质对照

表 1　实验前各实验组身体素质测试成绩平均值

| | 50m（s） | 800 女（m-s） | 1000 男（m-s） | 立定跳（m） | 体前屈（cm） |
|---|---|---|---|---|---|
| 实验组 1 男 | 9.56±0.938 | | 5.17±0.912 | 1.75±0.235 | 3.22±3.162 |
| 实验组 1 女 | 10.11±0.579 | 4.48±0.477 | | 1.69±0.155 | 10.05±5.843 |

续表

| | 50m（s） | 800 女（m-s） | 1000 男（m-s） | 立定跳（m） | 体前屈（cm） |
|---|---|---|---|---|---|
| 实验组 2 男 | 8.72±0.759 | | 4.54±0.788 | 1.8±0.251 | 4.44±4.6 |
| 实验组 2 女 | 9.51±0.716 | 4.25±0.667 | | 1.68±0.462 | 11.58±6.163 |
| 实验组 3 男 | 8.64±1.1 | | 4.54±0.691 | 1.85±0.284 | 3.73±5.066 |
| 实验组 3 女 | 8.9±0.721 | 4.35±0.51 | | 1.53±0.166 | 10.41±4.706 |

如表所示，6组实验组实验前的50m、800m、1000m、立定跳、体前屈均值分别代表成绩平均水平。

表 2　实验前各对照组身体素质测试成绩平均值

| | 50m（s） | 800 女（m-s） | 1000 男（m-s） | 立定跳（m） | 体前屈（cm） |
|---|---|---|---|---|---|
| 对照组 1 男 | 9.1±0.538 | | 5.11±0.812 | 1.7±0.25 | 3.8±3.62 |
| 对照组 1 女 | 10.21±0.579 | 4.39±0.487 | | 1.6±0.15 | 9.95±5.83 |
| 对照组 2 男 | 8.52±0.759 | | 4.59±0.688 | 1.83±0.21 | 4.04±3 |
| 对照组 2 女 | 9.8±0.616 | 4.35±0.67 | | 1.61±0.42 | 11.8±6.3 |
| 对照组 3 男 | 8.58±1.4 | | 4.48±0.591 | 1.7±0.24 | 4.73±5.06 |
| 对照组 3 女 | 8.8±0.21 | 4.15±0.41 | | 1.61±0.16 | 9.41±4.1 |

如表所示，6组对照组实验前的50m、800m、1000m、立定跳、体前屈均值分别代表成绩平均水平。

由于我校体能课后服务课的学生均是体育成绩存在短板，或少数兴趣较强，成绩较好的学生，在实验前期根据本体测试成绩进行微调，进行科学分组，整体成绩水平较为平均，总体差异不大。

表 3　实验后各实验组身体素质测试成绩平均值

| | 50m（s） | 800 女（m-s） | 1000 男（m-s） | 立定跳（m） | 体前屈（cm） |
|---|---|---|---|---|---|
| 实验组 1 男 | 9.06±0.938 | | 5±0.912 | 1.77±0.235 | 4.9±3.12 |
| 实验组 1 女 | 9.51±0.579 | 4.28±0.477 | | 1.7±0.155 | 12±4.843 |
| 实验组 2 男 | 8.22±0.759 | | 4.34±0.788 | 1.81±0.251 | 5.8±4.5 |
| 实验组 2 女 | 9.01±0.716 | 4.05±0.667 | | 1.69±0.462 | 12.8±6.23 |
| 实验组 3 男 | 8.04±1.1 | | 4.24±0.691 | 1.88±0.284 | 4.5±4.16 |
| 实验组 3 女 | 8.1±0.721 | 4.15±0.51 | | 1.6±0.166 | 12.21±3.61 |

如表所示，6组实验组实验后的50m、800m、1000m、立定跳、体前屈均值分别代表成绩平均水平。

表4　实验后各对照组身体素质测试成绩平均值

|  | 50m（s） | 800女（m-s） | 1000男（m-s） | 立定跳（m） | 体前屈（cm） |
|---|---|---|---|---|---|
| 对照组1男 | 8.9±0.438 |  | 5.01±0.82 | 1.73±0.15 | 4±3.2 |
| 对照组1女 | 10.01±0.59 | 4.29±0.47 |  | 1.61±0.2 | 10±4.83 |
| 对照组2男 | 8.22±0.59 |  | 4.49±0.88 | 1.85±0.21 | 5.4±3.12 |
| 对照组2女 | 9.66±0.16 | 4.25±0.57 |  | 1.65±0.23 | 12±4.3 |
| 对照组3男 | 8.38±0.11 |  | 4.38±0.51 | 1.72±0.12 | 5±5.13 |
| 对照组3女 | 8.3±0.14 | 4.08±0.31 |  | 1.63±0.16 | 10.1±3.1 |

如表所示，6组对照组的50m、800m、1000m、立定跳、体前屈均值与实验前均未有明显差异。

经过数据对比，各实验组的50m成绩均值明显大于实验前数据，女子800m、男子1000m各实验组的成绩明显大于实验前数据。各实验组立定跳的成绩变化不大，考虑因素，立定跳除了与技术形式存在一定关系，从生理角度考虑，这与天生弹跳能力存在较大的关系。各实验组的体前屈成绩有一定的变化，但变化相比较50m、1000m涨幅较小，柔韧性训练最佳训练期是少年时期，现在处于较好的时段，未来坚持进行练习，将有望继续提高此项指标的成绩。

经过数据对比，对照组的实验前后虽有成绩的变化，但成绩的变化幅度并不大。其中各项指标也均有一定区间的涨幅。初中生正处于青春发育期，身体素质本身就处于快速增长阶段，体育课中会安排学生进行快速跑、跳跃类等练习，学生的腿部力量得到增强。对照组学生上下肢力量得到发展，在测试中的成绩自然而然得到提高。

通过实验组和各对照组的成绩对比，实验组实验后的涨幅明显大于对照组实验后的成绩均值。说明实验组的测试对象的测试成绩均有较大的涨幅。通过两个月的周期练习，体能训练发挥出其预先设计的效果。

综上分析得出：实验组的学生分别经过8周的训练，速度、耐力均有一定的加强，实验组在试验周期内围绕专项力量、速度等一般和专项身体素质练习动作项目进行训练。通过练习有段的专项性设计，服务于项目技术发力特点，身体核心区域肌肉群的力量得到增强，在稳定的训练中调动学生多关节、多肌群、多维度地全面性地参与动作训练，各环节肌肉运动链之间力量的传递更加有效，提高了力量、速度的有效利用率，学生在耐力跑、速度跑的测试中，动作更加舒展和运用自如，成绩提高的幅度大。

# 以终为始　不断更新

## ——新课改背景下高中三年化学教学实施行动研究

王红轩

2020 年 7 月北京市新高考改革的第一轮教学实践顺利完成，2022 年 6 月使用新教材开启新高考模式的第二轮教学实践收官。回首过去的教学实践，我最深的感悟是：教学应遵循以终为始的原则，即在做任何事情之前，先明确方向和目标，再开始行动与反思。

《普通高中化学课程标准（2017 年版）》指出：化学学科核心素养是学生必备的科学素养，是学生终身学习和发展的重要基础。化学学科核心素养不仅是学生终身学习和发展的重要基础，也是我们教师终身学习和发展的重要基础。

## 一、终身学习和发展的三个要素

对学生来说，三要素包括：有何意义？学什么？怎么学？对教师来说，三要素包括：有何意义？教什么？怎么教？教与学，都应该先明确意义，再有计划地实施。教与学的意义不仅仅在于传递和感受知识的价值、应用的价值，更重要的是传递和感悟思维的价值。教与学的意义为"终"，以终为始逆推教与学的目标。在新课改背景下为实现教与学的目标，需要分阶段、分主题稳步推进教学实施过程。

## 二、高一学考—建构学科观念与素养的关键期

### （一）虚心学习，努力提升教师理论水平

新课标为我们的教学提供了明确的方向和细致的指导。教师认真研读新课标，明确其中的"变"与"不变"，依据课标指导教学，努力提升自身化学学科核心素养。为了更好地理解课标，教师认真聆听有关新课程的专家讲座，聘请专家来校做深入交流。

### （二）积极行动，将理论转化为教学实践

学生素养的高度是由教师素养的高度决定的。为促进教师学科素养的提升，我们开展了以学科素养为主题的研究课工作，将研究课的目标定为：做研究课、推公开课、撰写论文三个环节。高一阶段先后推出基于发展学生化学学科素养的多节区级公开课，和全区教师一起交流切磋教学方法与策略。基于公开课的实践与反思，教师先后参加国家级、北京市级赛教及教学论文的评比，进一步促进教师业务水平的提升。研究课的开展，促进了有效课堂的生成。教师基于学生兴趣和能力发展，创设更多的实验课堂；基于培养学生严谨的科学作风，加强多维度、多角度的评价。

### （三）拔高培养，鼓励学生勇攀高峰

为了给学生搭建深入研究化学的平台，高一第一学期我们有层次、有梯度地推进化学竞赛课程。2018 年 3 月，我校成为北京市东城区青少院"学院制"化学高阶课程项目校，依托北京师范大学化学学院提供培训课程，先后在高一、高二年级开展"化海启航"人才培养课程。该项目的实施，进一步激发了学生学习化学的兴趣、拓宽了学生对化学的认识、培养了学生的"自主学习"能力，引导、帮助学生形成了"科学思维"的方法，增强了实验研究能力和动手能力。

### （四）启动素养，为学生做科学选科导航

高一第二学期期末，许多学生会面临是否选考某科的难题。我们引导学生不应该在高一第二学期期末去纠结，而应该从上高一开始就启动化学学科素养中的"科学探究与创新意识"，即提出问题、进行假设、设计方案、实施方案、收集证据、得出结论。每一次选择都需要"一定的证据"，根据证据做出的推理会更具有科学性。证据何来？从学生的学业规划来，从每一次的阶段评价来，从每一节课的状态来……用心尝试，再对自己的每一次抉择做证据推理，

而不是随意选择或盲从他人。

## 三、高二选科——发展学科观念与素养的关键期

进入选科走班的第一年，我们主要做了以下三方面工作。

### （一）进度与实效双关注

高二化学教学内容涉及《化学反应原理》《有机化学基础》两本教材。前者引导学生进一步认识化学变化所遵循的基本原理，形成关于物质变化的科学观念，后者引导学生建立"组成、结构决定性质"的基本观念，形成基于官能团、化学键的反应类型认识有机化合物的一般思路。教学内容涉及原理和结构，增多了理论与实验的内容，同时增加了学生内化与反思的时间需求。

选考化学的考生，对化学课堂的期待首先是有趣、生动、有意义的。苏霍姆林斯基曾对有趣的课这样解读：学生带着一种高涨的、激动的情绪从事学习和思考，对面前展示的真理感到惊奇甚至震惊；学生在学习中意识和感觉到自己的智慧力量，体验到创造的快乐，为人的智慧和意志的伟大而感到骄傲。基于此，我们推出了两种特色课堂，落实了进度与实效双关注。

1. 创设更多的实验课堂

首先，教师精心设计学生必做实验，适当增加微型实验、数字化实验、定量实验等，让学生在活动中学习科学方法，认识科学探究过程，体会、认识技术手段的创新对化学科学的重要价值，形成严谨求实、勇于实践的科学态度，发展实践能力。

其次，我们将一些传统实验改编为探究实验。通过学生设计、学生互评、教师点评，诊断学生设计实验的思维漏洞，让学生感悟设计、改进、创新实验带来的乐趣。

设计、互评对比实验，诊断并发展"变量控制"意识

**2. 创设更多的设计课堂**

针对部分定量实验、分离实验、原理实验等，我们推出的是设计课堂。学生在设计、展示、讲解、互评、改进装置的过程中，大胆设计、大方展示、快乐交流、深入反思，使化学学科核心素养得到进一步的发展和提升。

**（二）课堂与课下双关注**

针对高二选科走班学生上课聚、下课散，教师课后较难与学生沟通的问题，教师利用中午时间和放学时间为学生答疑解惑，特别是对基础薄弱的同学给予了更多的关注与帮助。通过课堂、课下双关注，通过积极沟通与激励，每个班都培养出了一批化学小高手，小高手带动其他同学一起奋进，有效助推了优秀生与潜质生的同步发展。

# 三、高三备考——应用学科观念与素养的飞跃期

有人说："什么是素养？当学生忘掉学校所教的知识，还能表现出来的就是素养。"这句话讲得很有道理，对高三教师来说，面对学生的升学压力，更应该在教学的过程中坚守教育即人之风格之培养的初心，因此教师在教学中仍以积极渗透学科思想、提升学科素养为教学目标。

**（一）加强计划意识，使复习更具条理性**

在高三制定整体的复习框架和详细的复习计划是非常有必要的。事先有计划，当变化来临的时候，特别是应对突如其来的疫情，计划帮助我们做到了及时、有序地调整。

**（二）加强信息意识，使复习更具指导性**

首先，新课标、考试说明、高考试题对高考复习有重要的导向作用。其次、各类专题讲座，特别是来自全国、北京市各类优质的课程资源异常丰富，专家的高位引领、同行的教学策略与感悟，增强了备考的指导性。教师积极学习，整合应用，充分发挥了优质资源的作用。

### （三）加强创新意识，使复习更具挑战性

高三伊始，东城区教学督导团来备课组听课。教师将此次督导看作是一次教研员把脉、诊断、指导的难得机会，于是大胆设想与创新，个人主备与团队研讨相结合，积极迎接挑战。督导团听课后的评价是：①教学设计关注学生的认知发展，从学生在课堂上表现出的学科观念与学科素养，可以看出教师日常教学的积淀。②教学中不断丰富学生认识问题的角度、解决问题的方法，对学生的追问及时、点评到位，有效诊断并解决学生问题。③注重培养学生的逻辑思维能力，提升了学生的化学学科核心素养。督导团对教师教学方向和方法的肯定，给教师带来了很大的动力。

### （四）加强效率意识，使复习更具实效性

如何提升教师的工作效率，是教师一直在探索的问题。以备课活动为例，教师充分利用这一时间来讨论解决教学中遇到的有关问题。内容包括教学进度的规划、疑难问题的研究、分析、讨论等。每次备课组活动大家都畅所欲言，解决若干实际问题，教师的教学研究水平逐步提升。在疫情期间，教师每周通过腾讯会议线上备课，确保了复习的实效性。

### （五）加强关爱意识，使复习更加人性化

进入高三，学生的学习压力陡然增大，特别是基础薄弱的同学、成绩有波动的同学，心理压力更大。这种压力势必很大程度地削弱学生复习的实效性，更重要的是对学生的心理健康产生负面影响。教师利用课余时间找到相关学生进行学科方面、心理方面的辅导。在疫情期间，虽然师生无法见面，但教师对学生的关爱都融入在每一次线上课的欢快互动中、每一次作业的精心批改中、每一份夸赞的评语中、每一次测试后的倾心交流中。教师用切实行动帮助学生走出精神低谷，重拾信心，勇往直前！

新时代

教育文库

北京卷

亲爱的孩子们：给你们每一个人发完"小回忆 🖤"，感觉真是和你们最后一次的高中对话啦。寻找每一份回忆，眼前就是你们的模样、你们的声音、你们笑容满面地来到我办公桌前问题的场景、咱们在教室里欢喜讨论的场景；寻找每一份回忆，眼前就是你们曾经经历的跌宕起伏、你们曾经的伤心难过、你们曾经的坚定执着。送去每一份回忆，希望你们记得你曾经那么认真、那么勇敢、那么执着，曾经善于总结、善于反思，曾经乐于分享、乐于表达，曾经为奋斗的自己加油，为奋斗的他人鼓掌；送去每一份回忆，希望你们在四年后会送给自己更多的"小回忆 🖤"。老师和你们在一起的日子是幸福的，你们一定会带给更多的人幸福，爱你们。🖤 🖤

特级教师华应龙曾说过："教学，不仅传授知识，而且启迪智慧，更要滋润生命。"

其实教师在滋润学生生命的同时，我们自己的生命也得到了滋养。很喜欢冯唐的一段话："不着急，一个人做完该做的努力之后，就该放下，手里放下，心里放下。有耐心，有定力，给自己足够的时间，给周围人足够的时间，给事物的发生和发展足够的时间，仿佛播了种、浇了水、施了肥，给种子一些时间，给空气和阳光和四季一些时间，给萌发的过程一些时间，你会看到明黄嫩绿的芽儿。"

再回首，新高考带给我们诸多新思考、新尝试、新收获，诸多新挑战、新希望、新感受。新的学年，教师们分散到不同的年级，形成了新的团队。新教材、新理念、新动力，给教师们成长的时间，给孩子们成长的时间。用心浇灌，三年后的夏季我们又将看到一朵朵盛开的花。

# 新时代历史教师应具备的四种品质

李　昆

近年来，随着"新课标""新教材""新课程""新高考"的接踵而至，中学历史教学面临着前所未有的变革与挑战。面对当前的新形势和新要求，作为一名历史教师，如何不断学习和成长，努力为培养社会主义接班人做出自己的贡献，成为我们需要明确的重要问题。康德曾说过："有两种东西，我们对它们的思考越是深沉和持久，它们在心灵中唤起的惊奇和敬畏就会日新月异，不断增长。这就是我头上的星空与心中的道德定律。"我们教师头上的星空就是教育的纯洁与圣土，心中的道德定律就是恪守教育规律，以学生为中心，提高自身的修养，施以博大宽厚的爱。

## 一、新时代的历史教师应具有科学精神

科学精神是指由科学性质所决定并贯穿于科学活动之中的基本的精神状态和思维方式，是体现在科学知识中的思想或理念。科学精神的重要特征，是追求认识的真理性，坚持认识的客观性和辩证性；崇尚理性思考，勇于批判；以创新为灵魂，以实践为基础。

作为新时代教师具有的科学精神，尤其是要在科学精神、气质方面有所体现。教师的天职是育人，最大的意义在于开启人的智慧，净化人的心灵，陶冶人的情操。带着科学精神去重新面对哥白尼、伽利略、爱因斯坦、富兰克林的时候，你就会明白，他们不仅是科学殿堂里的大家名师，关注自然世界，同时也专注人文世界，把科学探索与人文关怀完美地结合在一起。更重要的，是在他们身上的科学精神的气质。虽然我们难以企及，但心灵总能得到一定程度的

洗涤。哥白尼是一位牧师，却要违背自己的信仰，推翻"地心说"，建立"日心说"；布鲁诺从容走向罗马鲜花广场的火刑柱；伽利略走向终身监禁的牢笼。今天当我们在平静地听这些故事，给学生讲这些故事的时候，如果真能从中听出伟大与神奇，讲出震撼和信仰，这是多么可贵的科学精神。

## 二、新时代的历史教师应具有人文素养

"有什么样的教师，就会有什么样的学生"。新时代前进的步伐对教师提出了很高的要求，教师提高自身的专业技能，对教育的发展至关重要，但比这更重要的是教师人文素养的提高。教师人文素养应该包括以下三个方面：

教师要有独立精神与人格理想。罗素说："自尊，迄今为止一直是少数人所必备的一种德行。"教师应该属于这少数人的一部分。教师是知识分子，知识分子的地位，需要知识分子通过自身的奋斗去确立，去争取，而不是等待社会或者是权力的恩赐。"知识分子"这四个字，不是学历文凭的同义语，而是同时具备思想、人格与知识的有修养的人。只有具备独立的人格，才具备作为知识分子的立场。新时代的教师要努力做知识分子的优秀代表，独立精神与人格理想是关键品质之一。

教师应当是思想者，具有怀疑精神与批判意识。教育要教会人思想，教育者首先应当是思想者。教师如果不能成为思想者，只能靠别人的思想指导自己的行动，他就丧失了教育的资格，他的教学行为就不可能具有创造性；同时也就不可能有所发现，更不可能从中获得愉悦。真正的知识分子需要有彻底的怀疑精神和批判意识。怀疑，意味着我们要开始思考；怀疑，意味着我们要开始探求。古今真正成就一番事业的知识分子，无一不具备怀疑和批判精神。教师要站直了教书，如果教师是跪着的，他的学生就只能匍匐在地上。教师应该有自己的思想，有自己的思想又是多么重要。

教师的责任与操守亦是非常主要的。教师是知识分子，除了要建立新的人生观、养成道德勇气外，还要负起知识的责任与操守。知识分子不断劳苦、不断求知的过程，其实也是恪守自我责任与操守的过程。在此过程中，以事实为依据，加以严密逻辑审定，最后孕育出伟大的思想结晶，达到知识分子真我的境界。人类的进步，需要知识分子坚守良知，需要知识分子担负责任。

# 三、新时代的历史教师应具有创新意识

新时代，教师应更新教育观念，以创新教育为当务之急。这就需要树立新的历史教育观，彻底改变课程实施过程中过于强调接受学习、死记硬背、机械训练的现状，倡导学生主动参与、乐于探究，培养学生搜集和处理信息的能力、获取新知识的能力、分析问题和解决问题能力，以及交流与合作的能力，把培养创新意识、创新精神、创新思维能力作为历史教学的核心。作为新时代的历史教师，具备创新意识的标志主要有以下几个方面：

第一，树立以学生发展为本的教育理念。我们的中学历史教学应在传授知识的同时，教给学生学会思考分析问题的科学方法，从而把自学引入到过程，把教学实践从原来重视"教"转变为在教师指导下以学生为主体的"学"，从原来单纯传授知识转变为重视智力、能力、技巧的培养。认真研究如何使自己从讲台上的"圣人"转向学生学习的促进者，使学生克服死记硬背现象，生动活泼地学习，让历史课真正活起来。为此，需要认真地研究和构建体现学生主体地位、促进学生发展的历史教学模式。

第二，改革教学方法，构建适合创新教育的教学模式。加深对教材的研究，过去讲过的教学内容，今天再进行深入研究，就会有不同理解和看法，在原来理解的基础上又有新的认识。历史研究不断取得新成果，教师可以将新的科研成果渗入教学之中，及时把新的知识传递给学生。教师应设计灵活多样的教学方式和方法，以多媒体技术为载体，创造性地运用各种方法，如讨论、问答、模拟、竞赛、游戏、角色扮演等等，从而推动历史教学的向前发展。

第三，积极探索和实践研究性学习的教学模式。所谓研究性学习就是让学生在学科领域、现实生活的情境中，通过发现问题、调查研究、动手操作、表达与交流等探索性的活动，获得知识、技能和态度的学习方式和学习过程。研究性学习的基本步骤是：提出问题、确定研究方向及计划、搜集资料及整理资料、得出结论。研究性学习使学生对学习充满兴趣，极大地满足他们的求知欲、成功欲和表现欲。通过研究性学习过程，学生从中获得大量有用的信息，为自己的学习打通道路。读书之乐自然而生，读书就会成为一种爱好，一种生活需要，这样就不是一种负担了。

## 四、新时代的历史教师应具有读书情怀

我们当下的时代，瞬息万变，眼花缭乱，不可胜数。但真正能够陶冶情操、净化灵魂、充实思想的还是捧起书本，从中享受书韵的流香，体味书本的芳茗。我们步入书籍，在各种大师的书桌间随意穿行，可听到古圣先哲忧国忧民的叹息，可看到他们为理想在风雨中奔波；在与才华横溢的诗词大家们在那没有工业污染的山水间徜徉，时而和他们踏歌而行，时而听他们浅唱低吟。书籍将各种信念注入我们脑海，使我们的脑海中充满崇高欢乐的思想，从而使我们摆脱悲哀与痛苦的羁绊，注入快乐幸福，我们入神忘情，灵魂升华，进行着一次次芬芳的思想之旅。

与书为伴，能使我们顿悟教育是什么。教育天然需要教师具有一种博大而高远的精神，一种充实而圣洁的灵魂，一种虔诚而温馨的情怀和追求完美人生的信念。而书可以给予我们这一切。因为读书促使质疑和思考，思考什么样的教学是理想的教学，什么样的教师是理想的教师。也有人试图通过博览群书，力求寻找出一个放之四海而皆准的模式，当在起点与终点之间兜了一个大圈，最后才明白完全错了。因为正像德国教育家第斯多惠所说："教育在任何时候和任何地方都不是什么已经完成的和完善的东西。"所有的教育、教学，所有的课程，其本身就是一个独特的过程，一种伴随着求索、努力和期许的过程。它本身就存在于教师的生命体验、学生的知识结构和教学内容相融合的动态发展的过程之中，体现在教师和学生对教学内容进行独特的感知、感悟和发现之中。

总之，科学精神成人睿智，人文素养赋人高贵，创新意识励人进取，读书情怀润人富有，这四种品质是代表着对新时代教师职业的重新认识，是新时代教师精神的重新塑造，也是教师的精神家园的谷物。拥有了这些，能够使我们的人生更加丰满，让我们的教育事业绽放新的光彩。

# 以文促思

## ——浅谈语文阅读教学中的思维训练

常　霞

　　"语文是人脑和感官相互协调，凭借语言形式进行认知和表达的思维系统。这个系统由三大要素组成：知识系统、思维系统、能力系统。"其中，知识是构成能力的基础，而将知识转化为能力的过程中，必须要经过中介过程——思维。《语文课程标准》中"核心素养内涵"中明确将"思维能力"作为课程培养目标之一，也提道："语言是重要的交际工具和思维工具，语言发展的过程也是思维发展的过程，二者相互促进。"阅读教学是中学语文教学的中心环节，是语文知识和其他知识全面综合运用的过程，是语言能力、思维能力及思想认识水平的综合反映。在语文教学中，我们更应注重阅读教学中学生思维能力的训练，改变传统教学中"满堂灌""填鸭式"的教学模式，在阅读教学中训练、发展学生的思维。

　　叶圣陶先生指出："语文课主要任务是训练思维，训练语言。……'讲'，当然是必要的。……'讲'都是为了达到用不着'讲'，换个说法，'教'都是为了达到用不着'教'……教师要朝着促使学生'反三'这个目标精要地'讲'，务必启发学生的能动性，引导他们尽可能自己去探索。"许多语文教师也在实践中把思维训练作为阅读教学的重心。著名特级语文教师宁鸿彬说："为了培养创造性的'四有'人才，我从智能因素和非智能因素两个方面去培养学生的创造能力，……培养他们有利于进行创造的良好个性心理品质，又以发展创造思维为核心。"语文教育改革家魏书生认为："一节课好坏的主要标准，只能看学生是否在进行积极思维，教师的讲解与学生的思维之间是否有一根看不见的线紧紧维系着。"目前我们语文课不能充分调动学生思维，使学生过分依赖教师传授结果，忽视思维的过程，造成语文学习兴趣下降，语文课成了放松课，达不到语文学习目的。针对这种现象，教师在授课过程中应针对学生思维发展过程，切实有效地调动学生的思维，推动语文教学的发展。

如何在阅读教学中训练学生的思维能力呢？就此浅谈以下看法。

## 一、要选准思维训练的目标

思维训练的目标即通过思维所要解决的问题，目标确定等于确定了思维的方向。有了思维训练的目标才能激发学生对该知识的渴求，才能促使学生自主地去探索，而不是一味地接受教师所传授的结论。

教师在选择思维训练目标时，首先要注意教学对象。学生是学习的主体，教师所确定的每一个思维训练的目标都要考虑主体的需要。由于各年级学生年龄、生理、心理特点有差别，掌握知识的多少不等，因此选择思维训练目标时一定要符合学生思维发展的规律。目标选得高了，学生会无法企及而失去继续思维的信心；过低了，学生又会因唾手可得而激不起渴求新知的兴趣。比如对初一的孩子，教完《社戏》之后提问："《社戏》和我们学过的鲁迅的《从百草园到三味书屋》在写作上有什么不同？从中可以看到鲁迅先生写作中的哪些特色？"这样的问题提出不但大而空，而且没有考虑教学对象的思维水平，达不到思维训练的目的。其次，思维训练的目标应具有一定的思考价值，能够让学生通过思考得到答案，养成其语文学习的探究习惯。如果课堂只有"是不是？""对不对？""行不行？"此类的提问主导，学生不用多动脑筋便能顺利地回答，看上去课堂热热闹闹，其实也达不到训练学生思维的目的。因此，思维训练的目标要讲究质量，力避隔靴搔痒。教者要善于引导学生，透过课文的文字形式，发现其中蕴藏的本质内涵，然后加以抽象，巧妙地概括出"牵一发以动全身"的问题。这样不仅可以激发学生思维的渴求心理，而且学生在思维中会少走或不走弯路。

## 二、思维训练要适时、适度

阅读训练中，设计教学环节要从总体的教学目标出发，要有整体性。每个环节内容的衔接既要有阶梯性又要有内在的逻辑性，要把握住这种内在的逻辑性，在适当的时候提出适当的问题，才能使学生的思维畅通，逐步达到课堂教学的目的。比如我们在安排教学时习惯性把交代作者、写作背景放在新授课的开始，这种方法不尽适度。因为，介绍时代背景的目的是为了帮助学生理解课文，其实我们完全可以改变这种程式化的教学模式。如果学生能理解课文，甚至可以自己通过知识积累很好地理解作者于课文中寄寓的思想，这一环节大可不必，如果确需交代，也应恰到好处地安排在"点"上。比如教《藤野先生》这篇课文时，可在读到开篇"东京也无非是这样"的时候，引导学生阅读文本，思考作者来东京看到的是怎样的情景，他又为什么要用"无非是这样"，让学生通过自主探究来弄清文章的写作背景，这样不但有助于学生对背景的把握，而且还会更好地理解文章。事物是相互联系的，并在联系中形成系统，思维问题的提出也随着教学环节的推进呈现出系统性。系统问题的提出可以水到渠成地帮助学生把握确定的训练目标。比如教《中国人失掉自信力了吗》一文，"中国人失掉自信力了是谁提出来的？为什么提出的？——作者为什么认为这一观点是错误的？——作者的观点又是什么？他是怎样提出自己观点的？"这一系列问题的提出顺理成章地让学生看到了这篇杂文的论证思路，以及作者对当时抗日前途悲观的亡国论调的批判，对国民党反动政客及其走狗文人诬蔑中国人民失掉自信力这一无耻谰言的反驳，表达了作者对中国革命前途的信心。由此可见，阅读教学的思维训练有其层次性，我们在阅读教学中，必须遵循学生思维发展由表及里、由浅入深的内在发展规律，按照一定的训练序列，采用科学的训练方法，使学生思维训练拾级而上，爆发出创造的火花，从而切实体现教学过程中学生的主体地位。

## 三、思维训练重在引导学生进行自我思考与探究

　　阅读教学是学生、教师、文本之间对话的过程，文本只是这一对话过程的载体，《语文课程标准》在"思维能力"这一核心素养中讲到"思维能力是指学生在语文学习过程中的联想想象、分析比较、归纳判断等认知表现"，要"有好奇心、求知欲，崇尚真知，勇于探索创新，养成积极思考的习惯"。在"思辨性阅读与表达"这一任务群中指出："要引导学生在语文实践活动中，通过阅读、比较、推断、质疑、讨论等方式，梳理观点、事实与材料及其关系"。因此在进行阅读教学时，不能只囿于教材本身，要能依托文本并超出文本进行

多层面地"立体渗透"。引导学生从文本的"已知"中进行多角度、多形式的思考来预测会产生什么样的"未知",以此来培养学生的形象扩散思维和逻辑推理思维能力。比如在教授《我的叔叔于勒》时,教师首先不限定文章一定的主题,不去有意识地引导学生得出一定的结论,而让学生在此文本的基础上进行多角度、有创意的思考,如站在不同人物的角度上去思考;或者借助想象,假如菲利普夫妇在船上发现已经成为百万富翁的于勒,他们会有怎样的表现。让学生依托文本去进行探究与思考,学生在读完文章后便有着不同的阅读体验,当然也会对文章中某些信息产生疑问等等,这些现象都是学生思维的结果,也体现着他们拓展性的思维能力,应加以提倡。在阅读教学中,不断启发学生思维,使他们的思维既有纵向发展又有横向钩连;既能正面逼近,又能反面逆推;既能线性延伸,又能立体渗透;既有辐射的多触角,又有聚合的闪光点;既有肯定的继承,又有挑剔的批判。这样才能真正达到提高学生的思维训练的目的。

另外,教师在教学过程中,要注意选用能激发学生渴求目标的教学手段和教学语言,以引起学生的无意注意,撩拨他们解决问题的迫切心理,达到阅读训练目的。思维训练需要教师在教学过程中充分发挥主导作用,传统的问答式是课堂教学的主要教学方式,问题的提出要注意语言的恰当运用,教师所提出的问题既能引导学生思维的角度,又能引起学生探究的欲望,语言尽量避免模式化、枯燥无味,要能在教学中对学生进行语文素养的熏陶。随着信息化的发展,在阅读教学中也可采用多媒体等现代化的信息手段,调动学生的积极性,使学生好思考、勤思考,改变语文课学生懒散的状态,达到阅读训练的目的。

古人云:"授人以鱼,只供一饭之需;教人以渔,则终身受用无穷。""未来的文盲不再是目不识丁的人,而是那些没有学会学习的人。"新课标指引下的中学语文教育应培养会思维的人,好的语文教师要使学生学会语文学习的方法,从重结论轻过程的语文学习误区中走出来,帮助学生将语文知识转化为能力,让学生能够在阅读中含英咀华,提升自我。

# 浅析部编版高中语文课文《劝学》的文下注释

晏　辉

　　由于古代汉语与现代汉语在语法表达、语音语义等方面存在的诸多差异，再加上年深日久，时移世易，这使得当代人在阅读与学习文言文时有不小难度，文言文因此也成了中学语文教学的难点之一。为辅助教学，教材编者会为每篇文言课文加配注释。这些注释，一方面能帮助语文老师节省教学时间，提高教学效率；另一方面能帮助学生积累文言知识，疏通疑难词句。语文教材的权威性使得师生一直以来将文下注释奉为圭臬，当作教与学乃至考试评价的重要依凭。因此，注释质量的重要性不言而喻，尤其为文言课文作注，更应慎之又慎。

　　荀子的《劝学》是一篇经典的古代说理文，依据《普通高中语文课程标准》最新编定的部编版高中语文教材（以下简称"部编版"）也收录了此篇。与2007人教版（以下简称"人教版"）将《劝学》置于必修第三册"古代议论性散文"单元不同的是，部编版将该文前移到必修上册，归属"学习之道"任务群。无论是巧合还是有意，按照课文顺序，《劝学》成了部编版教材的第一篇文言文，而且很有可能也是目前高中阶段的师生要教和学的第一篇文言文，其举足轻重的地位显而易见。

　　部编版《劝学》的文下注释在编排方式、数量多少和内容分类等形式上，较人教版都有很大改进，但注释的质量才是首要的评判标准。那么如何评判注释的质量呢？我以为有以下四个方面：

## 一、准确性

　　叶圣陶曾经说过："凡教课之际宜令学生明晓者，注之务期简要明确。所注虽为一词一语一句，而必设想及于通篇，乃于学生读书为文之修习真有助益。尤须设身处地，为学生着想。学生所不易明晓者，必敲譬善喻，深入浅出，注而明之。必不宜含糊了之，以大致无误为满足。注若含糊了之，教师亦含糊了之，而欲求学生之真知灼见，诚为缘木求鱼矣。"可见，注释的准确性非常重要。部编版《劝学》文下注释的准确性有了很大提高，主要表现在：

（一）增加了易读错字的注音。比如，人教版注"跬步""锲"时只有词义，没有注音，而部编版则加注了"跬""锲"的读音。这一增加，有助于学生读准字音，规范普通话。

（二）解释了原文字词上的失误。比如，人教版只注解了"〔跪〕蟹腿"，部编版则注"〔六跪〕蟹的六条腿。'六'应是'八'。""跪"作"腿"讲，古今差异较大，当注，但由此读者就会产生疑惑：螃蟹本有八只脚，为何这里是"六跪"？部编版的注释弥补了这个缺陷，起到了释疑解惑的作用。

（三）词义表达更合理。比如"神明"，人教版解释为"人的智慧"，虽然具体，却并不符合"积善成德"的行为意义在于区分"人的智慧"的高低，而不是有无，所以部编版将其改注为"非凡的智慧"更加合理。

（四）增注容易误解的词语。人教版没有注解"舆马"，部编版增注："〔舆马〕车马。这里指车子。"首先，"舆"作"车"讲，今天已经少见，虽然通过"马"字可以推测出"舆"指的也是交通工具，但具体所指为何不可确知，这种推测不利于学生的文言积累。其次，也是最重要的，从"这里指车子"可知"舆马"是偏义复词，对于这种特殊的文言现象，如果不注，不要说新高一的学生，即便老师，稍不留神，也会一带而过。而且，这一忽略，还会影响到对下文"假舟楫者"中"舟楫"的理解，根据"舆马"作互文推测，它是"船"的意思，而不是"船和桨"。部编版这一增注，一举多得。

（五）词序更自然。人教版在解释"就砺"时，将"砺"放在前，"就"放在后。部编版则将其颠倒过来。颠倒之后，更加符合读者的阅读和思维顺序。

尽管如此，部编版还是有个别注释在准确性上值得商榷。主要表现在：

（一）表述有歧义。比如，将"见者远"解释为"远处的人也能看见"。"远处的人也能看见"是一个有歧义的句子：是"我"能看见"远处的人"，还是"远处的人"能看见"我"？根据原文语境"登高而招，臂非加长也，而见者远"可知，相比于低处招手，说话人登到高处后，手还跟原来一样长，但居于远处的人却能更容易地看到招手的"我"了，以此说明借助外部条件可以弥补自身不足，提高效果，从而类比说明学习的重要意义。当然，登到高处，"我"确实更容易看到"远处的人"，但何必要招手呢？从这个角度讲，人教版的注解更准确："〔见者远〕意思是人在远处也能看见。"

（二）逻辑不恰当。比如，部编版对"善假于物"的"物"的注解是"外物，包括各种客观条件"，即"各种客观条件"是"外物"的一部分；而人教版的注解是"〔物〕外物，指各种客观条件"，即"各种客观条件"等同"外物"。两处注解，一词之差，但逻辑却完全不同："包括"表示属种关系，"指"表示等同关系。所谓外物，指的是外界的人或事物。客观条件一般是指个人的生活和工作环境，包括物质条件和人际关系等等；有时也指本人的生理条件，包括身高和强弱等等。通过比较，不难发现，"外物"是不包括"本人的生理条件"的，这就意味着，"客观条件"的概念外延要大于"外物"，也就是说，应该是"各种客观条件"包括"外物"，而不是"外物"包括"各种客观条件"。从原文内容来看，"物"所在语段论述的是君子之异并非天生而来，只因借助与自身条件相对的外部条件，如"须臾之所学""跂""登高""顺风""舆马""舟楫"等，"舆马""舟楫"属于具体的事物，而"登高""顺风"只能算是客观的环境条件。在这个语境下，"各种客观条件"排除了"本人的生理条件"，也就意味着，"各种客观条件"和"外物"是等同关系，所以"指"的说法更准确。

（三）用词不准确。比如，将"圣心"解释为"圣人的心怀"。什么是"心怀"？作为名词的"心怀"，《现代汉语词典》中有两个意义"心意，心情"和"胸怀，胸襟"。显然，这两个意义都不符合原文之意。人教版的解释"〔圣心〕圣人之心，通明的思想"，将"心"解释为"思想"显然更合理。

（四）术语不明确。一直以来，中学语文对通假字的注解有两种形式，一是"通"，一是"同"。比如，部编版注"輮""有""知""生"都统一使用"同"，而人教版注"輮""有""参""生"则统一使用"通"。其实，"同""通"有异。"同"表示古今字，"通"表示通假字。古今字、通假字是两种性质完全不同的文字问题，"古今字是因词义发展后为求从形和义的结合上使表达更加明确而先后产生的形体不同的字，是历时范围内的文字孳乳现象。……而通假字是指本有其字而不用本字，用音同或音近而意义不相干的字代替本字，是共时范围内的用字分歧现象。"《劝学》一文中的"輮""有""知""生""参"这些字到底是古今字还是通假字，有待专家考证，但如此一刀切且矛盾的处理，恐怕有违科学精神。

# 二、优先性

"优先性"，即作注时一定要考虑此字此词是否已在前面的教材中出现，不仅包括高中教材，也包括初中教材，甚至小学教材。对于已经出现过的字词，如果不是有新义出现，就无需再作注释，也就是"注前不注后"，否则就浪费了学生的记忆和旧学，属多余作注。而如果第一次出现又很重要且典型的字词不作注释，那么学生就会产生障碍，需要教师额外讲授，影响教学效率。《劝学》是部编版教材的第一篇文言文，很多文言字词都是首次出现，比如"中绳"的"中"，作"符合、合乎"讲，编者专门作注，便于学生积累，在他们今后的阅读和学习中，如果再次遇到，就可以进行联想和推测。因此，当"中"的这个意思在部编版必修下册《庖丁解牛》"莫不中音"一句再次出现时，就没有再次注解的必要。

另一方面，人教版原有的"须臾""博见"两个词条被删除了。对学生而言，"须臾"这一文言词汇在以前的文言学习中并没有遇到，而在《劝学》之后的课文苏轼的《赤壁赋》中又有"哀吾生之须臾"的句子，按照"注前不注后"的原则，《劝学》一文应该对"须臾"作注。如果部编版删除"博见"，是因为已经在"君子博学而日参省乎己"一句中出现了"博学"一词，那么就应该为"博学"一词作注，更何况，这里的"博学"还是一个典型的古今异义词，其作"广泛地学习"之意义与今天的"学问广博精深"之意义相差甚远，学生理解上很容易发生偏离。如果注了"博学"，那么下文的"博见"学生就可以合理推断了。可实际上，删除了"博见"，也没有为"博学"作注。于是教师就不得不花费更多的时间向学生解释，使得教学效率低下。

# 三、简洁性

"简洁性"是指注释应言简意赅，也就是要用更少的字数表达更多的意思。比如，对于"中绳"一词，人教版注为："（木材）合乎拉直的墨线。木工用拉直的墨线来取直。"部编版则注为："合乎木匠用来取直的墨线。"在保留人教版内容的基础上，部编版调整语序，重新整合，语言更加精炼。

但"意赅"并不意味着什么都注。比如，对于"金就砺则利"中的"就"字，人教版注为"动词，接近、靠近"。部编版则将"动词"去掉，只保留"接近、靠近"。"接近、靠近"是动词，一目了然，无需多注。但是，部编版将"骐骥"加注读音"qí jì"，稍显多余。这两个读其声旁的形声字，按照一般的认字习惯，读错很难。至于"规""埃土""一""躁"这样的字词，与现代汉语意义几无差别，学生凭借当前的语文素养和能力是能够理解的，这样的注解也是无用的注解。

"言简"也不意味着为了字少而什么都删，如果这样，完全不注，岂不是最佳的"言简"？"言简"要以"意赅"为前提。比如，对于"驽马十驾"的解释，人教版是"劣马拉车走十天，（也能到达）。根据王先谦考证，'驽马十驾'后脱漏一句，可能是'则亦及之'。驽马，劣马。十驾，马拉车十天所走的路程。"部编版将其缩略为："劣马拉车走十天。驾，一天的行程。"应该说在翻译句子的前提下，再解释"驽马"确实多余，而解释了"驾"，学生自然也就明白什么是"十驾"，部编版将其删除是很好的。只是删除了"（也能到达）。根据王先谦考证，'驽马十驾'后脱漏一句，可能是'则亦及之'"，恐怕不妥。在"驽马十驾"之后文下又注释了"功在不舍"："功效来源于走个不停。"这很容易让读者（主要是师生）连贯理解为"劣马拉车走十天"就是"功效"。劣马拉车走十天，如果所行不远，甚至原地打转，那么就没有"功效"可言。只有说"也能走得很远"，这才是功效。而且只有这样，劣马与骐骥的对比，才具备有效性。骐骥一跃千里，劣马不如骐骥，但也能取得和骐骥一样远行千里的功效，原因何在？骐骥凭借的是天资，而劣马靠的是坚持，这样才能证明学习需要坚持的道理。所以，部编版这部分的删除使上下文意不贯通，这种"简洁"不如不要。

最后，简洁性除了言简意赅，还要做到具体明确，不能意思含混。比如，部编版将"疾"解释为"劲疾"。据百度百科：劲疾，意思是迅捷而有力。可见，"劲疾"是一个并列关系的词语，"劲"是"有力"，"疾"是"迅捷"。"疾"作"快速、迅捷"讲，普通而常见。但这个常见义却不符合原文"顺风而呼，声非加疾也，而闻者彰"的语境。让听声之人能够听得清楚，声音应当不是"快"，而是"大"，也就是响度要够强。何况，声音"快"不一定能让"闻者"听得清楚，所以人教版将"疾"注为"强，这里指声音宏大"才是妥当的。部编版以"劲疾"解释"疾"，就显得模糊而冗余了。

# 四、开放性

"开放性"，指的是有些词句有至少两种不同的理解，在对其作注时应该持有开放的态度，将其列举出来，供读者参考选用。如果观点很多，可以不全列举，但也不能单一、唯一。毕竟，这些理解都是专家学者经过研究与考证得出来的结论。见解有异，甚至对立，但都有道理，所谓仁者见仁，智者见智，孰是孰非应该交由读者自行判断。作为编者，不能越俎代庖，自行取舍，从而使学生失去比较、探究的机会，因为，"促进深刻性、敏捷性、灵活性、批判性和独创性等思维品质的提升"是中学语文教学的重要任务。

比如，部编版是这么注"参（cān）省（xǐng）乎己"的："对自己检查、省察。参，检验。省，省察。乎，相当于'于'。"人教版的注解是："对自己检查、省察。参，验、检查。一说，参，通'叁'，多次，表概数。省，省察。乎，相当于'于'。"两条注释最大的差异在于对"参"一词的解释。部编版删除了"一说，参，通'叁'，多次，表概数"，这就意味着"参"只能是"检验"的意思。但事实上，对该句中"参"的理解，向来都有争议，两种理解各有代表。"以唐代杨倞为代表，解'参'为'三'，表'多次'；以清代俞樾、梁启超为代表，解'参'为'参验、省查'。"两种理解，皆有论证，自圆其说，自有道理。如果都注解出来，老师就可以在课堂上提问学生："你认为哪种理解更合理？为什么？"那么，学生一定会各抒己见，阐述理由，提高思维品质，进而逐步实现我们语文教学促进学生思维发展的目标。可是现在单一的注解，容易让思维简单化。

语文教科书的权威性使广大师生以注释为依据进行教学，因此，文言文注释的编写一定要严谨至上，使其既适教，又适学。只有符合准确性、优先性、简洁性、开放性原则的注释，才是"高效性"的注释。高效性的注释既有利于提高高中生文言文学习的兴趣，帮助他们打下坚实的古文基础，又有助于提高教师教学效率。部编版教材进步明显，但依然任重道远。

# 劳动教育中的创客项目实践与探究

程金龙

## 一、研究背景

"创客"一词来源于英文单词"Maker"，是指出于兴趣与爱好，努力把各种创意转变为现实的人。"创客"特指具有创新理念、自主创业的人。创客以用户创新为核心理念，是创新 2.0 模式在设计制造领域的典型表现。创客们作为热衷于创意、设计、制造的个人设计制造群体，最有意愿、活力、热情和能力在创新 2.0 时代为自己，同时也为全体人类去创建一种更美好的生活。在学习的个性化时代，学生不但可通过在线学习获得知识，而且还能在学校的创客空间设计制作，发挥创造才能。从这个意义上看，创客运动将成为学习变革的下一个支点。所以创客教育是中小学教育的一个新模式，开展创客教育可以实现教育模式的转变，拓展学生学习的思路和方式，为培养学生全面发展提供了一个切实可行的机会，如何开展创客教育，是本课题应该研究的重点内容。

## 二、研究目标

本课题是针对中小学劳动教育中的创客项目展开实践研究，是在劳动教育中开展创客项目实践探究，利用学校丰富的创客教育资源、浓厚的创客教育氛围，与劳动教育相结合，形成适合于劳动教育课程开展的创客项目教学资源。

## 三、理论支撑

心理学研究表明，每个年级的学生都有各自的心理特点，随着年龄的增长，学生的心理特点是不断变化发展的。教师的教育行为必须以学生的心理特点为前提，才能收到预想的教育效果。因此，在课题研究中，教师必须学习和掌握学生的心理特点，按照学生的心理规律进行研究。学生的心理特点和发展规律以及不同年龄段学生的认识能力、情感特点、意志品质，就为教师的课题研究提供了理论依据。

著名教育心理学家布鲁纳的"发现学习"理论强调：学生的学习应是主动发现的过程，而不是被动地接受知识。创设问题情景，引发学生对知识本身发生兴趣，产生认知需要，产生一种需要学习的心理倾向，激发自主探究的学习动机。在教学过程中，学生是学习的积极的探究者，教师的作用是创设适合学生学习探究的情境，而不是提供现成的知识。这就要求我们不仅要让学生"知其然"和"知其所以然"，而且要让学生"知其所用"和"知其谁用"。

现代学习理论：建构主义学习理论为建构有利于培养学生创新能力和实践能力的新教学模式提供了理论依据。以皮亚杰为代表的建构主义学习理论认为，知识是个体与环境交互作用的过程中逐渐建构的结果。儿童在不断与环境的接触中建构知识和行为策略。在教育教学过程中，学生的学习活动是一个能动的建构过程。在这个建构过程中，一方面，学生受个人兴趣、需要以及外部环境的推动，表现为主动性和选择性；另一方面，受本人原有知识经验、思维方式、情感品质等制约，在对信息的内部加工上表现为独立性和创造性。教师要激发学生的学习兴趣，帮助学生形成学习动机，通过创设符合教学内容要求的情境，帮助学生建构当前所学知识的意义。对学生来说，只有那些关联的、成体系的、符合个人情感价值的知识才容易被内化，才容易被调动，从而激发起学生创新的灵感，进而发展学生的创新能力，促进学生创新素质的形成。而发展学生的创新能力，促进学生创新素质的形成恰是创客教育的出发点。

# 四、研究内容

## （一）课程设计

创客教育近几年在中小学校中迅速发展，我校也在第一时间开展了创客教育这种新兴的教育方式。为了发展创客教育，我校在 2016 年建成了创客空间。配合创客空间的使用，我校在课程建设中提出"课程群"的概念，即创客教育不是某一门课程的教育，而是多个学科，多个内容的综合型教育。利用国家课程，在信息技术课上对学生进行软件算法、计算机网络、CAD 软件等课程的学习。在劳技课上对学生进行单片机、电子技术的学习，在通用技术课上，对学生进行工程结构设计与制作、工业零件设计等课程的学习。通过这些国家课程，对全校学生进行创客教育的普及。让全校近 3000 名学生都了解并且学习创客教育。除了必修课程外，我校还开设多门校本选修课程，对有兴趣的同学进行更深更广的教育。其中 Arduino 智能硬件、程序设计、3D 打印、汽车拆装、电子电路等几门特色选修课程，使学生有机会学习更多创客方面的知识。

## （二）活动设计

学校有一句话："你有多大能力，学校就为你搭建多大平台"，我校非常支持学生社团的发展，因此还通过精品社团的形式来开展创客教育。除了课上时间，在课后时间以社团的形式，开设社团招收感兴趣的学生，对少部分学生进行精品教育。在开展创客教育精品社团理念下，除了机器人社团，陆续开设了创想空间社团、智能硬件社团。通过社团群落的建设，使优秀的同学有一个更深入学习的机会。通过每年的创客秀、创客马拉松、创客作品、3D 打印挑战赛等竞赛项目开阔学生视野，锻炼学生能力，也使学生辛勤的付出有一定的收获。在教师队伍的构建中，现在已经包含数学、物理、生物、化学、机械等学科的老师来保证创客教育的师资力量。

## （三）课程案例

| 教学阶段 | 教师活动 | 学生活动 | 设置意图 |
|---|---|---|---|
| 创设情境 | 创设情境：某同学在骑自行车回家时，不慎撞到隔离桩上摔伤了，经过观察后，尝试给隔离桩安装个小装置，让他更醒目一些。<br>【提问】已有的知识中，能否解决这个问题。<br>【展示】展示学生已有作品视频。<br>【提问】已有作品解决问题的同时，是否产生了新的问题？如何解决这一问题？<br>【总结】费电，不分昼夜地亮着，加传感器，使之能够感受到光亮。<br>明确设计需求：天亮时，警示灯不亮，天黑时，警示灯点亮。 | 【思考】<br>【回答】 | 创设学习情境，提高学习热情。 |
| 学习使用传感器 | 引入传感器的概念：能感受规定的被测量并按照一定的规律转换成可用信号的器件或装置。为控制系统提供输入信号。<br>传感器的工作过程：<br>检测被测量<br>转换成可用信号，即编程序时所用的参数。<br>【提问】LED 灯是什么信号？<br>【总结】输出信号。<br>模块的选择：<br>选择输入信号，具体选择模拟输入还是数字输入，需要根据传感器的信号类型选择。注意，模拟信号传感器，要选择 A0 端口。 | 【学习】<br>【思考】<br>【回答】 | 结合案例了解传感器的工作过程 |

续表

| 教学阶段 | 教师活动 | 学生活动 | 设置意图 |
|---|---|---|---|
| | 如何使用传感器<br>根据所要检测的被测量确定所需传感器。<br>查看传感器转换后数值的范围、规律。<br>【组织活动】利用 2 分钟的时间，结合学案中的传感器资料，选择传感器。<br>【提问】选择何种传感器，传感器的信号是模拟信号还是数字信号？用哪个输入模块？<br>【总结】使用光线传感器，检测环境光线，提供模拟信号。<br>【讲解】串口监视器的使用方法<br>串口波特率的设置。<br>串口打印（自动换行）。<br>选择要打印的内容<br>【组织活动】<br>利用串口监视器，观察光线传感器的输出信号规律。<br>【活动中提问】变化规律和变化范围是：光越亮，数值越大，光越暗，数值越小。最大 1023，最小 0。 | 【讨论、分析】<br><br>【思考】<br><br><br><br>【学习】<br><br><br><br>【活动、体验】 | |
| 程序设计 | 明确设计需求：天亮时，警示灯不亮，天黑时，警示灯点亮。<br>【提问】利用传感器数值，解决设计需求的思路？<br>【总结】判断光线传感器的数据，大于某一个值，灯就亮，小于某一个值，灯就灭亮。<br>判断模块的位置，在控制里的如果 - 执行模块，需要点击蓝色齿轮进行设置。<br>【追问】比较大小这个模块在什么位置？ | 【思考】<br><br>【学习】 | 结合案例，明确解决方案。 |
| 实践活动 | 【活动】接下来给大家 5 分钟的时间，请同学们尝试完成光控 LED 警示灯的作品。<br>【总结】总结展示程序 | 【实践】 | |
| 拓展活动一 | 【组织活动】自行选择 1 种传感器，利用串口监视器观察传感器数值的规律，试着做出一个新的作品，并想一想在生活中可以应用在什么场景下。 | 【实践】 | 实践中理解传感器的用法。 |
| 展示 | 组织学生展示作品并点评。 | 【展示】 | |
| 拓展活动二 | 【组织活动】根据传感器的不同数值，将灯的亮度分为 4 个等级，完成对灯的控制。 | 【实践】 | |
| 总结提升 | 【展示总结】展示学生作品，总结传感器应用的价值。<br>生活中，传感器的应用场景还有很多很多，一个小小传感器，再加上点创新的思维，就能够给我们的生活带来很多的惊喜，国家的发展离不开创新，希望我们同学未来能够利用所学的电子编程技术进行创新设计，为我们的生活创造更多有价值的作品，为我们国家的科技创新发展贡献自己的力量。 | 【感悟】 | 价值引领 |

# 五、课题研究成果

## （一）有效地开发和拓展了课程资源

创客教育不是某一门课程的教育，而是多个学科、多个内容的综合型教育。除了国家基础课程，我校教师团队还开发了如 3D 打印、机器人、arduino 单片机基础入门、汽车拆装等多门校本选修课程，并且生成针对本校基础教育阶段与劳动教育相结合的课程内容体系，并尽可能丰富教学资源，使之成为具有可参考性和可推广性校本课程资源。结合我校"大众"+"小众"的科技教育理念，形成了面向大众普及型的课程体系，进而服务"双减"工作，为学校课后延时服务提供丰富的教学资源。

**（二）丰富学生在校的生活**

以参与课程学习的学生为基础，开展创客教育精品社团活动，使学生在校生活丰富多彩，除了课上时间外，在课后通过社团形式招收感兴趣的学生，丰富课余生活外，组织学生参与创客作品、创客秀等竞赛活动，通过竞赛锻炼学生能力，使学生的辛勤付出得到一定的回报。在学校科技节时间段，开展创客马拉松活动，学生在活动中学习自己搭建帐篷，自己独立生活，让所有学生体会到，创客教育不仅仅是少部分人可以进行的活动，所有想参与的同学都可以参与其中。

# 以认知冲突情境促进物理概念教学的探讨

王本喆

物理对于初中学生来说是一门崭新的学科，但是在学生学习新的物理概念之前，大脑之中往往已经建立了与之相关的认知，当学生试图用原有的认知来解释和解决新的问题时，很可能出现无法解释和解决新问题的情况，产生了相应的认知冲突。教师在进行物理概念教学的过程中，若能通过情境的准确创设，引发认知冲突并加以恰当的引导，可以有效地激发学生的认知内驱力，对物理概念教学的有效性起到促进作用。

## 一、创设认知冲突对于物理概念教学的现实意义

物理概念是物理现象的本质在学生头脑中的反映，是对事物的抽象理解，也是在长期观察、实验和思考的过程中形成的产物。通过概念教学，能够帮助学生更好地发展科学思维、形成物理观念，把握物理规律。然而在初中学段，物理概念教学始终作为难点存在，通过创设认知冲突情境对于促进物理概念教学有着非常必要的现实意义。

### （一）物理概念教学的需要

初中学生虽然刚刚开始接触物理，但对于很多物理现象已经接受过来自长辈的解释或是有了个人体悟，我们通常称之为"前概念"。这些"前概念"有些可能是错误的，而且很难通过简单的概念灌输实现转变。因此，物理概念教学的一个重要任务就是帮助学生转化原有错误认识，并在此基础上建构新知识，进而运用新知识解决实际生活中的问题。在转化的过程当中，短时的认知冲突是不可回避的关键环节。

## （二）符合学生的心理需求

教育心理学认为：人类具有一种维持自己观点前后一致的心理平衡需求，如果出现个体观点前后不一致，则会打破这种心理平衡，使人产生一种获得新平衡的心理需要，这就形成了学习并建立新知识的内驱力。将认知冲突引入到物理概念教学中，能够有效地激发学生对于旧有知识的不满足感，对新知识的学习保持专注，从而有效降低学习难度。

## （三）有利于培养学生的核心素养

中学生发展核心素养要求具有科学精神、学会学习、实践创新等必备品格和关键能力，是学生在接受相应学段教育过程中逐渐发展起来的、适应个人终身发展和社会发展需要的。当学生在学习物理的过程中，发现曾经通过生活经验积累的某些常识与物理概念之间存在矛盾，并在教师的指导下进行自主学习、合作探究、实验验证等一系列解决认知冲突的过程中，自身的知识结构不断更新，核心素养被潜移默化地发展，实现螺旋式上升。

# 二、物理概念教学中创设认知冲突情境的途径

有效引发学生的认知冲突，教师要有换位思考的意识，首先要了解学生原有的知识架构以及哪些认知可能是错误的，即了解学情。而后从学生的思考角度出发设计教学方案，创设合理的认知冲突情境，将学生认知中可能的错误和模糊地带设置成"陷阱"，使学生意识到已有观念与物理概念之间的矛盾。结合人教版初中物理教材中的内容，具体来说，可以有以下途径：

## （一）基于生活经验，创设认知冲突

物理是一门和实际生活联系十分紧密的学科，从生活走向物理是课标精神中的核心要义。认知冲突的创设，可以基于学生已有的生活经验。

例如在研究凸透镜成像规律的实验中，当教师手持一个凸透镜并询问学生这是什么时，普遍得到的答案会是：放大镜。这种回答源于生活经验，通常是学生对长辈使用"放大镜"的观察后，通过模仿而得到的客观现象，并以此形成了最初的"前概念"。

在课堂上，教师可以首先肯定学生的回答，让学生根据自己的使用经验，近距离观察教材上的"物理"二字，获得认知心理上的满足，然后在不经意间打破这种满足：引导学生使凸透镜远离课本，并调整眼睛与透镜间的距离，再

次观察。"咦，字变小了！字倒过来了！"学生自然流露出的语言，表明认知冲突已经成功建立，凸透镜成像规律的探究也由此展开。

### （二）基于趣味活动，创设认知冲突

对于初中生来说，学习的兴趣一定程度上影响着学习的效率。教师在课堂教学时，应设法将实验演示和组织学生开展趣味活动相结合，有效激发学生学习物理的兴趣，放大求知欲，使学生在轻松愉快的学习氛围中消除物理概念学习的枯燥感。

例如在学习流体压强与流速关系时，教师可以借助趣味活动创设认知冲突：

师　同学们，今天我们来进行一场比赛：老师带来了漏斗和乒乓球，我们每个小组派出一位同学，比一比谁能把堵在漏斗口的乒乓球吹得最远！

（教师演示漏斗的手持方式和乒乓球的摆放位置；小组认真挑选力气或者肺活量较大的同学参赛。）

师　参赛同学先把乒乓球堵好在漏斗口。深吸一口气，预备，吹！

（座位上的同学们认真期待着比赛结果，但结果是谁也没能把乒乓球吹出漏斗。）

预想当中乒乓球被吹得有远有近，而实际看到的却是越是用力吹，乒乓球越死死地不肯离开漏斗。这样的趣味活动有效地激发了学生的认知冲突，以上述活动为出发点，通过教师的教学引导，为学生深入理解和牢固掌握流体压强与流速的关系，奠定了坚实基础。

### （三）基于课堂生成，创设认知冲突

学生在头脑中建立新的概念是逐步完整和深入的，在这一过程中，难免会出现因对知识体系掌握不全面而产生错误的预判。因此，在课堂教学中可以寻找时机展现学生的误判，通过对比不同学生之间课堂生成的判断，引发认知冲突，激发学生验证判断、建构新知的心理需求。

例如学生在学习串联电路电流规律时，教师可通过对实验器材的事先预设，达到课堂生成认知冲突的目的：事先给不同的实验小组分发电源、导线、开关和两个规格相同或不同的小灯泡，学生根据已有的串联电路知识连接好一个串联电路。闭合开关后，通过观察小灯泡的发光情况，小组讨论推测串联电路的电流规律。通常会生成三类推断，一是串联电路中，通过各用电器的电流大小相同；或是串联电路中，电流从正极流到负极的过程中越来越小，又或是

越来越大。

由于学生对小灯泡亮度的片面认识，生成了相互矛盾的推断，建立了认知冲突。教师进一步引导学生通过电流表测量电路中的电流，验证上述推断，实现对新知识的认知同化。

## 三、教学中创设认知冲突情境需要注意的方面

创设认知冲突情境，制造学生心理认知需求，激发学生探索学习新知识的兴趣，其根本目的是更好地服务于概念教学，使新概念在头脑中的建立过程更加符合认知规律和学生的心理需要。在课堂教学实践过程中，也要注意以下几个方面：

### （一）认知冲突创设要适度

教师作为学生学习的指导者、促进者，通过巧妙地创设认知冲突情境，适时适度地造成学生认知心理上的短暂不适，并通过环环相扣的教学设计，带领学生一步步走出不适，有效促进学生建立新的认知。需要注意的是，教师设置的认知冲突情境，距离学生的思维水平不宜过远，解决认知冲突所需要的知识能力梯度不宜过大，否则会引起学生过度的认知焦虑以至于降低学习兴趣。同理，认知冲突的解决难度也不宜过小，这将很难起到激发学生探究欲望的目的。

### （二）认知冲突创设要目标清晰

教师无论以何种形式开展课堂教学，都应紧紧把握课程标准，围绕落实课程标准和发展学生核心素养两个方面制定课堂教学目标。这就要求教师在创设认知冲突情境时，要紧扣教学目标、符合学情、有利于学生进一步自主探究，为物理概念教学的重难点服务，避免盲目随意设置认知冲突，使其脱离教学目标而存在。

### （三）认知冲突创设要有启发性

当一个认知冲突被成功建立时，学生原有的认知平衡被打破，顺势产生一种强烈的、获得新平衡的心理需要。但这仅仅是认知冲突促进物理概念教学的起点，需要具备一定的启发性，这样才能通过教师的一步一步引导，最终促使学生能够自主解决认知冲突，完成新知识的建构，从而体验到成就感和学习物理知识的乐趣。

　　综上所述，物理概念教学中有意识地创设认知冲突情境，是帮助学生剔除错误前概念，建立正确新概念的有效策略，对于突破物理概念教学这一普遍难点具有重要价值。教师在教学中，要善于思考、寻找、创设认知冲突情境，通过切实可行的途径，引发冲突、解决冲突，最终实现物理概念教学有效性的提升。

# 高中物理电路中恒压源与恒流源参数的对比与讨论

苑红霞

## 一、电源的电动势

高中物理教学中主要涉及的电源有：化学电池、磁流体发动机、交流发电机，习题或者拓展问题里也会涉及涡旋电场电源、光电效应电源和核电源等。学生最熟悉的就是化学电池，教材中也是以化学电池为例，提出了电源重要的一个参数——电动势。首先设计了一个引导性思考与讨论问题："在化学电池中，非静电力是化学作用，它使化学能转化为电势能；在发电机中，非静电力是电磁作用，它使机械能转化为电势能……想一想，不同电源把其他形式的能转化为电势能的本领相同吗？"然后给出的概念是："在电源内部，电源移动电荷，增加电荷的电势能。在物理学中，我们用非静电力所做的功与所移动的电荷量之比来表示电源的这种特性，叫作电动势（electromotive force）。"通常，电池的电动势可以认为是不变的。同样，在研究交流发电机原理及供电时，也会有电动势恒定的结论。那么，是否可以得到"电源的电动势都是恒定的"这种一般性的论断呢？下面通过几种电源进行讨论。

## 二、恒流源参数讨论

### （一）磁流体发动机

将气体加热到很高的温度（譬如 2500K 以上）使之电离（这样一种高度电离的气体叫做等离子体）。通常情况下的等离体发电也会产生恒定的电动势，当外电路为纯电阻时满足欧姆定律。但是，如果等离体发电达到饱和，即等离子体成为恒流源时，电源的参数还是电动势吗？此时电动势是否恒定呢？教学中学生在此处会出现很多的疑问，下面通过例1对比磁流体发动机正常发电和达到饱和之后两种情况下的工作原理及发电规律，讨论恒流源的参数及电路相关规律。

例1：如图是磁流体发电工作原理示意图。发电通道是个长方体，其中空部分的长、高、宽分别为 $l$、$a$、$b$，前后两个侧面是绝缘体，上下两个侧面是电阻可略的导体电极，这两个电极与负载电阻 $R$ 相连。发电通道处于匀强磁场里，磁感应强度为 $B$，方向垂直于前后两个侧面如图中所示。发电通道内有电阻率为 $\rho$ 的高温等离子电离气体沿导管高速向右流动，运动的电离气体受到磁场作用，产生了电动势。发电通道两端必须保持一定压强差，使得电离气体以不变的流速 $v$ 通过发电通道。不计电离气体所受的摩擦阻力。根据提供的信息回答下列问题：

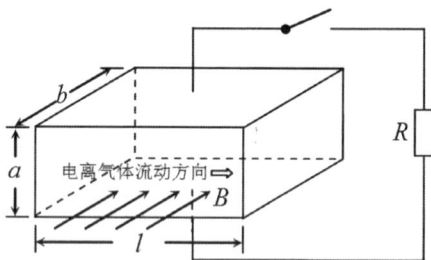

（1）判断发电机导体电极的正负极，求发电机的电动势 $E$；

（2）发电通道两端的压强差 $\Delta P$；

（3）若负载电阻 $R$ 阻值可以改变，当 $R$ 减小时，电路中的电流会增大；但当 $R$ 减小到 $R_0$ 时，电流达到最大值（饱和值）$I_m$；当 $R$ 继续减小时，电流就不再增大，而保持不变。设变化过程中，发电通道内电离气体的电阻率保持不变，单位体积内的正离子个数为 $n$，且每个离子带电量为 $q$。求 $R_0$ 和 $I_m$。

分析与解：（1）为研究方便，先断开电路分析电动势表达式。大量的等离子体向右运动时，由于洛伦兹力的作用，正离子向上偏转，负离子向下偏转，分别在上下两个导体板上聚集，通道内形成了竖直向下的电场，正负离子分别受到向下和向上的电场力。电场逐渐增强，当某个离子所受到的电场力与洛伦兹力平衡时，再进入通道的离子都将匀速通过通道不再发生偏转，从而发电机获得了断路时的最大电压，也就是电源的电动势，这个物理量体现了电源的做功能力，是一个定值，符合电动势的概念。这是磁流体发动机正常工作时的工作原理。求解方法如下：

发电机上导体电极为正极、下导体电极为负极

$$\frac{E}{a}q = qvB \Rightarrow E = Bav \cdots\cdots ①$$

（2）外电路闭合后

$$I = \frac{E}{R+r} = \frac{Bav}{R+r} \cdots\cdots ②$$

发电通道内电离气体的等效电阻为（根据电阻定律，沿电流方向为长度即图中 $a$）

$$r = \rho\frac{a}{bl} \cdots\cdots ③$$

$$F = BIa \cdots\cdots ④ \quad 等离子电离气体等效电流受到的安培力作用，水平$$
向右，成为等离子体向右运动的阻力。

$$ab\Delta p - BIa = 0 \cdots\cdots ⑤ \quad 等离子电离气体水平方向由平衡条件得$$

联立①②③④⑤ 解得

$$\Delta p = \frac{BI}{b} = \frac{B^2alv}{blR + \rho a} \cdots\cdots ⑥$$

（3）分析与解：首先解读题目的条件。若负载电阻 $R$ 阻值可以改变，当 $R$ 减小时，电路中的电流会增大。这里给出的规律符合闭合电路欧姆定律，电动势恒定，内阻不变，因此，当 $R$ 减小时，电路中的电流自然增大。但当 $R$ 减小到 $R_0$ 时，电流达到最大值（饱和值）$I_m$；当 $R$ 继续减小时，电流就不再增大，而保持不变。怎样理解此处出现的规律呢？如果还根据闭合电路欧姆定律，发现出现了矛盾：电动势恒定，内阻也不变，由 $I = \frac{E}{R+r}$，$R$ 继续减小时，电流不是应该增大吗？学生很容易陷入这样的疑惑当中。教学中，我们不妨先引导学生把关注点放在微观的发电原理，把饱和电流的出现当作已知信息，然后从微观层面研究等离子体偏转的角度分析如何形成饱和电流。从题目中获取信息的科学思维和科学探究的能力也是新课标对学生的物理核心素养的能力要求。这样问题就很容易明朗起来，当所有进入发电机的等离子全都偏转到导体电极上形成电流时，即使外电路再减小电阻，就像是改变外因，但是内因：单位时间进入的离子已经耗尽，根据电流强度的定义"单位时间通过导体横截面的电荷

量"可知，电流达到最大值 $I_m$，并根据定义式可以求出：

$$I_m = \frac{Q}{t} = \frac{nqabvt}{t} = nqabv \quad \cdots\cdots ⑦$$

当 $R=R_0$ 时，是临界值，仍然可以用闭合电路欧姆定律表达 Im，

表达式为：$I_m = \frac{E}{R_0+r} = \frac{Bav}{R_0+r} \cdots\cdots ⑧$

联立⑦⑧解得 $R_0 = \frac{B}{nqb} - \rho\frac{a}{bl}$

学生清楚了以上的求解过程，从微观层面已经弄明白了饱和电流的成因。进一步深入探究前面提出的疑惑，当磁流体电源成为恒流源之后，电流不再随外电阻的变化而变化，说明这个饱和电流成为了表征电源将其他形式能转化为电能本领的物理量，取代了电池电动势的作用，成为恒流源重要的参数。至于电动势在恒流源中已经失去了原本在常规电源中的物理意义，定义与否意义不大。学生深入理解了磁流体发动机正常工作以及饱和时的工作原理和发电规律之后，对于光电池以及核电池中相关问题的理解就会迎刃而解。

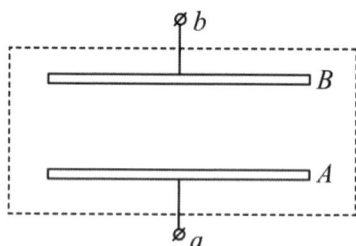

**（二）深入理解光电池的电动势和内阻**

例2：2015年北京高考第24题。真空中放置的平行金属板可以用作光电转换装置，如图所示。光照前两板都不带电。以光照射A板，则板中的电子可能吸收光的能量而逸出。假设所有逸出的电子都垂直于A板向B板运动，忽略电子之间的相互作用。保持光照条件不变。a和b为接线柱。

已知单位时间内从A板逸出的电子数为N，电子逸出时的最大动能为 $E_{km}$。元电荷为e。

（1）求A板和B板之间的最大电势差 $U_m$，以及将a、b短接时回路中的电流I短。

（2）图示装置可看作直流电源，求其电动势E和内阻r。

（3）在a和b之间连接一个外电阻时，该电阻两端的电压为U。外电阻上

消耗的电功率设为 $P$；单位时间内到达 B 板的电子，在从 A 板运动到 B 板的过程中损失的动能之和设为 $\Delta Ek$。请推导证明：$P=\Delta Ek$。

（注意：解题过程中需要用到、但题目没有给出的物理量，要在解题中做必要的说明）

分析与解：（1）A 板中逸出的电子累积在 B 板上，在 A、B 两板间形成由 A 指向 B 的电场。从 A 板后续逸出的电子在向 B 板运动的过程中会受到电场力的作用而做减速运动。达到稳定状态时，从 A 板逸出的具有最大动能的电子到 B 板时动能恰好为零。

由动能定理，$Ekm=eUm$，可得

$$U_{\mathrm{m}} = \frac{E_{\mathrm{km}}}{e}$$

若将 $a$、$b$ 短接，则两板间电势差为零，从而两板间无电场，从 A 板逸出的电子均能完整通过整个回路，即短路电流 $I_{\text{短}}=Ne$

（2）电源的电动势等于断路时的路端电压，即上面求出的 $Um$，所以

$$E = U_{\mathrm{m}} = \frac{E_{\mathrm{km}}}{e}$$

电源内阻：（实际上是等效内阻，见后面的深入讨论）

$$r = \frac{E}{I_{\text{短}}} = \frac{E_{\mathrm{km}}}{Ne^2}$$

（3）外电阻两端的电压为 $U$，则电源两端的电压也是 $U$。

由动能定理，一个电子经电源内部电场后损失的动能

$\Delta Eke=eU$

设单位时间内有 $N'$ 个电子到达 B 板，则损失的动能之和

$\Delta Ek=N'\Delta Eke=N'eU$

根据电流的定义，此时电源内部的电流

$I=N'e$

此时流过外电阻的电流也是 $I=N'e$，外电阻上消耗的电功率

$P=IU=N'eU$

所以 $P=\Delta Ek$

【试题分析与深入讨论】此题前两问考查了对电势差、电流、电动势和内阻等概念的理解。（1）中 A 板和 B 板之间的最大电势差 $Um$，可以理解为是电源断路时的最大电压，即电源的电动势。当电子不断在 B 极板积累，使得由 A

运动过去的电子到达 B 极板剩余的最大动能越来越小，当即使具有最大初动能的电子到达 B 极板时速度减小至零，两个极板之间就达到了最大的电势差。也就是电源的电动势 $E$。短路电流 $I_短$ 可以利用电流强度定义：单位时间通过导体横截面的电荷量来求解，借助于单位时间内从 A 板逸出的电子数为 $N$ 与元电荷的乘积得到。（2）问需要学生对于电源的参数电动势及内电阻的概念清楚的。这样即使在新的物理情境下，即使并不能非常清楚这种电源的特性的情况下仍然可以正确作答。学生要熟知的是：当外电路断路时，A、B 两板间电压为该直流电源的电动势，也就是第一问求解的最大电压。对于电源内阻问题的进一步思考：对于金属导体、导电溶液等具有电阻我们已经有一定的模型认知和理论认知，简单来说是由于碰撞形成的，从能量角度是将其他形式能转化为内能。但是光电池内部并没有相似的结构，怎样理解其内阻呢？能量又如何进行的转化呢？这是在教学中值得我们深入思考的问题。常规电源内阻的概念是电源内部对电流的阻碍，在这种光电池中是等效内阻的意思，并不是真的有像金属中的碰撞一样的阻力。我们可以结合第（3）问一起分析。当电路接通之后，一部分能量就不断地转给外电阻，问题的设置就是关于能量转化的关系。首先设物理量：单位时间内有 $N'$ 个电子到达 B 板。这里的 $N'$ 个电子不同于前面的 $N$ 个，因为一旦电路有外电阻，两个极板就会堆积电荷，产生电势差，对于在极板之间运动的电子就是反向电场，阻碍其运动。使得一些动能不大的电子不能到达极板 B，数量就不再等于 $N$，且损失的动能之和为克服两个极板之间的电场力所做的功。这就是深入理解光电源的关键：光电效应。光电效应中由金属逸出的光电子的动能是一个范围：$0 \sim Ekm$ 之间，因此外电阻就是获取的这些光电子的动能。实现能量转化的过程借助于电路，路端出现了电荷的堆积形成了光电子运动的反向电场，致使一些动能小于 $eU$ 的光电子不能到达 B 极板而游荡于空间，这是形成"内阻"的原因。同时动能大于或者等于 $eU$ 的光电子到达 B 极板都会损失 $eU$ 的动能，正是损失的这些动能转化为外电阻的焦耳热。即：$\Delta Ek = N'\Delta Eke = N'eU$。再根据电流强度的定义，此时电源内部的电流 $I = N'e$。继续推理得到：此时流过外电阻的电流也是 $I = N'e$，外电阻上消耗的电功率 $P = IU = N'eU$。最终推出结论：$P = \Delta Ek$。从上面的分析可以看出：对于光电池参数的理解同常规电源仍然不同，它的能量来源是光电子的动能，而由于光电子的初动能又是一定的范围，所以研究光电池供电原理时就要多从微观的角度和物理量定义的角度分析，才能对其正确地理解。

### （三）进一步研究放射性同位素电池的参数

例 3：放射性同位素电池具有工作时间长、可靠性高和体积小等优点，是航天、深海、医学等领域的重要新型电源，也是我国近年重点科研攻关项目。某同学设计了一种利用放射性元素 $\beta$ 衰变的电池，该电池采用金属空心球壳结构，如图 19 所示，在金属球壳内部的球心位置放有一小块与球壳绝缘的放射性物质，放射性物质与球壳之间是真空的。球心处的放射性物质的原子核发生 $\beta$ 衰变发射出电子，已知单位时间内从放射性物质射出的电子数为 $N$，射出电子的最小动能为 $E_1$，最大动能为 $E_2$。在 $E_1$ 和 $E_2$ 之间，任意相等的动能能量区间 $\Delta E$ 内的电子数相同。为了研究方便，假设所有射出的电子都是沿着球形结构径向运动，忽略电子的重力及在球壳间的电子之间的相互作用。元电荷为 $e$，$a$ 和 $b$ 为接线柱。

（1）原子核是由质子 ${}_1^1\mathrm{H}$ 和中子 ${}_0^1\mathrm{n}$ 等核子组成的，说明 $\beta$ 衰变的电子是如何产生的。

（2）求 $a$、$b$ 之间的最大电势差 $U_m$，以及将 $a$、$b$ 短接时回路中的电流 $I_{短}$。

（3）在 $a$、$b$ 间接上负载时，两极上的电压为 $U$，通过负载的电流为 $I$。论证电流大小 $I$ 随电压 $U$ 变化的关系，并在图 20 中画出 $I$ 与 $U$ 关系的图线。

（4）若电源的电流保持恒定且与负载电阻无关，则可称之为恒流源。请分析负载电阻满足什么条件时该电源可视为恒流源。

（注意：解题过程中需要用到、但题目没有给出的物理量，要在解题中做必要的说明）

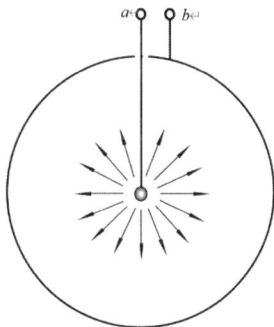

图19

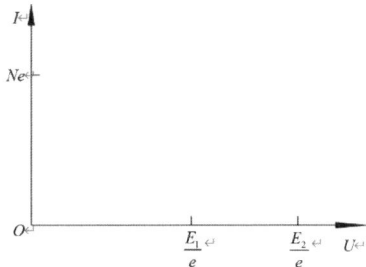

图20

分析与解：

（1）略。

（2）根据动能定理有 $-eU_m=0-E_2$

解得 $a$、$b$ 之间的最大电势差 $U_m=\dfrac{E_2}{e}$。

将 $a$、$b$ 短接时所有逸出电子都能由球心处的放射源到达球壳，故短路电流 $I_短=Ne$。

（3）①在 $0<eU\leqslant E1$ 时，即 $0<U\leqslant\dfrac{E_1}{e}$ 时，所有的电子都能够飞到球壳上，在单位时间内到达的电荷量为该电池可以供给的最大电流，此时 $I=Ne$。

②在 $E_1<eU<E_2$ 时，即 $\dfrac{E_1}{e}<U<\dfrac{E_2}{e}$ 时，只有动能 $E\geqslant eU$ 的电子才能落到球壳上，这些电子决定了通过负载的电流（其余电子将在球心与球壳间往复运动，不流过负载）。这些电子数与从放射性物质飞出的总电子数之比为 $\eta=\dfrac{E_2-eU}{E_2-E_1}$。

因为单位时间发射的电子是按照能量均匀分布的，所以这时通过负载的电流 $I'$ 为

$$I'=\eta Ne=\dfrac{E_2-eU}{E_2-E_1}Ne。$$

③在 $eU=E_2$ 即 $U=\dfrac{E_2}{e}$ 时，电子将无法到达球壳，此时通过负载的电流为零。

综合①②③的分析，可知 $I$ 随电压 $U$ 变化的伏安特性关系如答图 2 所示。

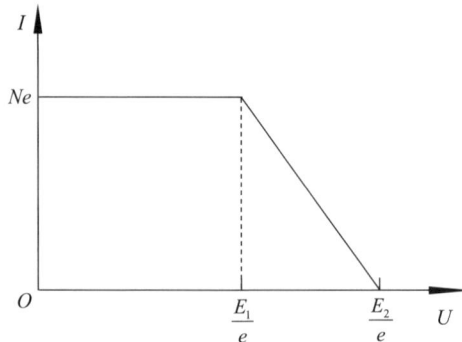

答图 2

（4）当 $0<U \leq \dfrac{E_1}{e}$ 时，所有的电子都能够飞到球壳上有

$$U=IR=NeR$$

解得当负载电阻满足 $0<R \leq \dfrac{E_1}{Ne^2}$ 时，该电池是恒流源。

【举一反三，深入讨论】有了前面磁流体电源以及光电池参数的深入讨论，放射性同位素电池就很好理解了。首先从能量角度看：放射性同位素电池工作时是将衰变产生的电子的动能转化为电能。已知单位时间内从放射性物质射出的电子数为 N，射出电子的动能范围是 $E_1$~$E_2$，既然存在最小动能，那么此电池就可能成为恒流源：当外电阻小于某个临界值时，端电压不够大，在

$0<eU \leq E_1$ 时，即 $0<U \leq \dfrac{E_1}{e}$ 时，所有的电子都能够飞到球壳上，既然具有最小动能的电子都能克服电场力做功到达球壳，其余电子均可到达。这样核电池就成为了恒流源。在单位时间内到达的电荷量为该电池可以供给的最大电流，

此时 $I=Ne$。此电源的参数就是恒流 $Ne$。在 $E_1<eU<E_2$ 时，即 $\dfrac{E_1}{e} <U< \dfrac{E_2}{e}$ 时，只有动能 $E \geq eU$ 的电子才能落到球壳上，这些电子决定了通过负载的电流（其余电子将在球心与球壳间往复运动，不流过负载）。此时，电源的电动势是恒定的参数，内阻只能是等效的，求解方法不再赘述。

教学中的电源指的是恒定电路中的电源，电动势是一个重要的参数，一个电源的电动势具有一定的数值，它与外电路的性质以及是否接通都没关系，反应电源中非静电力做功的本领的物理量。但是遇到恒流源我们也不能牢牢抓住电动势这个参数不放，而且也不能随意套用闭合电路欧姆定律，要根据新的特征进行分析和研究问题。也可以理解为恒流源的参数是恒流值，地位取代了恒压源中的电动势。本文以上讨论的内容主要是涉及磁流体发电达到饱和或者核电池衰变释放的电子具有一定的初速度所造成的恒流。在电子学中常用到的晶体管或五级电子管是恒流源的例子，能够实现输出电流在相当宽的范围内几乎不随外部负载电阻变化。这种恒流源更具有实用价值。

# "双减"助推地理学科课堂教学和课后作业分层设计与实施

马冠英

## 一、"双减"背景下，教师和学生面临的新挑战

地理课程引领学生认识人类的地球家园，地理课程贴近生活，关注自然与社会，具有很强的实践性，课程改革背景下，地理课程优化课程结构，活化课程内容，倡导以学生为中心的地理教学方式，发挥评价功能，促进学生学业进步和全面发展。双减背景下，地理课程发挥课上课下双杠杆，发挥教育教学长效机制，致力于为学生地理素养和学习能力提升搭建平台，助推学生学业水平综合抬升。

教师的教：在新时代教育更全面更均衡的发展，身在一线的教师成为改革前沿阵地的守卫者和亲身实践者。在一个实践周期内，应用有效的教育教学手段，依托教育改革浪潮的宏大推进力量，参与教育教学实践，扎根一线，在义务教育阶段地理教学全面改革背景下力争教育教学新硕果。

学生的学：双减背景下，学生面对学业发展和学业水平考试等实际情境问题，获得抓手，获取持续有效的学习方法和手段，向时间要效率，课上课下，课堂和课后双效平衡均衡行动。

教与学的结合：形成师生教与学交互的整体，脱离学的教缺乏针对性，脱离教的学难于拨冗。如何达到教和学的平衡，并且保持这种平衡的内在驱动力稳定长效，引发教师既要结合经验和经历实时发现问题解决问题，又要抛开既得经

验，在新的时代背景下，结合现有教学情境，不断寻找新的教学节点的突破口，动态调整，实时更新，在教育教学改革窗口期把握机会，获得发展。

## 二、"双减"背景下，关注课堂学生反馈，控制课堂容量，提质增效

作业量和学生校外培训负担的双减，释放的信号：回归课堂，聚焦课堂，关注学生在课堂的实际反馈。始终有把尺子衡量课堂教学的全面和一致性，关注学生群体的发展，关注学生的课堂状态，可以从几个方面进行把握：课堂提问了解学生对知识的反馈并覆盖全体学生，课堂板书体现整体教学思路和教学重难点，学生课堂落实效果，如课堂小测、课堂卡片式练习，学生课堂生成性问题。在初一起始年级，关注学生对地理学科兴趣的切入点，尽量做到以小见大，在课堂活动到课后活动设计中，抽离出核心知识和地理实践力的落地过程。基于学生个体特性和特点的分层教学势在必行，课堂提问有梯度，不同认知水平的学生在课堂上都有收获，给不同知识基础的学生课堂布置的练习适当有梯度，在时间上保证一定的弹性，有基础落实练习，有拓展提升练习，每个学生在现有基础上保持进步，每个学生有信心学习。

针对以上措施，教师的备课应考虑一个时间周期内整体的备课进度，注重课程结构的内在联系，以推进课堂教学有梯度地推进，并保证面向全体学生，知识点覆盖完整，扎实的双基知识落实。在给学生呈现教学内容之前，教师应全面而深入地把握知识结构，将块状而分散的知识聚合形成交互式有结构的知识体系，这样在课堂教学中，结合地理学科核心素养的落地，能够将有联系的成结构的、可迁移重应用的知识片段同整体的地理学科核心问题进行更为紧密的联系。

以初一上学期地理课堂教学内容为例，入手即进入知识的难点：地球的公转运动。教师要做到分解知识难点，在课堂集中突破。课前结合学生生活实际的情境设计：由九月开学至秋季学期结束，北京昼夜长短情况，昼夜长短是怎么变化的，其中哪一天昼最短夜最长。学生带着问题进入课堂学习，地球公转课堂落实三部曲：1.描述地球公转，落实地球公转的一般概念；2.利用地球仪和相关道具以至少两个同学为小组演示地球公转运动；3.结合课堂演示实验，说明地球公转的地理意义。

1.描述地球公转，落实地球公转的一般概念

用地球仪演示地球公转步骤：

①空手在桌面上画一个地球公转的椭圆轨道，中间放一个球体代表太阳，确定好二分二至日的位置；

②地球围绕太阳做自西向东地运动，称为地球的公转；

③面对地球仪，将地球仪底座紧贴桌面移动，从春分日开始轻轻、缓慢、匀速、持续地移向夏至日、秋分日、冬至日，再回到春分日；

④公转一周为一年。因为公转，所以地球上有了昼夜长短的变化、四季和五带。

利用地球仪和相关道具以至少两个同学为一个小组演示地球公转运动。

| | |
|---|---|
| 学生讨论出演示时要特别注意事项 | ①地轴倾斜角度保持不变；②地轴北端应指向北极星方向，以学生为中心，手中地球仪地轴北端朝向自己右上方的方向；③从北极上空看，地球绕模拟太阳公转的方向应为逆时针 |

比较二分二至日太阳光照示意图，判断二分二至日北半球昼夜长短情况，说明地球公转的地理意义，学生理解四季和五带的划分。

结合课堂学习进行课后练习和课后拓展。学生录制演示地球公转的视频，注意语言表达的规范性。

以下为同学演示的地球绕太阳公转的模拟过程

| 春分：太阳直射赤道，全球昼夜平分 | 夏至：太阳直射北回归线，北半球昼长夜短 |
|---|---|
| | |
| 秋分：太阳直射赤道，全球昼夜平分 | 冬至：太阳直射南回归线，北半球昼短夜长 |
| | |

以上的课堂设计和学生课堂活动开展是有梯度渐进式的，从课上到课下的课程延续符合学生由现象感知到知识理解的完整过程。

以上学习过程活化了课程内容，更加关注学生的认知发展和学习要求，将地理实践力较好地融入地理课程，形成了地理实践力落地课堂的基本步骤。学生积累了一定的学习经验，关心并乐于探究地理学习中的核心问题。

课后习题：结合基础主干知识，有针对性的，符合学生知识容量和难度的经典习题。

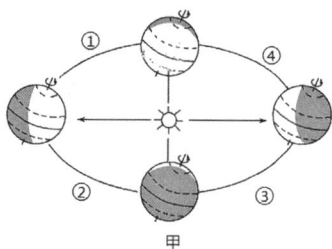

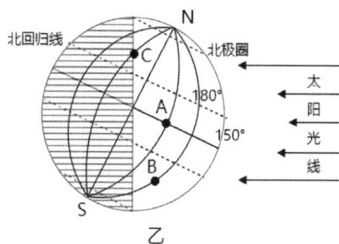

甲

乙

（1）读图甲，地球公转的方向是 _____，请在图中标出。元旦节这一天，地球运行至图中 _____ 段，此时我国的昼夜长短情况是 _____。

（2）图乙所示时刻，北半球正处于 _____（填节气），太阳直射的纬线是 _____，北极圈及其以北地区出现 _____（选填"极昼、极夜"）现象。

此时，回顾地球公转新课程引入时设计的问题：由九月开学至秋季学期结束，北京昼夜长短情况，昼夜长短是怎么变化的，其中哪一天昼最短夜最长。学生能够自主完成问题回答：九月一日开学至秋分日，北京昼长夜短，秋分日昼夜等长。由秋分至秋季学期结束，北京昼短夜长。冬至日北京昼最短夜最长。

通过教学内容有梯度有层次设计，学生对地球公转这一知识点达成基本理解。课堂容量丰富，活动鲜活，学生认知充分，掌握基础知识扎实。

对学生的评价可以是多维度的：知识的掌握情况、实践活动的完成情况、学具的准备情况、课堂的参与与互动情况，启发学生在评价过程中发现自身学习的亮点和优点，并形成自我改进的学习活力，引导学生正确认识学习和自身能力发展之间的关系。

# 三、"双减"背景下，作业设计有层次，保持作业反馈开放性和包容性

作业设计灵活适量，注重课程内容衔接的作业体量。作业的形式和内容必然是多样性的，丰富而富于层次的。学生也可以自主追寻有知识容量有思维架构的拓展作业甚而形成学习主题和课题。教师可以尝试基于单元学习或课程整体学习的地理作业设计和布置，如八年级上《世界的海洋和陆地》第一节《海洋和陆地的分布》，海陆分布就是一个核心地理知识，将这一核心概念作为一条线索贯穿整个单元乃至整本教材及初中地理学习和复习环节。

在整个八上地理书各章节作业布置中设计与海陆分布核心知识有关的连贯性作业如：

| | |
|---|---|
| 海洋和陆地的分布一节： | 如何理解海洋和陆地，说出海洋和陆地的区别，总结世界海陆分布的特点。 |
| 海洋和陆地的变迁一节： | 如何用板块构造学说解释世界海陆分布的变化。 |
| 世界气温与降水的分布和变化一节： | 如何分析海陆分布因素对世界气温和降水空间分布的影响。 |
| 世界主要的气候类型一节： | 在描述世界主要气候分布时，如何描述某种气候的海陆分布（位置）特点。 |
| 世界人口和人种一节： | 在概括世界人口分布规律——"北半球中低纬度沿海平原地区"，哪个关键词对应海陆分布（位置）特点。 |

基于大单元教学设计系统备课并布置作业带来的优势是作业量可以有效控制，减少重复的机械性的作业和练习，提升学生的学习兴趣和探究欲，提升学生地理综合思维的完整性，强化了知识间的内在联系，交互式的思维训练于无声处搭建学生的思维结构，在过程中要同时关注学生思维张力的深度广度和笔头落实扎实程度的匹配性，不能因为提升思维而牺牲笔头落实的稳定性和语言表达的完整性，这就要求教师对作业数量和作业质量进行记录和追踪，强化作业批改质量，全批全改、面批面改、细批细改，并进行量化评价，定期对作业落实情况进行文字总结和反思，不断积累宝贵经验，推行更有力有效的作业布置和设计方法，整合备课组备课进度和节奏，作业布置有一定开放性，及时将作业落实情况与学生进行交流和反馈，并注重在辅导过程中发现同源性问题并及时解决，形成作业布置、落实、反馈、提升、交互的闭环学习。注重对作业的过程性评价和反思。

拓展性作业和实践性作业也需要同步跟进，这部分作业设计应具有一定的

开放性，给学生的学习和思维留下更大的发展空间。

以海陆分布为基础的拓展性和实践性作业在设计上是具有一定挑战性的，基础的实践性作业可以指导学生绘制世界海陆分布示意图。以下是学生中比较有代表性的作业：

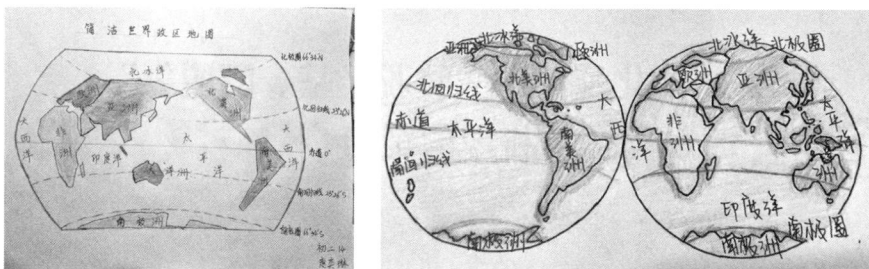

拓展性作业，以某大洲为例，说明海陆分布对该大洲气候的影响；以某一国家为例，说明该国所处海陆位置对该国家交通运输方式选择的影响。这类作业应具备一定的知识弹性，可以是以某一主题为切入点，如交通，可以以"一带一路"倡议下我国与欧洲各国之间交通运输方式和交通运输的宏观发展为主题进行研究；也可以是一个较大的探究式问题，如海陆分布对气候产生的影响。主题式和探究式的作业设计无异于对学生的认知结构和认知层次提出了挑战，给学生提供更宽广的作业选择空间，开放性与包容性并存的作业设计促使学生的思维链拓宽拓深，学生可以依托于地理学习丰富自身的内在学习精神，这一过程不断激发学生的实践创新力。整体实施过程需要教师针对个性化和开放性的作业对学生有前期、中期和后期成果的指导和追踪，也要配套地为学生提供展示作业成果的周期和平台。

课堂教学与作业反馈是课上与课下的组合，多元化的教学实践，打开教学新思路，为学生搭建富有层次的学习阶梯。

从做多到讲透学透，教师与学生的双向交互，双减背景下学生和教师都将面临新挑战新机遇，作为教师，把握全局，有的放矢，前路漫漫，吾将上下求索。

# 关于酯化反应中"酸脱羟基、醇脱氢"机理的疑问

郭志强　王红轩　黄素兰

乙酸和乙醇的酯化反应是中学教材中重要的基础反应，因为参与反应的羧酸和醇中均含有羟基，反应中脱去的水分子中氧原子的来源是一个难点。人教版《普通高中教科书化学选择性必修 3 有机化学基础》第 74 页提到："使用同位素示踪法，证实乙酸与乙醇的酯化反应是乙酸分子中羧基的羟基与乙醇分子中羟基的氢原子结合成水，其余部分相互结合成酯。"据此中学教师总结出酯化反应的断键口诀为"酸脱羟基、醇脱氢"，方便同学记忆和理解。但笔者认为，酯化反应的情况比较复杂，断键方式与酸和醇的结构等因素有很大的关系，如果仅以"酸脱羟基、醇脱氢"来简单粗暴地进行记忆，并不利于学生对酯化反应复杂性的认识和理解，甚至很可能出现错误，故在此对酯化反应的机理进行梳理。

酯化反应常见的机理有加成—消除机理、碳正离子机理、酰基正离子机理三种，下面进行具体说明。

## 一、加成—消除机理

酯化反应最常见的机理是加成—消除机理，具体机理见图 1。

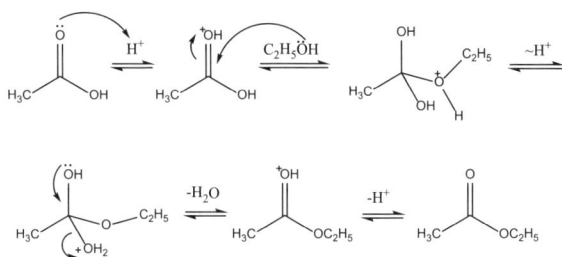

图 1　乙酸与乙醇的酯化反应机理

从图 1 的反应机理可知，乙酸和乙醇的酯化反应不是一步完成的，它要经过质子化、加成、消去和去质子四个步骤。第一步，由于羰基氧原子的电负性较大，在酸性环境中易与溶液中的氢离子结合发生质子化。第二步，由于质子化的羰基具有更大的极性，使得羰基碳原子的电子云密度降低，正电性更突出，容易受到醇羟基氧原子孤对电子的亲核进攻，发生加成反应，形成一个四面体中间体。第三步，具有两个羟基的活性中间体发生质子转移，然后消除水。第四步再消除质子，得到乙酸乙酯。

大多数的酯化反应都是按照上述的机理实现，总的结果是亲核试剂（醇）置换了羧酸羰基碳上的羟基，所以称此类反应为酰基碳上的亲核取代，这也是中学老师"酸脱羟基、醇脱氢"口诀的由来。但从机理中也要认识到，脱去的水分子中，氧原子确实来自羧酸，但由于羧酸中的羰基氧原子在加成那一步也变成羟基，在四面体中间体中，这两个羟基无法区分，所以在消去脱水那一步中，水中的氧原子可以确认来自羧酸，但具体是羧酸中羟基氧原子还是羰基氧原子，无法得知，如果同位素示踪原子标记到羧酸的羰基氧上，则在产物水中也会检测到示踪原子，所以"酸脱羟基、醇脱氢"的描述就有些不妥。

## 二、碳正离子机理

当三级醇［醇羟基的 $\alpha$ 位碳上连接 3 个烃基，比如（$CH_3$）$_3COH$］与羧酸发生酯化反应时，由于三级醇的体积较大，空间位阻较大，很难与质子化的羧酸发生加成反应形成四面体中间体，故难以按照加成—消除机理实现酯化反应。这类酯化反应是通过碳正离子机理实现的，具体机理见图 2。

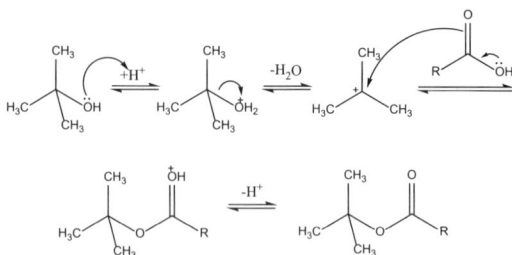

图2 叔丁醇与羧酸的酯化反应机理

三级醇首先质子化，然后脱水得到三级碳正离子，因为中心碳原子为 sp2 杂化，与相连的三个烃基碳原子处于同一平面，烃基的碳氢键能提供微弱的超共轭作用稳定碳正离子，所以该碳正离子相对稳定，随后羧酸中羰基氧上的电子进攻碳正离子，再脱去质子得到对应的酯。

从图2的机理不难得出，这一类酯化反应脱去的水分子中，氧原子来自于醇羟基，而羧酸在反应中仅仅是失去了氢原子，应该是"醇脱羟基、酸脱氢"，所以"酸脱羟基、醇脱氢"的描述出现了科学性的错误。

## 三、酰基正离子机理

对于一些特殊的羧酸如 2，4，6- 三甲基苯甲酸的酯化反应就更特殊了。因为 2，4，6- 三甲基苯甲酸的空间位阻较大，醇分子很难接近羧酸的羰基，所以难以按照加成—消除机理发生酯化反应。而是通过酰基正离子机理实现的反应，具体机理见图3。

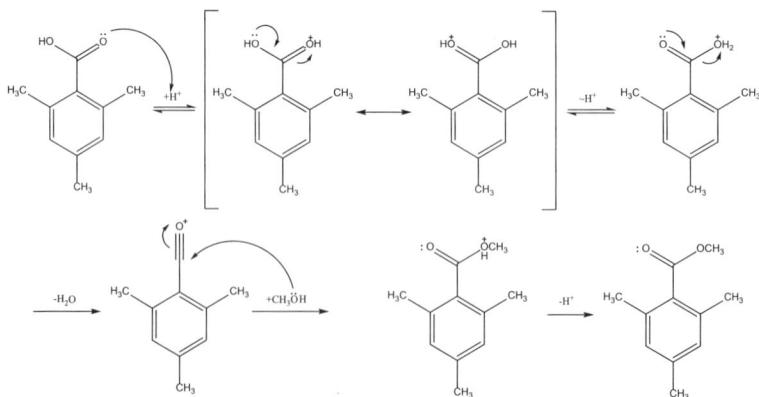

图3 2，4，6- 三甲基苯甲酸与甲醇的酯化反应机理

羧酸羰基氧首先在硫酸中发生羟基质子化，得到两个完全等价的羟基，随后通过氢离子转移并脱水形成酰基碳正离子中间体。在这里酰基碳正离子稳定的原因是因为该碳是 sp 杂化的，为直线形结构，能够与苯环共平面，所以该碳正离子能通过与苯环的共轭作用而被稳定。然后将其加入相应的醇中，醇羟基氧原子的孤对电子亲核进攻酰基碳正离子，再脱去质子即可得到相应的酯。

从图 3 机理中得出，反应脱去水分子的那一步中，水中的氧原子虽可确认来自羧酸，但具体是羧酸中羟基氧原子还是羰基氧原子，依然无法得知，所以"酸脱羟基、醇脱氢"的描述依然不妥。

# 四、结束语

从以上的分析可以看出，酯化反应常见的三种机理中，"酸脱羟基、醇脱氢"的这种描述均不妥当，甚至对于部分酯化反应来说还存在科学性的问题，教材对这部分内容的描述也不是很严谨，故笔者不建议只是因为要便于记忆而教给学生一个不严谨甚至是错误的结论，而要教给学生能根据所学的知识再结合具体情境下的信息，来解决对应的实际问题。

无论是有机新教材的编写还是新高考有机题目的命制，都在有意识地引导能从机理的角度去认识有机反应的本质。在日常教学中，笔者建议，能从键的极性角度进行突破，引导学生认识部分官能团的转化机理，从电性作用的角度了解甚至认识常见的有机反应，构建相应的思维模型，这样不仅有助于学生理解有机反应，提升学科思维的穿透力，更能为有机合成铺设一条系统和全面的思维路径，提升学生的化学知识结构化水平，发展化学学科核心素养。

# 高中英语单元整体教学设计策略探究与实践

## ——以新人教版教材选择性必修第三册第二单元为例

罗　君

新课标颁布以来，教师在教学中对教材的使用比起早年间有了很大的进步。教师基本不再照本宣科，而是根据学生学情和课时等对教材内容进行删减和补充，完成对教材的整合利用。但实际上，这并不是真正高效的整合。一方面因为在耗费了大量的心力删减和补充后得到的单元教学材料语篇之间的水平和质量往往不匹配；另一方面对教学材料不进行有机整合而实施的教学还是基于单个语篇内容的碎片化教学，"换汤"没"换药"。因此，学生在学完一个单元后，往往不能建构结构化的知识体系，也不能对单元主题产生深刻的认识，无论是学生的能力还是素养都得不到很好的发展。单元整体教学设计的实施在这样背景下显得尤为重要。

## 一、单元整体教学的概念与意义

现行教材中的各单元不是一个主题下的数篇课文的简单集合，而是一个完整的学习事件或学习故事（崔允漷，2019），是一个包括目标、内容、过程和评价的学习单元（汤青，2018）。单元整体教学设计是以单元为基础，以单元主题意义为导向，对教学内容、教学目标、教学活动和教学效果评价的整体化设计（胡润、陈新忠，2020）。

单元整体教学设计帮助教师从整体的视角审视整个单元教学内容的育人价值和意义；帮助教师充分考虑各部分教学内容之间的关联基础上统筹制定单元教学目标；帮助教师根据意义建构的逻辑和语言习得的规律整体设计学习活

动；帮助教师从单元整体角度评价单元学习效果，不断改进教学；帮助教师形成整体化的教学思维，提升课堂教学的实际效率。

## 二、单元整体设计的策略

单元整体教学设计是一个整体设计、统筹安排的过程；是按一定的逻辑充分分析课标、教材和学情的基础上，明确单元主题、确立单元目标、整合单元内容、设计单元学习活动、制定单元评价标准的过程。

本文以新人教版选择性必修第三册 Unit2 Healthy Lifestyle 为例，探究单元整体教学策略。

### （一）分析语篇，找出关联，明确单元主题

发现各语篇之间的关联，是形成结构化整体的途径。英语教学应该围绕主题和语境设计教学目标、教学内容和教学活动（程晓棠，2018）。在进行单元整体教学设计时，教师首先要分析各部分内容所传递的意义，发现其间的关联，并分析单元内容对学生成长的价值和意义，进而明确单元的课程价值和主题意义。

本单元的教学内容共包含 6 个语篇，其中前 4 个语篇来自教材主体，后 2 个语篇来自教材 Workbook 部分。具体内容如下表所示：

| 篇目 | 标题 | 语篇类型 | 主要内容 | 语篇主题 |
|------|------|----------|----------|----------|
| 1 | Habits for a Healthy Lifestyle | 阅读（说明） | 健康生活的习惯 | 认识习惯 |
| 2 | Breaking and Building Habits | 听力（讲座问答） | 习惯的破与立 | 认识习惯、应对问题（行为态度） |
| 3 | Letters to the Editor | 阅读（书信） | 改变习惯的个人经历 | 认识习惯、应对问题（行为态度） |
| 4 | Did Laughter Evolve to Make Us Healthy? | 视频（专题讨论） | 大笑如何对人类身心健康产生作用 | 认识习惯 |
| 5 | Stress Management | 听力（演讲） | 如何应对压力 | 认识习惯、应对问题（行为态度） |
| 6 | My Experiences with Computer Games | 阅读（记叙） | 青少年电脑游戏上瘾脱瘾的个人经历 | 认识习惯、应对问题（行为态度） |

可见，本单元所有语篇都围绕生活习惯和生活方式展开，探讨了如何改变不良生活习惯、养成良好生活习惯，如何面对压力保持身心健康，及如何利用

"习惯循环"这一理论解决生活方式中存在的问题,等等。

### (二)围绕主题,统筹整合单元教学内容

单元是承载主题意义的基本单位(教育部,2018),单元主题关联和统领着各部分内容。教师围绕单元主题,根据学生认知水平与发展需要,对教学内容进行整合和重构,使学生能在尊重语言习得规律的学习过程中,不断加深对主题的认识与理解。

本单元在整合内容时,围绕生活习惯和生活方式这一主题,综合考虑意义建构、语言习得等因素,整合本单元内容如下:

| 篇目 | 主要内容 | 语篇主题 |
| --- | --- | --- |
| 1 | 健康生活的习惯 | 认识习惯:初步了解什么是习惯循环、如何利用习惯循环原理培养良好习惯。 |
| 2 | 习惯的破与立 | 认识习惯、应对问题(行为态度):从医生就习惯的破与立向学生提出建议进一步认识习惯和如何利用习惯原理培养良好习惯。 |
| 3 | 改变习惯的个人经历 | 认识习惯、应对问题(行为态度):从夏令营员个人经历中学习如何改变习惯改进生活方式。 |
| 4 | 大笑如何对人身心健康产生作用 | 认识习惯:通过人们关于大笑如何对人类身心健康产生积极作用的讨论学习深入认识习惯。 |
| 5 | 如何应对压力 | 认识习惯、应对问题(行为态度):获取中学生如何用良好的行为习惯有效地应对压力的方法 |
| 6 | 青少年电脑游戏上瘾脱瘾的个人经历 | 认识习惯、应对问题(行为态度):获取青少年如何应对游戏瘾的个人经历和方法 |

通过对本单元各语篇内容的梳理,学生会发现:现实生活中谁都会面对令人不堪其扰的健康问题,究其原因,往往是不好的习惯导致的。习惯的形成和运转遵循一定的规律,好好利用"习惯循环"理论,发现问题的关键、调整改变自己的行为,我们就能改变坏习惯培养好习惯从而解决问题,享受健康生活带来的快乐。

据此,我们可将语篇分成 3 个小的学习单元。让学生在初步了解习惯形成和打破的原理的基础上,通过该原理在实际生活中的运用的案例,加深对习惯循环理论的认识,并学会运用该理论改正改进行为,成为更好的自己。具体如下表所示:

| 小单元 | 主题与任务 | 产出成果 | 内容与课时 |
|---|---|---|---|
| 1 | 引入话题+<br>了解习惯<br>（学习理论） | mind<br>map | Habits for a Healthy Lifestyle (2.5-3课时)<br>热身+阅读 |
| 2 | 如何改变/养成习惯形成<br>健康生活方式<br>（理论指导实践<br>——专家视角） | 建议<br>（口头） | • Breaking and Building Habits （听力）（1课时）<br><br>• Stress Management （听力选做/课后作业）<br><br>• Did Laughter Evolve to Make Us Healthy?<br>（视频课上选作/课后自主作业） |
| 3 | 如何改变坏习惯<br>（理论指导实践<br>——同龄人/自我视角） | 计划<br>（书信） | • Letters to the Editor （阅读+写作）（2课时）<br><br>• My Experiences with Computer Games （阅读，课后作业） |

### （三）基于新课标从主题出发设立单元目标

单元教学目标是学生在完成本单元学习或应达到的标准和要求，涉及"学什么"和"学到什么程度"。围绕单元主题设计目标，能解决"学什么"的问题；依照新课标设计目标，能解决"学到什么程度"的问题。为了促进核心素养的形成，教师要在英语学习活动观的指导下确立目标，使之具有层次性和渐进性，且涵盖对学生语言能力、文化意识、思维品质和学习能力四个方面的培养。

Healthy Lifestyle 这一单元的教学目标如下：

用"习惯循环"这一理论去分析反思他人和自己生活习惯，找出坏习惯一系列行为中可改变的关键点；

用合适的语言向他人和自己提出如何通过改变关键行为从而改掉坏习惯的建议；

学生通过主要学习本单元语篇1、2、3和选择性地利用语篇4、5、6，能够把学习和生活紧密相连，利用所学帮助他人和自己成为能够更好地面对压力、拥有更加健康的生活方式的更好的人。

### （四）从目标出发，设计单元学习活动

小单元1：（热身 + 阅读与思考 2 节课涉及语篇 1）

内容与目的：引入话题发现问题布置任务。

（1）热身

通过列举谈论人们生活中的坏习惯和坏习惯带来的问题，达成应该改掉

坏习惯的共识，并确定自己最想改变的坏习惯，把单元学习和学生生活紧密联系起来，激发学生学习整个单元的兴趣，也做一些语言词汇铺垫 tobacco，cigarette，alcohol，drug，abuse，addict，dominate，psychology，discipline，routine 等；

通过师生分享尝试改变习惯的经历，达成"习惯难以改变但是可以改变"的共识，为后续学习提供动力；

（2）阅读与思考

通过阅读，理解"习惯循环"理论，学习如何利用该理论分析习惯，为学生利用所学分析、改变自己的坏习惯，解决生活中的真问题提供理论支撑。

产出：Mind map

小单元2：[听说1节课语篇2+workbook 语篇4（家庭作业）+video time 语篇6（精英班选学，其他班不学）]

内容与目的：

从专家建议中学习如何改掉坏习惯、培养好习惯，享受更加轻松健康的生活。

通过听医生与学生之间的对话，学生能够用恰当的语言表述自己生活中的问题（坏习惯）并寻求建议；

说出利用"习惯循环理论"对某坏习惯的分析，指出该坏习惯的触发点；

建议如何通过改变某具体行为而改掉坏习惯。

通过听演讲，学生能够：说出无益于缓解压力的坏习惯；列出有助于减压的好习惯的具体做法；意识到人人都有压力，只要培养好的习惯，用合适的方法应对压力，就能享受更轻松健康的校园生活。

产出：1）对话

2）A developed mind map

语篇4（workbook 上的听说）作为课下作业，补充如何克服不良习惯、培养健康的生活方式的知识和语言；语篇6是选用语篇，精英班课上使用，拓展学生对健康生活方式的认知。其他班级可不用。

小单元3：（阅读写作2节课语篇3+workbook 语篇5）

内容与目的：

从同龄人的经历中加深理解"习惯循环"，学习如何改掉坏习惯、培养好习惯，享受更加健康的生活。

通过阅读青少年写给编辑的两封信，学生能够从同龄人的成功案例：

加深青少年如何以"习惯循环"理论为据改变习惯解决生活中的问题；

用书信的方式向他人分享自己：

a. 如何利用"习惯循环"理论分析并改变坏习惯的个人经历，或者 b. 如何利用"习惯循环"改变自己的坏习惯的个人计划。

产出：A letter（to the Editor）

通过阅读 workbook 语篇 5，学生能够从同龄人的经历中：

了解电脑游戏上瘾带来的危害；

知晓运动和真正的社交能帮助青少年戒除电脑游戏瘾，更好地享受游戏；

理解青少年自己的行为是享受平衡健康生活的关键，自己是自己生活的主宰。

单元产出：Presentation

Change for a healthier lifestyle and a better self

以目标为参照，制定评价标准。

课堂教学过程是师生双方对教和学的行为和成效进行反思、调整和改进的过程，评价伴随课堂教学全过程（王蔷，2019）。完成整个单元学习之后，学生能否达成单元整体学习的目标，取决于每个学习活动目标的完成。教师随时评价学生的学习活动，以评促教、以评促学。针对 Healthy Lifestyle 这一单元总目标和各小单元的小目标，教师可设计以下评价量规，通过评价单元产出，评价本单元的学习效果。

Use the checklist to give feedback on your classmates' presentation.

Does the presentation show what change will be made? （0，1，2，3，4，5）

Does the presentation make it clear why changes should be made? （0，1，2，3，4，5）

Does the presentation explain how habit may change? （0，1，2，3，4，5）

Is there anthing used to make the presentation clear? （PPT, mind map, leaflet, poster…）（0，1，2，3，4，5）

Is the presentation complete and well-organized? （0，1，2，3，4，5）

单元产出 presentation 评价从内容、语言、逻辑等方面进行量规表述，帮助师生对照评价指标进行评价、反思，发现问题，改进教学和学习方式，达到提升单元学习效果的目的。

总之，教师不断尝试从整体着眼设计单元教学，有利于学生习得语言、建构意义、深化对主题的认知，有利于学生英语学科核心素养的形成。

# 点亮眼睛　润泽心灵

## ——生活中的书法之美

王守勇

人类的经验和知识来自生活和生产实践经验的总结，是人们汲取新知识的基础。中学生学习经验的获得也应基于这个认知。

《义务教育艺术课程课程标准（2022 年版）》在"课程理念"部分第 3 条"突出课程综合"提出："注重艺术与自然、生活、社会、科技的关联，汲取丰富的审美教育元素……"

《义务教育艺术课程课程标准（2022 年版）》在"课程目标"部分第 2 条"总目标"提出："通过义务教育艺术课程的学习，学生应达到以下目标：感知、发现、体验和欣赏艺术美、自然美、生活美、社会美，提升审美感知能力。"

在"课程理念"和"课程目标"中，都提到了艺术教育要来源于生活，从而提升学生的审美感知能力。

作为传统文化之一的书法艺术，它有着源远流长的历史，有着深厚的文化内涵，是我们中华民族永远值得自豪的艺术瑰宝，孕育了中国人的审美情趣和精神气象。所以，在书法课程的设计中，更要注重引导学生学会在生活中发现书法之美，从而感知书法之美。

## 一、点亮眼睛，发现生活中的书法之美

宗白华先生在《中国书法里的美学思想书林藻鉴》提道："……中国人这支笔，开始于一画，界破了虚实，留下了笔迹，既流出人心之美，也流出万象之美。"

书法之美不仅来自历史上经典的书法作品，还来自书法在我们日常生活中的应用。在教学中，可以采用这样的作业设计：带着发现美的眼睛，在你上学的路上、家庭的周围，将你喜欢的书法照片拍摄下来，记录建筑或场景名称、馈赠对象和作者等相关信息，并判断它使用的是哪种书法字体。从而引导学生在书法的不同应用场景中，发现生活中无处不在的书法艺术，并将所学书法知识与生活中的书法应用元素结合，去欣赏和感知书法之美，去理解书法艺术在当今社会的传承性。

北京，历史悠久，文化灿烂，是首批国家历史文化名城、中国四大古都之一和世界上拥有世界文化遗产数最多的城市。作为人文荟萃、文化发达的"首善之区"，孕育了故宫、天坛、八达岭长城、颐和园等众多名胜古迹。

1925 年故宫博物院成立之初，需要重新书写匾额昭示国人，门洞上镶嵌的"故宫博物院"（图 1）青石匾额，由李煜瀛（1881—1973）楷书题写。李煜瀛楷书题写的"故宫博物院"，笔笔到位，遒劲有力；从整体上看，浑然一体，自成一家，将颜真卿《颜家庙碑》（图 2）的雄浑博大的气象，表现得淋漓尽致。

"古都文化"独有的文化遗存，代表了城市历史的深厚积淀、文化脉络的传承和城市文化记忆的提炼浓缩。我们在欣赏生活中的书法与古代经典碑帖的传承性的同时，就能感悟到我们民族的审美情趣和文化特色。

图 1　李煜瀛题"故宫博物院"匾额

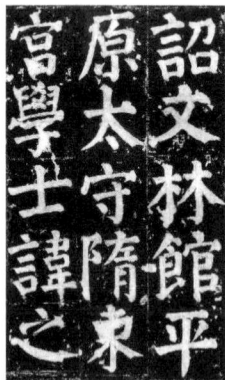

图 2　颜真卿《颜家庙碑》

## 二、润泽心灵，感知生活中的书法之美

书法的学习不仅仅是"学以致用"，还需要"以用促学"，了解和认知书法是如何在生活中应用的，理解书法独特的审美意义和价值，以及其中蕴含的中国传统文化精神和智慧。

在发现、感受和认识生活中的书法之美的基础上，如何理解不同字体在应用功能和审美情趣上有哪些不同特点？北京市2021年中考语文试卷（图3）给出了欣赏和评述的样例。

> 2021年，北京中轴线申请世界文化遗产工作进入关键阶段，已确定了包括天安门、正阳门、天坛在内的14个遗产点。学校组织了"中轴线上多彩明珠"展示活动，你所在班级负责制作宣传正阳门的短片。
> 1. 短片第一部分，介绍正阳门在历史上的重要功用。下面是同学们找到的一则材料。
> 正阳门曾是国家的礼仪之门。作为明清两代都城的正门，正阳门在京师诸门中规制最高。帝每年去天坛祭天和到先农坛亲耕，都要通过正阳门。所谓"正阳门走龙车"，就是指此门只供帝出入。
> 正阳门还曾是京师镇钥。当时的正阳门包括城楼、箭楼、瓮城、闸楼，它们形成了严密的军事防御系统：城楼供守城将领登高瞭望，指挥作战；箭楼在城楼正前方，开有箭窗，用于防御、射击；瓮城将城楼与箭楼连为一体，形成对城门的保护；闸楼则建于瓮城之上，其门洞上方的千斤闸重约1990公斤，在敌军进犯时可起到重要防御作用。
> （1）短片第一部分要从以下两幅字中选择一幅作片头，来体现正阳门的特点。请你选择并说明理由。（2分）
>
> 【甲】　　　【乙】
>
> 选择：＿＿＿＿＿＿＿
> 理由：＿＿＿＿＿＿＿

图3　北京市2021年中考语文试卷

本题选择了正阳门作为书法应用的场景，学生需要运用所学书法知识，对正阳门在历史上的重要功用的应用场景的相关资料进行分析、思考，对所要选择的书法字体进行应用功能进行判断，并要在选择理由中表述字体的审美情趣内涵。从生活中的书法实例出发，不仅考核了学生的文化理解和审美感知能力，还考核了语文学科的语言运用能力。

不同书法字体有着不同的应用场景，可以将北京市2021年中考语文试卷进行拓展（图4）。篆书古朴肃穆，隶书方整典雅，楷书端庄工稳，在历史上同属规范字体，都适用于庙堂、建筑、管办机构等庄重场合。其中篆书和隶书因

历史悠久，更具古朴厚重感。

**思考1：** 短片第一部分要从以下五幅字中选择一幅作片头，来体现正阳门的特点。请你选择并说明理由，不选择的也说明理由。

【A】

【B】

【C】

【D】

【E】

图4 拓展试题

我们接着可以把目光投向校园。著名教育家、书法家欧阳中石先生题写的"北京一七一中学"校名（图5），兼真兼行，妍婉秀美，潇洒俊逸，与学校"健全的人格、优雅的行为、坚实的基础、出色的智慧"培育学生的总目标内涵一致。校园内水池的假山上题写的"仁者近山，智者若水"（图6），兼真兼行，与山水交相辉映。

图5 北京一七一中学校名题字　　　图6 校园内的假山水池

书法，以其特有的韵律、节奏体现美感，谓为"有形的舞蹈"。随着时代的发展，书法也慢慢走向多领域的延伸。传统书法字体的使用，无论是作为信息传递的载体还是视觉语言符号，都能给观者带来古韵雅致的视觉感。

2021年《只此青绿》舞蹈进入大众视野，以古典文学的叙事方式、传统艺术的当代表达、意念的流动构建起全剧的精神世界，通过人物的虚实交错、情感的古今交融，将悠远绵长的传统文化意象，赋予了无限的生命力和想象力。"如果观众能从《只此青绿》中感受到中华文化的博大精深，燃起对传统文化的热爱，我们的辛苦也就值了。"编剧徐珺蕊说。

可以在教学设计中，设计跨学科问题情境：假如请你为《只此青绿》的舞蹈视频配上片头文字，你将会采用哪种字体？并说明选择理由。并展示书家题写的《只此青绿》片头文字，以书法的"形"和舞蹈的"形"之间的关系，加强书法学科和其他艺术的联系与融合，更好地引导学生建立书法与舞蹈之间的审美联系理解，从而提升审美感知能力。《只此青绿》的舞姿优雅独特，动作"古、悠、慢、妙、美"，节奏有动有静，和行书笔画的节奏美、笔势的灵动美、流动自如的气韵美相得益彰。

图7　《只此青绿》舞蹈的片头文字

文字在电影海报设计中的重要应用元素。传统书法字体的应用赋予了海报设计独特的艺术韵味和设计风格，可以创造出强烈的视觉效果，升华电影的主题。

2019年，时值新中国成立70周年庆典。《我和我的祖国》系列电影上映，以时间轴为导向，七位导演分别取材新中国成立70周年以来某个时间点的经典故事为创作背景，《前夜》《相遇》《夺冠》《回归》《北京你好》《白昼流星》《护航》。这些故事讲述了普通人与国家息息相关密不可分的动人故事，也讲述了中国70年来的风风雨雨。每一个故事都让人印象深刻，激起我们的爱国之心。

《我和我的祖国》的电影海报（图8）选用了东晋《爨宝子碑》（图9）作为书法字体进行了艺术化的表达。

图8 《我和我的祖国》电影海报

图9 东晋《爨宝子碑》

东晋《爨宝子碑》署年为东晋义熙元年（公元405年），属隶变时期的作品。康有为评其："宝子碑端朴，若古佛之容"，又云"朴厚古茂，奇态百出……皆在隶楷之间。"选用这种书法字体，既有楷书的端庄凝重，又有隶书的古厚俊逸。深化了庄重宏大的主题；文字的颜色创新选用了红色，表达着"我热爱我的祖国"的热血和忠贞；同时通过精心的布局设计，充分利用空间，改变字的大小、移动字的位置，使这六个字紧密地结合在一起，形成一个整体，与电影的"我和我的祖国，命运相连，永远在一起"主题交相呼应。整个海报的文字设计注重了书法艺术的情感性和传承性，与浓厚的现代情趣相结合，体现出独有的中华民族文化特色。

## 三、结语

书法的审美感知和文化底蕴的培养和提升，不仅仅来自历史上的传统碑帖鉴赏，还可以关注于当代社会生活中的各个领域。艺术来源于生活，从生活中提取书法教育教学素材，引导学生学以致用地感受美、欣赏美，从而表现美、创造美，以用促学、学用相长，才能充分发挥书法课程在培育学生审美和人文素养中的重要作用，落实《义务教育艺术课程课程标准（2022年版）》中提到的"坚持以美育人、以美化人、以美润心、以美培元"的课程目标。

# 感恩遇见

梁 英

2020 年，音乐组迎来了一位优秀而美丽的舞蹈老师——田静思佳。我们也开始了一段师徒缘分。

对于新入职的教师，教研组的风气与氛围非常重要。音乐组和谐、宽容、大气，充满正能量的团队风气，时刻感染着她。同时，思佳积极、勤奋、踏实、高效的工作态度也影响着组里的同事。

171 中学的艺术课怎么上，是她面临的第一个难题。从舞者变成教师，从舞台走向讲台，这个转变需要一个过程。开学刚刚一周，思佳就对我说："居然有学生不带舞鞋，有人身体不协调，孩子们没有舞蹈基础……"一系列的问题让她感到不可思议。我非常淡定地告诉她，这些很正常。因为你不能以专业院校的标准和你从小接受的专业训练模式去要求普通中学生。我们首先要明确中学艺术课的定位。思佳迅速调整着自己的课程与想法，很快适应了环境。她主动与学生交流，了解学生的现状，虚心向大家求教，组建起舞蹈团，孩子们喜欢这位美女老师，老师们也喜欢这位新同事。

新入职教师，工作两个月后就要上青年教师汇报课。这是大家对新教师的第一印象。艺术课，如果只停留在会唱会跳的阶段，那只是"技巧课"，而高级的艺术课应该讲文化。针对思佳的古典舞专业，我希望打造一节舞蹈与文学相融合的艺术课，在反复斟酌后，确定了《岁寒三友——舞蹈形象的捕捉与创作》这一课题，以《爱莲说》与教师的示范作为引导，优美而寓意深刻的莲花舞姿瞬间感染全场。然后通过绘画和诗文让学生感受松、竹、梅的形象与气节，把握形象最显著的特点，并进入松、竹、梅形象的动作学习。在已有的动作基础上，进行小组编创活动，以松竹梅的古诗词为背景，由外在形态到内在精神，逐渐加深对形象的整体把握，引导学生从具象的"形"到抽象的"意"，体验艺术形象的创作过程，借以植物形象来表达中国人的理想品格与精神境界。思佳的第一次公开课，颠覆了很多人心目中"音乐课就是简单唱跳"的旧观念，大家发现，171 的艺术课已融入了丰富的文化内涵。

第一年成功亮相，已经把她推到了很高的起点，第二年就要有突破。第二年的公开课，思佳在校园现代舞与敦煌古典舞之间犹豫不定，我坚决帮她选择了后者，并确定公开课的名字叫《舞动敦煌》。让飞天壁画活起来，是我们设计的思路。敦煌舞蹈形象风格特点突出，韵味十足，具有较强的文化符号性。本课程通过敦煌壁画中的乐舞形象，激发学生对舞姿动作的模仿与想象，在学习与创作中感受敦煌舞蹈的风格韵律，在多学科知识的交织与迁移中增强学生的艺术审美与实践能力。当时正赶上神州 13 号成功发射，这让我想到了"古人的飞天梦由现代人来实现"的主题。学生通过对艺术形象的学习与创作，完成了身体感知到精神领悟的审美体验过程，同时加强了自身对中华优秀传统艺术的文化自信。经过一年的磨炼，第二年的课，更完整、更成熟、更自如。艺术课融入爱国情怀，也使这节课的境界提升至了一个新高度。

每一次公开课，既是对青年教师的历练，也是对指导教师的考察。其实，每对师徒对公开课都是精心设计、反复打磨的。所有的师父都无私分享着自己多年的经验。在听课、备课的同时，关注细节，是我非常重视的，我一直相信"细节决定成败"。一节优秀、吸引人的艺术课，语言要精准而生动，设计要巧妙而独特，环节要有趣而惊喜。课堂环节确定后，我还要求她的教案要精美，甚至打印成册后的效果都应该是艺术的，让听课的人从拿到教学设计的一瞬间，就感受到艺术课的与众不同。当所有的细节都做到后，她呈现出来的，就一定是令人满意的效果。

两次公开课的成功，带给思佳极大的信心与动力。我的指导方式也由第一年的"逐字逐句备课"，转变为第二年的"课程环节把控"，给她更多自由发挥、自主设计的空间。即将到来的第三次公开课，是更大的挑战。我也在思考，如何帮助她更进一步。在她已有的基础上，把舞蹈课的思路继续拓宽，尊重她的个性，树立属于她的风格。第三次公开课，相当于我们师徒结对的三年成果汇报，我当然格外用心，希望能有完美的展示。提前两个月，我们已经开始筹备了。花木兰，是我确定的主题。我希望，思佳的这节课，能以舞蹈的形式，呈现木兰诗、呈现花木兰的不同性格，像一个舞台剧那样，有场景、有人物、有诗词、有创编。的确，这个难度太大了。也许，很多人会选择保守安全地上完最后一年青年教师汇报课，力求不出错、平平稳稳。但我更愿意与思佳一起尝试挑战，艺术，就是有很多的惊喜，有无数的可能，不试试，又怎么知道结果呢？一节"舞蹈与古诗词融合"的课程、一节"舞蹈与人物性格碰撞"的课程、一节"舞蹈与四个场景转换"的课程，难道不值得我们去"探险"吗？多有意思的艺术之旅！不必去想"几等奖"，不必去想"能否完美"，只要尽力做好每一个环节，勇于挑战自我，这本身就是成功。我对这节课非常期待，期待着我们俩共同打造的《英姿曼舞花木兰》。

除了教学工作，思佳还承担着教育处的工作，作为教学师父，我非常支持她在教育处的工作，在我看来，教育处繁杂的工作其实非常锻炼人，也给了思佳很多了解学校、接触学生的机会。由于工作与专业的原因，我常年协助教育处举办各种文艺活动，我觉得，艺术老师应该在丰富多彩的艺术活动中发挥自己的专业作用。因此，我会帮助思佳协调好教研组与教育处的工作，做到既不冲突、又相互助力。在教育处，她负责学校社团管理，有助于音乐组的各个社团开展活动，也锻炼了她的组织、统筹、沟通能力。从她的专业出发，做到"舞蹈课程—舞蹈课后530—舞蹈团"接续式发展。

我们之间除了师徒关系之外，还是默契十足合作伙伴，在学校各种大型活动、排练、拍摄的活动中，我都愿意与她合作。每次我接到紧急任务，都会与思佳一起高效高质、共渡难关。我们48小时之内完成了北京冬奥"一起向未来"手势舞拍摄任务；24小时之内完成了东城学子唱响东奥活动——北京市第一七一中学合唱团《希望之火》MV拍摄；带领教师合唱团排练及录音；与教育处的领导和老师们共同打造着每年精致的开学典礼。工作过程中，思佳事无巨细，井井有条，工作能力飞速提升。

两年的相处，我与思佳之间与其说是师徒，其实更是心灵相通的朋友。我们彼此信任、高度默契，共同分享喜怒哀乐。一句问候、一段倾诉、一个玩笑、一杯咖啡……都是暖暖的情谊。我非常感恩于这段缘分。师徒三年，我每年送给她一个词作为目标。第一年是"绽放"，无论教学工作还是教育处工作，她都精彩绽放，备受赏识。第二年是"突破"，从京教杯二等奖到区教学设计一等奖，从公开课特等奖到市级教育科研课题，一步步提升，不断超越自己。今年是第三年，我想送给她的词是"享受"——享受工作、享受生活、享受遇到的美好与挫折，因为这些都是人生的财富。以阳光而豁然之心面对一切。

学校的师徒结对，不仅使新入职教师迅速成长，也让我自己受益良多。在经验的传承中、在理念的更新中、在年轻的活力中，我们携手同行。

育
人
实
践

# 论如何提升班主任管理力

陈　述

引言：一个优秀班集体的背后是一位优秀的班主任；一位优秀班主任的背后是科学的管理思想和一以贯之的实践精神。本文将探究隐匿在优秀班班集体背后的班主任的智慧，希望从中获取经验一二，供正在或即将成为班主任的青年教师们参考使用。

## 一、目标明确　路径通达

通常一个学年之初，在学校的要求下，班主任都会写一份工作计划，计划中会囊括班级建设的学年目标或是学期目标。因优秀班集体的特质相同，所以各班集体建设的目标也总会有相似之处。不同在于，有的班级目标有实施路径；有的班级目标则是束之高阁，找不到触地的梯子。另一个不同之处在于，有的班级有阶段目标，循序渐进；有的班级目标则是平地起楼，看不见基石和水泥。

那么，什么样的班级目标能引领班集体成优呢？什么样的路径能助力目标达成呢？

### （一）阶段规划，绘出三年蓝图

罗马不是一日建成的，优秀的班集体需要日新月异。因此，三年宏伟蓝图需要阶段规划。在班级总目标的指引下确定每学年、每学期、每月，乃至每周的班级建设目标。总目标是灯塔，阶段目标是通往总目标的加油站，班主任是舵手，随着班集体这艘巨轮抵达一个个加油站，灯塔还还会远吗？！

当然，在班主任实际工作中，总会被一些突发事件占据时间和精力，这就需要我们厘清主要矛盾和次要矛盾的关系。如同我们在航行过程遇到求救，我们救人上船但航行的方向不能改变。正所谓，初心不变吧。我们绝不能因处理班级日常的突发事件而忘记了远方的加油站和灯塔。否则，我们的班集体恐怕就会只能成为一个班级，而非集体。

**（二）活动为桨，助力集体远航**

班级目标的实现不是通过班主任单方面的说教达成的，而是通过班主任所组织的系列主题育人活动实现的。最好的教育是引发人思考的教育，而引发人思考的教育则需要受教育主体的亲身参与与感受，因此，确定教育目标并以活动为载体实现目标是成就优秀班集体的有效路径。在这里，特别想说，体育活动永远是打造班级凝聚力的法宝！

# 二、永葆童心　坚持创新

**（一）永葆童心，乐当"孩子王"**

社会上对教师的一种说法是——"孩子王"，而班主任，作为学生在校接触时间最多的教师，当属"孩子王"之首。"孩子王"有"孩子王"的好处——年轻的心态。我们的职业决定了我们要一直"年轻"下去，我们要永葆一颗童心。永葆童心，多从学生视角看问题，你会看到一个完全不同的世界。

永葆童心的另外一个好处就是你会永远保持一颗好奇心、一颗探究心、一颗创造心。由此，你会与你的学生无限接近，了解他们的世界，并把自己带入他们的世界，从而生发出专属于你的班主任管理智慧，用他们所愿意接受的、乐意参与的、容易理解的内容及形式来组织班级活动或进行沟通。

**（二）坚持创新，热情与智慧并长**

班主任工作最怕因循守旧、墨守成规。要知道，一年有四季，四季皆不同；每日有清晨，清晨各玲珑。初任班主任工作，一切新鲜，亦步亦趋，慎始慎终。一轮下来，感觉自己对班主任工作已经熟悉了，便常以经验论事，甚至形成思维定式，面对新问题照搬旧经验。要知道，经验也许可以解决常规问题，但经验也有它本身的相对性和片面性。因此，坚持创新精神、坚持创新思维，把每一天的班主任工作都当做是全新的一天，积极思考，努力实践，由此不仅可以激发工作热情，更会衍生工作智慧，长此以往，必有大成！

## 三、博览群书　精神引领

### （一）博览群书，成为智慧的化身

班主任是一个班级的精神引领，他知识广博却善于倾听，他勇敢自信却耐心细致，他公正客观却宽容同情……

想要成为这样的班主任，读书是最好的途径。书中有什么？有你对世界的认识，有你对自己的认识，还有你对如何让自己置身世界的认识。简而言之，书中有智慧，有值得你穷极一生追寻的智慧。一个智慧的班主任必然知道如何应对少年的烦恼；一个智慧的班主任会给少年带来光和力量；一个智慧的班主任会让更多的少年胸揣梦想；一个智慧的班主任不仅会帮助学生筑梦、更会助其圆梦！

### （二）精神引领，铸造共同精神家园

任何一个集体都需要一位精神引领者，一位精神引领能够把一个集体拧成一股绳，带动大家尽心竭力做好一件事。可见，精神引领对于一个集体的重要性。班主任作为班级的管理者，他的管理力就在于他的领导力，而领导力的核心是精神引领。那么问题来了，如何成为班级的精神引领呢？崇高的思想、渊博的知识、有趣的谈吐、快速解决问题的能力，还有持之以恒的毅力。人有精神才有力量，人有精神才有征服天地的气魄和胆识！

## 四、愿为人师　立德树人

### （一）愿为人师，甘为国家育栋梁

《资治通鉴》中有一句颇为耐人寻味的话叫"经师易得，人师难求"；意思是能以其精湛的专业知识传授他人，即作经师，并不难，而能以其渊博的学识、高尚的人格修养去教人如何做人，即做人师，就不那么容易。

我们班主任看管班级相对容易，要想带出一个积极向上、达观创新的班集体却不是一件容易的事情。我们国家需要人才，更需要的是爱国、担当、乐观、达观的人才。在青少年成长的重要阶段，班主任对其人生观、世界观的形成起着至关重要的作用，班主任的一言一行都潜移默化地影响着学生们。学生需要人师。成为人师的先提条件是班主任的责任担当，必要条件是班主任的自

身修养，重要条件是有目的有方法的教育行为。

## （二）能为人师，立德树人为己任

有能力成为人师应是我们班主任职业追求的最高境界了。提升自我修养的过程就是成为人师的过程。提升为己，方为至乐。提升的目的是为了我们从事的职业，但最受益的一定是我们自己。修养的提升使我们自己的魅力值飙升，从谈吐到行为，举手投足尽显优雅和智慧。爱人爱己，广泛阅读，虚心请教，海纳百川，在走向人师的道路上，你也必然会收获事业的春天：学生敬佩、家长爱戴、同事尊重，最重要的是自己内心的充实与满足。

作为班主任，身担立德树人之责任，需以立德树人为己任，立己德，树人德，做到率先垂范，以德养德。

以上几点是我个人对班主任工作的一点理解，与大家共享。我们周围不乏积极进取的年轻班主任，不乏精益求精的骨干班主任，每次大家坐下来交谈，都会感慨同伴的智慧，并竭力弥补自身的不足。与智者为伍，增慧益智。智慧会让你的工作更从容、更有效，让我们一起努力，提智增效，向光而行！

# 让每个人的生命因感知美而更美好

## ——浅谈高中学生美育教育活动设计

时子豪 李彦辉

学校教育一般包括德育、智育、美育和体育等部分。其中，美育教育是培养学生健康的审美观，发展学生认识美、鉴赏美和创造美的能力的教育，作为一种不可替代的人文教化力量，美育教育能塑造完善人格，滋养人文情怀，而"美"的能力一定会成为未来社会中一种"无形"的强大竞争力。因此，开展多元的美育教育活动，强化美育的育人价值与效果，让学生通过一系列的教育活动从而感知"美"、形成"美"、发展"美"，在当下学校教育中非常重要，本文将从以下几方面，浅谈我校高中年级美育教育的活动是如何开展的。

## 一、弘扬传统文化在美育教育中的实践路径

2020 年，《关于全面加强和改进新时代学校美育工作的意见》提出，美育要注重培养和提升学生的文化理解、审美感知、艺术表现、创意实践等核心素养，同时也对各学校在各学段的美育工作提出具体要求和建议。美育要致力于发展文化，为推动中华优秀传统文化的创造性转化和创新性发展积蓄力量，在深入挖掘中华优秀传统文化的精髓的过程中，培育和践行社会主义核心价值观。美育要注重弘扬中华优秀传统文化，使学生在认识、感受、学习、欣赏、创作民族艺术的过程中，不断提升民族文化素养，加深民族文化积淀，累积文化创新的磅礴力量。

北京中轴线是贯穿南北的北京之脊，它汇聚了中华几千年建筑文化和历史人文的精髓，建筑之美、历史之美、文物之美、艺术之美，它仿佛就是一个美

的宝藏。当我们站在北京中轴线上时，便已经能够感知到美，感受到文化所带来的幸福感。北京中轴线是北京历史文化也是中华文明源远流长的伟大见证，同时它更应该是学校美育教育可好好设计和利用的活素材。

我校在各年级组和学校艺术老师的引领下，积极倡导和组织学生参与2022北京中轴线文化遗产传承与创新大赛。其中，高一年级开展以"我与中轴线的故事"为主题，以提升学生文化自信意识和家国情怀，涵育责任担当、工匠精神，培育崇德向善和充满正能量的新时代青年为活动目标，开展系列微活动让学生感受中轴线上的物质文化遗产和非物质文化遗产所蕴含的审美信息和审美内涵。活动一：各班利用晨训时间观看《北京中轴线的智慧》微纪录片（共10集），通过微视频了解7.8公里沧海桑田的故事：北京中轴线——文化的脊梁和历史的命脉、永定门——中轴线的涅槃重生、天坛——中轴线外的明珠、正阳门——中轴线上的"龙眼"、天安门——中轴线上的中国心跳、故宫——中轴线上的中心、景山——中轴线上的最美青山、万宁桥——中轴线上的第一桥、钟鼓楼——中轴线的时代变奏、北京中轴线——申遗进行时。活动二：创建行动小组，利用周末与学伴"走在中轴线上"，根据学校提供的研究性学习课案，边走边思、边走边学、边走边感受，记录下"我与中轴线"。活动三：讲述"我与中轴线"的故事，有了历史文化知识和建筑文物的深度体验，再去进行故事讲述，更加有真情实感，更加能将中轴线之美展示出来。

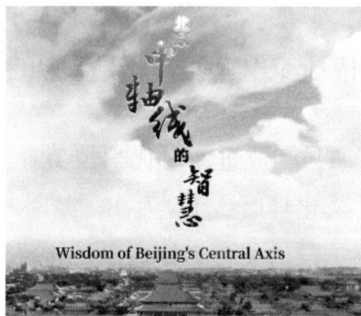

我校将中轴线文化作为学校美育课程的素材，大大地增强了师生探索美和鉴赏美的兴趣，同时可以在活动中获得自我展示的平台，发挥备赛过程的最大教育价值，将文化鉴赏落到实处。新时代青年只有真正深入理解中国文化，未来才能用心地讲好中国故事，从而促进国际文化融通和文化理解。

## 二、融合学科教学在美育教育中的实践路径

学科教学是实施美育教育的重要阵地，是体现学科之美的重要环节。将美育与学科教学相融合，既可以提高学科内容教学的效率，同时还可以让学生在学习知识的过程中提升审美能力，成为全面发展的人。

我校高中物理教研组多位教师目前正在研究并实践"高中物理美育教学"，课题组充分发挥集体的智慧，挖掘物理教学中的审美因素，将物理学内在所蕴含的美与常规教学活动进行有机融合，减弱"题海""难"所带给学生的痛苦，让学生在审美的愉悦中学习物理知识、思考并解决物理问题、提高创新型思维能力，从而提升学生学习的兴趣和审美能力。将美育融入日常物理课堂中，以"美育"展物理学的美、以"美育"现物理教学的美，从而达到以"美育"促学生的全面发展，为我国教育改革，培养学生核心素养提供一种新的教学模式。

学科教学的课堂上要引导学生认识美、感受美、发现美、创造美，首先就要给予学生一定量的美学资源，而高中物理教科书中就蕴含着丰富的美学要素。比如在分析和解决物理问题时，要构建模型，而物理模型是具有简洁之美的。模型是探索和表示物理世界的关键，在构建模型的过程中要抓住主要矛盾和科学本质，忽略次要因素，同时要尽可能的合理，从而实现对真实情景的简化，便于分析和解决问题。教材中有大量的理想化模型，包括质点、点电荷、轻绳、轻杆、轻弹簧、纯电阻、纯电感、纯电容、理想流体、理想气体、弹簧振子等对象模型，还有匀速直线运动、匀加速直线运动、自由落体运动、简谐运动、完全弹性碰撞、等温变化、等压变化、等容变化等过程模型。这些模型的建立都是为了解决实际情境问题而做的简化处理（理想化）。再比如，世界知名物理学家联合评选出十大最美的物理实验，伽利略的斜面实验、自由落体实验、牛顿的光的色散实验、卡文迪许的扭秤实验、托马斯杨的双缝光干涉和电子干涉实验等在物理教材中都有提及，可以发现这些实验仪器都并不复杂，甚至有些是非常简单的设施，但是实验方法和实验设计上却都十分巧妙。还有教材中有很多插图，其具有鲜艳的色彩以及对称之美，其蕴含的物理内容让图形有了更深刻的内涵和故事（图为白光的单缝衍射和泊松亮斑图样）。

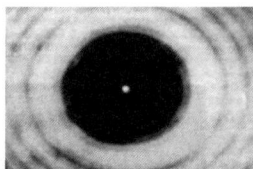

　　美育要致力于发展人、丰富人。"美育者，与智育相辅而行，以图德育之完成者也。"蔡元培先生道出了美育与智育和德育的关系。美育之所以能使人形成优美的道德情操就在于：善恶是一种客观的是非标准，是一种外在的东西，而审美的眼光与能力却是内在的。当前，许多高中十分注重美育工作。针对美育，许多学校在探索不同的方法，并且注重在教学过程中融入其他学科的内容。将智育、德育与美育相结合，打造"增智尚美德育"，不仅实现了智育的提升，德育的特色化，还体现出"以美益智，以美育德"，有利于提高学生的综合素质。这一教育方法体现出多方面的优势，具有推广应用的价值。在高中"增智尚美德育"中，培养学生的审美能力是重要的任务。学生的审美能力是逐步提升的，教师要有耐心。教师在教学中不仅要不断总结经验，还要注意考虑高中生的认知能力，更要保证使用的教学方法的有效性，这样才能更好地发挥"增智尚美德育"的作用。

# 构建和谐集体　打造班级学习力

王　芳

作为班主任，要对班级综合成绩负责，所以打造班级学习力是我们在教育教学工作中的重要内容。

班主任现阶段初中班级面临的几大困境是：班额大人很多；平行分班班内学生情况各有不同，层次多样参差不齐；小学快乐教育，到了中学基础薄弱的学生比例更高了；需要中考的科目增加，但学生精力有限，压力更大了；疫情期间工作量陡增的情况下，开启线上教学后对课堂管理又提出了更高要求。

面对这些困难我们就要思考这样几个问题：学生众多的情况下，如何快速掌握学生基本情况以便更高效解决问题；面对班内学生层次多样性，如何进行更有效地分层教学，尽量让每个孩子都有收获；小学的学习基础固然重要，但也要相信我们171中学的改造能力，所有思考都要针对如何激发学生的内驱力，最终使学生的学习态度从"让我学"变成"我要学"；面对众多中考科目，学生压力大了，老师们的压力也不小啊！怎样协调班级组内部各学科之间的关系，做好作业量的控制，更要通过多学科协作做好优秀生培养和潜质生的转化甚至是转移的工作；疫情区域常态化，如遇转战线上的情况，该如何更好地把控线上课堂，我们最有力的支持者应该是家长，怎样才能得到家长的配合与支持？

所以打造班级学习力，我认为可以从以下几个方面着手：

## 一、安静有序的环境是学习的保障

从初一开始严抓常规，让学生知道"我是有底线的"，从卫生要求到课堂情况、从作业上交到课间活动、从待人接物到文明用语等各项事务，标准明确，有要求必有反馈，从晨检教育到每天放学前的晚总结形成闭环，发现问题就要及时解决，不放过小事中的教育，不忽视小情中的感动。从班级管理入手，从行为习惯上下功夫，保障学生拥有安静有序的学习环境。

## 二、温暖和谐的集体是安心学习的家

我们坚守"小成功靠个人，大成功靠团队"的团队文化。从初一见到这些孩子的时候，我就告诉他们这个学校这个班级是我们每天要待十个小时甚至更长时间的"家"，在这个家里每个人都会成长，成长就是要学会顾及别人的感受，互相理解互相帮助，有合作意识才能合作共赢。初一时我设计了"儿时的我们"，让大家借助儿时的照片讲小时候的故事，借机让大家互相了解各自的成长背景，也有助于孩子之间的互相理解；初二我设计了"感谢有你"栏目，每个人都有机会在黑板上写下想感谢的人和事情，从感谢老师、同学到感谢保洁阿姨、感谢食堂的师傅们再到感谢学校，孩子们学会感恩也变得更有情有义了。在初二这年的尾声，我设计的栏目是为你"唱首生日歌"，每个月我们会利用一次晨检的时间，全班同学都为当月过生日的孩子们一起唱响生日歌，虽然只有短短几分钟，但在这初中的最后一年里所有孩子都会收到同学们的祝福，这样到了初三虽面临中考的压力，我们的集体也越来越温暖，越来越像个家，即使竞争再激烈孩子们也乐于互相帮助，即便自己的问题再"low"也不会担心被同学嘲笑，初三5班拥有的是更加和谐的学习氛围，所以每个人都能安心学习。

## 三、高涨饱满的情绪是学习热情的催化剂

晨检和班会都是我们班主任教育的阵地，利用好每一次班会、每一次晨检的机会鼓励孩子们，人生要有追求，人活着要有信念，在最该读书上进的年纪就要不断奋进。我们这个年级一直和当时的金春霞、彭春雨两位组长同步带领的高一年级保持着"大手拉小手"的活动，通过学长们深入到各个班级的经验分享、学法交流、学习感受分享等活动，5班的孩子们都成了171的迷弟迷妹，爱上我们的学校，期待着也能通过自己的努力考上171，孩子们都以能再次穿上咱们的高中校服为荣耀。到了初三，确实辛苦，我会领着想放弃的孩子到五

层的楼道里转一圈，或者陪着他们看看高三晚自习休息时操场上奔跑的身影。他们看到高三学长们都在刻苦学习坚持锻炼，自己也备受鼓舞。

## 四、科学合理的安排是提高学习效率的最有效方法

想做到科学合理的安排，就要有统筹意识，首先教会学生做计划，学会反思自己的学习状况，综合考虑自己各学科的学习情况，从初一第一次期中考试前期开始我会带着学生确定目标，制定适合自己的学习计划，之后每次大考前两周，孩子们就会先做阶段性反思再制定好复习计划，每天安排自主复习时间。到了初三学生已经养成习惯，面临中考和大大小小的月考、期中、期末考试，他们已经不需要我的督促，自己的优势弱势分析得明明白白，目标明确，安排合理，成绩自然能稳中有进。第二就是要统筹班级组内各学科的力量，和班级组内各学科老师们协调发挥各方面的力量，利用每一次班级组会的时间细致交流，对每一个重点关注学生精准分析优势劣势，充分利用导师制合理安排一对一跟踪导学导心导行。大家互相配合，给予目标人物的高度关注，协同作战，打好组合拳，在优质生培养和潜质生的转化转移工作中班级组的各位老师们功不可没。

## 五、细致有效的沟通是精心学习的助力

晨测、小测、周测、月考、期中、期末，各种考试中学生成绩会有起伏不定的情况，初三学习压力增大，学生情绪也随之变幻莫测，早上还高高兴兴上学来，中午就梨花带雨想放弃，所以及时发现学生情绪上微妙的变化，对不同层次学生的指导、关注，对不同层次的学生纠偏和鼓励，化危机于无形，成为学生的精神支柱就成了我初三这一年工作中的一大任务。

班里有个安静的"小胖妞"，她的发型永远只为了遮住圆圆的脸，做任何事都没有自信，各种活动里她总是静静站在最后的那个人。到了初三成绩一般的她更是觉得自己没有希望了，感觉同学们都比自己强，最严重的时候连作业也不想写学也不想上了。我记得在初一家访时看到过一张她小学时参加国标舞比赛的照片，但是班里却没有一个人知道她还有这项特长。期中考试结束了，看到没精打采的她，我就半开玩笑地说："今年最后一个新年联欢会，准备准备

吧，我记得你身怀绝技哦。"她惊讶地看着我说不出话。我小声地说："在你家我见过比赛的照片哦，特别飒。"一个多月后的联欢会上，她真跳了一段嗨炸全场的现代舞，同学们掌声爆棚。从那天起她变得爱说爱笑了，朋友也多了，学习上也更有劲头了，连说话的声音都变大了。孩子妈妈激动地跟我说："孩子从小被同学嘲笑长得胖，非常自卑，学了很多年舞蹈，除了练习和比赛其他时候从来不敢跳给别人看，您的一句身怀绝技让她瞬间找到了感觉。"最后这姑娘不仅通过自己的努力考上理想的高中，也变得更加自信开朗。

初三的精英班学生都很优秀，一个成绩特别好的男孩儿有幸成为精英班的一员，即便优秀如他，也有烦恼和苦闷。一次月考后我得知他语文没考好，我素知他是个很要面子的人。晚自习前正好在楼道里碰上了，就拉着他到我办公室给了他一块儿巧克力，"听说这回语文没考好啊，就咱这实力没问题，吃了芳姐的巧克力，下回咱不让着他们了。"没想到他却红着眼圈，攥着拳头颤抖着哭了起来。我让他痛快地哭了一会儿，等他渐渐平静后，一问才知道是因为语文考个倒数第一，在精英班里经常被几个没心没肺的新同学拿他开玩笑，碍于面子他虽然伤心气愤还要强颜欢笑，一副满不在乎的样子。心里难受却不敢告诉别人，郁结于胸，快要崩溃了。我和他谈了很久，从人际交往到如何看待自己，从家庭成长环境到各学科考试情况，人要客观地认识自己，自知是自信的基础。人的优秀不是显得有多聪明，也不是智商情商有多高，而是骨子里的教养和素质。真正厉害的人不会太在意别人怎么看自己，因为没必要和认知层级比自己低的人计较，有那功夫还不如静下心来分析分析问题出哪儿了，做个计划干起来吧。那天晚上，孩子妈妈也和我聊了很久，她说孩子前几天在家里情绪低落，暴躁易怒，认为自己什么都不行了，觉得自己就是去精英班垫底儿的。没想到孩子晚上到家里高高兴兴地说，自己找到了方向，做好了接受嘲讽的准备，让所有嘲笑他的人等着瞧。最后这孩子中考653分考进了咱们本校。

我们作为老师，送走一批批学生，我们也和学生同时踏上了新的征程，我们都在不断总结反思的过程中逐步提升，借用二十大的金句：新征程是充满光荣和梦想的远征，蓝图已经绘就，号角已经吹响。我们要踔厉奋发、勇毅前进，努力创造更加灿烂的明天。

# 自主、合作、竞争、共赢

## ——小组合作学习探究

王胜华

## 一、落实学校五步自主高效课堂

"五步自主高效课堂"可以分解为"五步""自主""高效课堂"三个关键词。

"高效课堂"是我们的目标，课堂是教学质量的核心，是教师传道授业解惑的核心，课堂高效了，教学质量才有保证，学生的发展才有了保证，学校的发展才有了保证。

"自主"是实现"高效课堂"的保证。要实现学生的主体地位，要充分调动学生学习的积极性，发挥学生学习的主动性，自主是最重要的途径手段。

"高效"是我们的目标，"自主"是手段，"五步"是"高效课堂"的外在形式。五步指的是：目标展示、自学交流、展示提升、教师讲解、练习反馈。五步更多的是体现了一种理念：自主和落实。

小组自主合作地学习，很好落实了学校五步自主高效课堂。

## 二、小组自主合作学习的内涵

"小组自主合作学习"的模式的内涵包含了以下几个关键词：自主、合作、竞争、共赢。

自主是前提。小组自主合作的学习模式首先强调的是个体的独特性，独立

173

性，不因集体而否定个体。每个同学都要对问题进行独立的思考研究，形成自己的认识和观点。

合作是基础。有合作才有小组这个集体。一个人的力量是有限的，而有个体形成的集体的力量是巨大的。每个人都发挥出自己独特的优势，相互配合，协作共进，兵教兵，兵练兵，兵强兵，为小组的进步作出自己的贡献。

竞争是动力。小组内部组员之间是合作关系，也是竞争关系，小组之间是竞争关系，也是合作关系，竞争合作相辅相成。有合作才有合力，有竞争才有动力，在合作中凸显集体的力量，在竞争中每个同学超越自我，每个小组超越过去。

共赢是目标。不论是合作还是竞争，最终的目的都是要实现每个同学的进步，每个小组的进步，每个班级的进步，从而也提升我们学校的竞争力，让同学、小组、班级、学校、家庭、社会都成为最终的赢家。

小组自主合作学习的学习模式，既体现学生学习的独立性，又体现了合作的集体智慧，在合作中竞争，在竞争中合作，激发了学生的主动性，激发学生的学习兴趣，有利于提高学习效率。原本枯燥的知识学习，就在这种小组的交流合作竞争中完成了。

# 三、小组组建

1.组长是小组的核心人物。组长，不仅要具备一定的学习能力，还要有组织能力，能组织大家、号召大家，而且要热心，愿意为小组服务。小组长是小组的核心，也是班级的核心。

2.灵活的编组原则。刚开始时要考虑多方面的因素，例如：组员的学习成绩、性格、性别，等等，达到各组之间实力总体上均衡。等学生间熟悉到一定程度之后，也可以按照自愿组合的原则进行分组，有利于小组内部的合作。小组组建之后一段时间，要根据实际情况进行微调，一般不进行大规模换组。

3.人数及座位形式：每小组6—7人。班级一般可以坐7竖列，一竖列即为一组，和一般教学模式座位形式没有区别。讨论时小组迅速集中到一块围成一圈进行。

4.小组有口号、组徽、组规，有小组所属黑板，在上面展示出小组名称、口号及组徽。

# 四、小组活动形式

课上：老师布置相关问题，学生独立思考形成个人简介，小组集体讨论形成小组意见，小组派代表进行班级展示，最后教师进行总结点评提升。

课下：教师布置相关任务，组长召集组员进行分工，明确每个人的职责，小组成员完成各自分工后，召开小组会进行集体讨论整合，共同完成小组任务。

比如现在各班的主题班会课，大多是布置给各小组轮流去完成的，班主任只是进行指导和点评。学生在材料收集、班会设计思考班会展示的过程中的收获肯定远远大于听一节班会课的收获。

# 五、小组培训

小组在形式上组建完成之后并不意味着小组的真正形成，小组形成的真正标准是小组核心的形成和小组凝聚力的形成。

# 六、小组行为规范

建立起良好的小组学习行为规范是小组学习能顺利进行下去的关键。

1. 讨论要求

①迅速：老师说讨论开始，小组成员起立迅速集中，（向前）老师说讨论结束，迅速回到座位坐好，做到迅速、安静有序。听从指令，不管是否讨论结束。

②组长负责：明确组长的地位，学务组长负责组织，保证讨论的有序进行。

③分工：学务组长首先确定负责展示同学1—2人。负责展示的同学组内主发言，其余同学补充，负责展示的同学必须做好记录。其余同学也将有价值的信息记录下来。

④全员参与：针对不同意见要有充分的讨论，学务组长组织每位同学都要参与讨论。

⑤分享倾听：每个同学分享自己的思考结果，同时认真倾听别人的意见。

2. 展示要求

①带齐用具，上台时带好学案和笔以及其他需要的用具。

②声音仪态：展示时声音洪亮、仪态大方，可有适当的板书。

③询问解答：一个问题展示结束时要询问同学是否还有问题，如有展示同学要负责解答，如不能解答可先请本组同学帮助，还不能解答可向别组同学和老师求助。

④展示礼仪：展示之前鞠躬，展示结束后鞠躬并致谢。

⑤倾听思考：其余同学坐正坐好认真听讲，适时（根据学科要求）做好笔记，积极思考，并可在展示结束时提出自己的意见。

3. 优秀小组和优秀个人的产生

上课结束时将根据同学上课发言次数、发言质量、讨论情况、听讲情况、坐姿情况、课堂纪律、学案完成情况等评出当节课的优秀小组 1—2 个和优秀个人 1—2 个。下课前，老师宣布评出的优秀小组和个人，同时进行点评。评出的优秀小组和个人。由值日班长记录在班级日志上，作为评优表彰的一个依据。

建立起良好的行为规范才能让小组学习顺利地推行下去。这种行为规范也要通过每一节课去强化落实。

# 七、小组评价管理体系

评价引领方向，你如何评价学生将如何前进。为此我们建立了一套比较完整的小组评价管理体系。

1. 值日班长制度：利用班级日志，记录班级一日情况，培养学生进行班级的自我管理，一个学期下来，好的班级能够实现这一点，老师不在教室的时候，值日班长能够对班级进行有效管理，保证教室里安静有序。

2. 当堂评价制度：每节课任课老师都要评出当节课的优秀小组优秀个人，并进行点评。

3. 每日总结制度：每节课有每节课的优秀小组、优秀个人，每天放学时根据班级日志总结出当天的优秀小组和优秀个人。

4. 每月表彰制度：小组表彰是小组日常评价的一个总结和升华，每月总结出本月的优秀小组优秀个人进行年级表彰，制作展板进行宣传。

通过表彰，当堂评价，每日总结，每月表彰强化小组成员的集体意识，强化小组间的竞争。树立年级的优秀榜样，让学生体会到获得肯定的快乐。

## 八、小组学习的模拟训练

组名和小组口号的产生。

明确任务：制定小组组名和小组口号，并阐释理由。

限定时间：6分钟。6分钟之后各小组进行展示。

明确要求：刚才提出的。

自学：2分钟，独立思考自己小组的组名和口号。

（老师观察他们思考的状态、坐姿）自学结束后点评，并可在小组得分上体现出来。

讨论开始：老师注意学生讨论过程的表现，组长和组员是否都按照刚才的要求去做。做好记录，为点评做准备。学生讨论结束后，马上进行点评：小组的聚拢和归位是否迅速有序；组长是否负起责任，是否先确定负责展示同学1—2人，是否组织好组员全员参与讨论；组员讨论时是否认真倾听、积极发言，有无纪律问题等。并给出个小组的表现分。

各小组进行展示。

观察展示过程中展示学生的表现：声音是否洪亮、体态是否大方、展示的内容如何、展示结束时是否提问、能否解答问题等。

观察其余学生的表现：坐姿、倾听的情况。

每一个小组展示结束后，对学生的表现进行点评，给出分数。

所有小组展示结束后，再进行综合点评，给出各小组的分数。

老师们可以看出来，这个模拟任务的目的不是最终的学习成果，而是重在这期间学生的行为习惯。

## 九、小组学习给学生带来的变化

一学年的小组学习，小组已经成为学生学习生活不可缺少的部分。小组、组长、小组间的竞争与合作成为学生中经常谈论的话题，小组的向心力凝聚力空前增强。在小组学习中，学生的集体意识、竞争意识、合作意识、学习能力、交流沟通能力、团结协作能力都得到大大加强。

开展小组自主合作学习后我们举行年级"小讲师风采大赛"，小组领取任务，围绕一个问题，组员分工合作，集体讨论后，最后进行展示。我们能看到不只是学生的知识，更有很强的学习能力，优异的综合素质。我们当时第一次搞这样的活动，学生展示出来的风采当时令我们都非常震惊。

在小组学习模式下成长起来的同学，综合能力和综合素质更强，有更强的集体意识，更懂得分享与合作，更懂得交流与沟通，更懂得竞争与进步不是你死我活，而是共同进步。

# 依托信息技术 构建美育课堂

王桢宇 管 悦

美育是素质教育中不可缺少的一部分，要想有效地在中学课堂渗透美育教育，必然需要从内容层面入手，找寻教学内容与美育教育的结合点，从而探索行之有效的路径。本文希望从信息技术呈现数学美这个视角来谈谈中学数学以"美"的课堂促"理"的深刻。

数学美是一种科学美，是指人们在从事数学活动时获得的美学感受。即当人们理解、认识和感悟到某种数学思想、方法、本质时，或用数学知识和技能解决实际问题时，所获得的兴奋感、满足感和愉悦感等。毕达哥拉斯提出了"万物皆数"和"美是数的和谐"的思想。数学本身就是美的聚合体。数学究竟美在哪里呢？法国数学家庞加莱说得十分中肯："到底是什么使我们感到一个解法、一个证明优美呢？那就是各个部分之间的和谐、对称、恰到好处的平衡。"数学之美充满了整个世界，其主要表现为数学的对称性、简单性、统一性和奇异性。它在结构、图形、布局、形式等方面体现了数学美。

那么，在数学课堂教学中，如何使学生感受、体验和欣赏数学美，激发他们的学习兴趣呢？

## 一、美轮美奂的空间螺旋结构

新课程改革以来，引入了单位圆定义三角函数，围绕该定义，各地高考与模拟考试中屡屡出现通过匀速圆周运动考查三角函数知识的题型，教材中也出现了一个以砂轮边缘的质点做匀速圆周运动为背景的习题，笔者在和学生讨论该问题时，深感学生对圆周运动与正弦型函数关系的理解并不深入，正弦型函

数 $y=A\sin(\omega x+\varphi)$ 中的参数，与圆周运动中的半径、角速度、周期、出发位置的关系完全无法对应起来。

故此我设计了用 Geogebra 软件呈现的中学美育课堂，现详细记录与读者分享。

### （一）制作流程

（1）打开 Geogebra 软件，选中工具盒（图中 a=2）创建两个"滑动条"，分别命名为 A，ω，取值在 [0, 5] 之间，在绘图区直接输入圆的方程 $x^2+y^2=A^2$，选中圆上一点 D，右键启动动画，让 D 点在圆周上运动起来，选中工具盒 ✎ 中的向量选项，做出向量。（图 1）

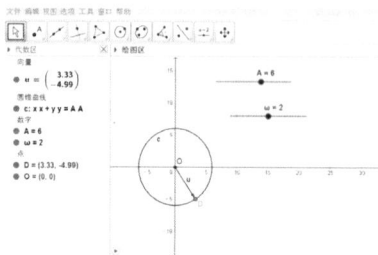

图 1                                          图 2

（2）打开视图中的 3D 绘图区，利用指令"曲线 [<x（t）>, <y（t）>, <z（t）>, <参变量 t>, <t- 起始值 >, <t- 终止值 >]"绘制空间曲线，在指令栏中输入"曲线（A cos（t）, A sin（t）, ω t, t, −15, 15）"按 enter 键即可。（图 2）

（3）为了课堂展示时突出空间效果，增强学生的直观感受，可以在 3D 绘图区中输入，得到（图 3）。

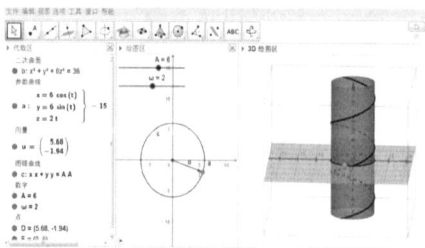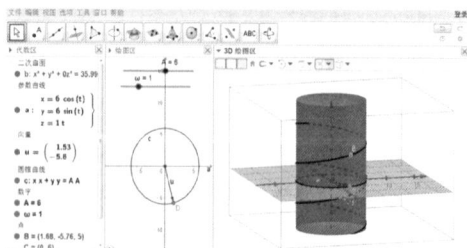

图 3                                          图 4

（4）在空间曲线上增加点 B，使其在 $xoy$ 平面的投影与 D 点重合，右键启动动画，选中追踪 B 点，然后隐藏空间曲线及曲面。（图 4）

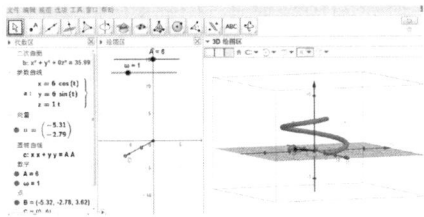

图 5

古希腊的毕达哥拉斯说过："一切立体图形中最美的是球形，一切平面图形中最美的是圆形。"而三角函数的定义就是定义在单位圆上，通过信息技术手段，让这种定义可视化，它可以化难为易、化繁为简。这种对称的美在教学中是不容易被学生发现的，必须靠技术手段融入课堂。

**（二）课程设计**

（1）在俯视图视角下，观察点 B 做匀速圆周运动，旋转一个周期以后，再切换为空间视角，观察圆周运动增加时间轴之后的变化。（图 6、7）

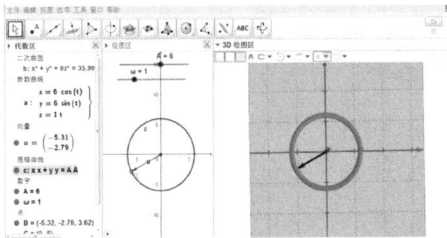

图 6

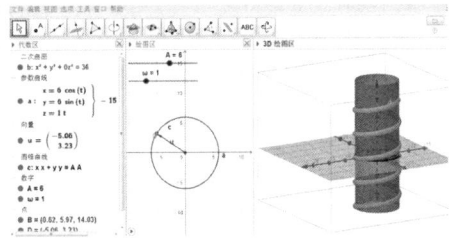

图 7

（2）在 3D 绘图区找到视图按钮 ，选中 *YOZ* 视图，并隐藏空间曲面，引导同学分析思考圆周运动与正弦型函数的关系。

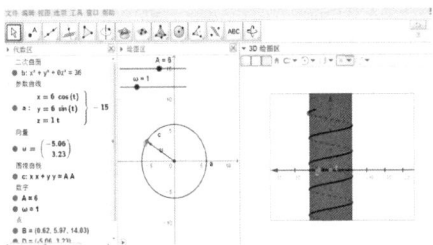

图 8

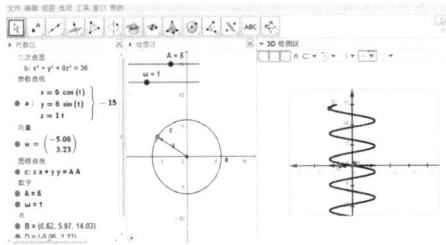

图 9

（3）将空间曲线中的参数 t 取值范围修改为 $[0，2\pi]$，调整滑动杆的值，观察在一个周期内圆周运动与正弦型函数的关系。

（3.1）调整 A 值，观察圆周运动半径与正弦型函数振幅的关系。

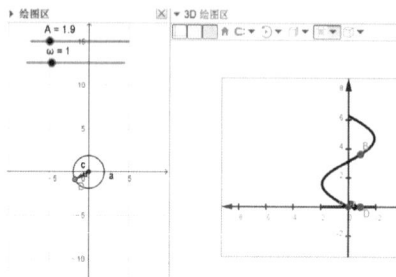

图 10

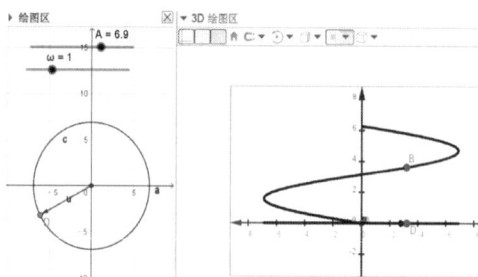

图 11

（3.2）调整圆周运动的角速度，观察其对正弦型函数周期的影响，本文对比了 $\omega=1$，$\omega=2$ 的图像变化。

### （三）课程呈现

画板左侧的圆形，是一只滴滴答答运行的钟表，其指针端点做着规则的匀速圆周运动，简单且规律，但是随着三维视角的切换，圆周运动在时间的加成下形成了美轮美奂的空间螺旋线，主视图位置观测可以发现，其投影为正弦函数图像，看似无关的事物，建立了神秘的联系，这大大激发了学生学习兴趣，又通过演示讲解，学生很自然地理解了三角函数的几何定义的意义。

Geogebra=Geometry+Algebra，即几何 + 代数，也就是同时拥有处理几何绘图与代数运算的能力，软件功能强大、使用简单、交互性强、完全免费、容易上手，老师们如果能够用好它，将是我们教学工作的强大助力。

# 二、矛盾扭曲的埃舍尔奇幻空间

除了三角函数之外，立体几何也是学科美育的主战场，下面是笔者在立体几何教学阶段命制的原创试题，命题目标是基于学科美育的理念，通过应用问题，考查学生直观想象、数学运算核心素养，落实课标要求，检验教学效果，将美育教育从课堂延伸至考场，植根于学生内心。

题目从选材设置到问题展开，备课组老师们一同研讨、反复研磨，历时一周，目的就是命制具有一七一中学数学组独特风格的试题，体现学科特色，创设美育品牌。

北京市第一七一中学 2022 年 10 月高二年级数学阶段调研 23 题：

《瀑布》（图12）是荷兰版画家埃舍尔最为人所知的作品之一，图中的瀑布会源源不断地落下，落下的水又逆流而上，形成一个怪圈，局部看都很正常，但整体看却荒唐至极，形成幻象与矛盾，这就是埃舍尔的视觉游戏，引人入胜。

画面两座高塔各有一个几何体，左塔上方是著名的"三立方体合体"由三个立方体构成，右塔上的几何体是首次出现，后称"埃舍尔多面体"。（图13）

图12

图13

埃舍尔多面体可以用两两垂直且中心重合的三个正方形构造，设边长均为2，定义正方形 $A_nB_nC_nD_n$，$n=1,2,3$ 的顶点为"框架点"，定义两正方形交线为"极轴"，其端点为"极点"，记为 $P_n,Q_n$，将极点 $P_1,Q_1$，分别与正方形 $A_2B_2C_2D_2$ 的顶点连线，取其中点记为 $E_m,F_m,$，$m=1,2,3,4$，如（图3）。埃舍尔多面体可视部分是由 12 个四棱锥构成，这些四棱锥顶点均为"框架点"，底面四边形由两个"极点"与两个"中点"构成，为了便于理解，图4我们构造了其中两个四棱锥 $A_1-P_1E_1P_2E_2$ 与 $A_2-P_2E_1P_3F_1$。

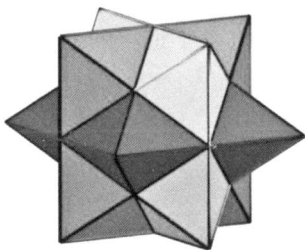
图14

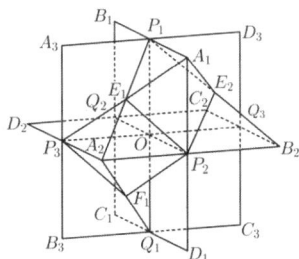
图15

（1）求异面直线 $P_1A_2$ 与 $Q_1B_2$ 成角余弦值；

（2）求平面 $P_1A_1E_1$ 与平面 $A_1E_2P_2$ 的夹角；

（3）若埃舍尔体的表面积与体积（直接写出答案）。

考后几日学生讨论最多的，并不是考试成绩，而是《瀑布》里的无限循环，是天才画家埃舍尔的奇特视角，是他的"埃舍尔多面体"，是他的"不可能图形"，是他的镶嵌、扭曲、混乱空间。还有人带来了图书《魔镜·埃舍尔的不可能世界》，大家一起翻阅，还不时响起惊呼声……

我想这就是数学学科美育的魅力吧。

数学美源于数学，是数学的本质属性，数学的美育价值，也愈来愈被教育界所注目。数学美是美的高级形式，对缺乏数学素养的人来讲，特别是青少年受阅历、知识和审美能力的局限，不可能像文学艺术那样轻易地被感受和意识到，这就需要教师不断提高自身的专业知识水平和美学修养，认真钻研教材，深入发掘和精心提炼教材中蕴含的美育因素，为学生创设一个和谐、优美、愉快的学习环境和气氛，引导学生按照美的规律去发现美、感受美、鉴赏美和创造美。要通过情感教育，让学生在美的熏陶中开启心灵、陶冶情操，对培养学生良好的个性品质，形成他们正确的人生观、世界观能起到积极作用，故在数学审美教育中充分认识和肯定数学教师的作用和明确对数学教师的需求十分必要。

美育指向生命的内核，聚焦生命的尊严，发现生命之重。笔者对于美育课堂将继续深入研究，让美"育"学生未来，引领学生在赏识"数学美"中增强自信、健全人格，最终实现以美润德、以美启智、以美健体、以美养心、以美促劳、以美圆梦。作为一线数学教师，要把美育放在课堂设计的理念中，以"美"的课堂促"理"的深刻。

通过信息技术手段，打造数学美育课堂，学生惊讶于数学的深奥，也震撼于美的精彩，如此课堂，甘之如饴，正是笔者课堂教学追求的远方。

# 绵绵用力　久久为功　静静等待　点点花开
## ——让时间引领孩子慢慢靠近智慧

张　舒

我是一名数学老师，但我特别喜欢读《论语》，尤其喜欢孔夫子的这句话："无欲速，无见小利。欲速则不达，见小利则大事不成。"我认为这道出了教育工作，特别是班主任工作的要义：绵绵用力，久久为功，静静等待，点点花开。

"双减"实施一年多以来，在教育教学中，我更是越来越感到：慢下来，才能在孩子的意志品质培养上"快起来"；减下来，才能给孩子的能力做增量。

## 一、教育需要"慢慢来"——闪光的东西都是慢慢"炼"成的

初中阶段是孩子们价值观形成的重要时期，更是锤炼意志品质的关键契机，但罗马不是一天建成的。20年前，刚刚担任班主任时，我总是希望刚一接班就能让学生有脱胎换骨的变化，但随着在实践中对学生成长规律的深入认识，对教育规律的学习探索，我不再那样着急了，因为我发现，"慢"才能快，让人受益一生的好习惯都是慢慢养成。

### （一）天知地知，你知我知——"君子慎独"成就自律人生

2020年9月，我迎来了新一届初一14班的孩子们。到校报到的第一天，我没有站在教室里，而是有意在门外观察，孩子们并不知道我是他们的班主任。随着教室里的同学越来越多，打招呼、聊天的声音也越来越大。我看人到得差不多了，就走上讲台，环视一周，教室里顿时安静下来。

简单的自我介绍之后，我说："同学们，关于保持安静这件事，你们心中

的规则是什么？是张老师在不在？还是在你所处的环境中该不该安静？"这时反应快的小孩儿脸上略有愧色。我又接着说："如果是第一个规则，那你这三年都得和我形影不离，才能成为一个高素质的人。"孩子们听了哄堂大笑。"如果是后一个规则，你将会成为一名受人尊敬的谦谦君子，因为你自己就能做得很好，做到了君子慎独！"接着，我给他们讲了杨震拒礼的故事，这个故事让他们明白"天知地知，你知我知"即是规则，无需他律。

升入初中的第一天，我为孩子们种下这颗"君子慎独"的种子，但是离开花结果还有着上千天的耕耘劳作。两年多来，"XXX，你又得跟我形影不离了！"这句话成为我跟学生之间的一个"梗"，这个"梗"带着提醒、带着关爱、带着鼓励，让"君子慎独"逐渐内化成为班级的一种自觉。

### （二）"惜时"与"有闲"——让孩子学会做"时间的主人"

一日课间几个孩子围着我闲聊，其中一名女生说："张老师您看，侯同学每天作业完成又快又好，成绩好不说，还有时间打篮球，而我每天都在学习，根本没有玩的时间，却还是追不上他！太气人了！"其他学生也是纷纷点头，我笑了笑反问她："你觉得为什么？"她有些无奈地说："他太聪明了！"我没有直接回答她的疑惑，而是又问道："你们想知道他是怎么做到学和休闲两不误的吗？"大家异口同声："当然！""孔子曰：不愤不启，不悱不发。你们今天观察一下他，明天咱们揭晓谜底。"

第二天一早，我拿着一个不太大的瓶子和一个袋子走进班里，孩子们都好奇地看着我，"今天我们一起来做个实验吧。"随后我拿出准备好的几个乒乓球，一包石子，一包土和一瓶水，问："谁能把这些都装进这个瓶子里？"大家表示这么多怎么放得下？经过一阵讨论后，有同学举手："先放乒乓球，再放石子，然后放土，最后倒水。"我一步一步操作，神奇的事情发生了，看似不可能，但真的做到了，教室里感叹声不断："太神奇了！"我追问："如果我们先放土，乒乓球还能都放进去吗？说明什么道理？"我特意点了侯同学来回答，他说："做事前要先规划好顺序，有先后，分清主次。"随后我叫起前一天感慨的那位女生，问："你观察到侯同学是怎样做到'惜时'和'有闲'的吗？"她胸有成竹地说："老师，我昨天一直在观察他，我看到他课堂听课特别专注，眼睛一直看着老师和黑板，自习课也是抓紧时间写作业，基本上都没有抬过头。"谜底揭晓。

我继续补充："瓶子代表我们有限的时间，乒乓球代表重要的事情，比如课堂学习、作业和体锻，石子代表比较重要的事情，而土和水代表娱乐，顺序要正确，合理规划时间，做事一心一意提高效率，就能做到学习和休闲两不误了！"同学们豁然开朗。

我们可以留给孩子财富，但无法留给他们时间，哪怕一分一秒，我们能做的是教会他们如何正确把握和支配时间，做"时间的主人"。

**（三）培塑内驱力——让孩子成为自己的"第一责任人"**

鲁迅先生说过一句话：他们应该有新的生活，为我们所未经生活过的。抛开这句话特定的年代背景，单是它所传达的"孩子应该有自己的人生"这一含义，就对我的教育工作有很大启发。

小罗是我班的一名优秀学生，学习刻苦，遵守纪律，老师布置的所有学习和活动任务都能一丝不苟地完成。有一天我无意间发现，他的微信朋友圈签名是"我学习，妈快乐，学习使我妈快乐"。这让我感到很不安——风平浪静的背后可能酝酿着滔天巨浪。小罗这样的孩子，看似表现优秀，但可能并非出于自身的内驱动力，这样的学习和生活消磨了孩子本该有的兴趣和热情，很难发展出属于他自己的应世智慧，未来出现的问题可能比现在调皮捣蛋的孩子更严重。

有这种想法的孩子每届都有，少则三五个，多则十几名。面对这样的情况，除了与家长沟通，共同帮助孩子释放自我，培塑内驱力之外，我还集中找这些孩子谈心。内驱力建立的基础是树立理想和志向，对于一艘不知道方向的船来说，无论哪个方向的风都是逆风。我利用班会，给孩子发放时间胶囊，让他们暂时抛开家长的期许、抛开分数的要求、抛开繁重的学业，用一节课的时间静心思考两个问题：我最喜欢研究的东西是什么？我未来要做的工作是什么？孩子们把答案写在小纸条上，放进时间胶囊里。我与孩子们约定，多年以后，如果答案成真，要来找我"开奖"。这个过程看似形式大于内容，但对于孩子来说却是一个从"无感"到"有心"的过程，是从"拔苗助长"到"自我萌发"的过程。

## 二、教育需要"做减法"——增"留白"，去"功利"

"双减"实施以来，从大形势看，作业量明显减少。的确，那些只着眼于眼前分数的功利作业，待学生毕业后，这些作业也就戛然而止，宣告结束，几乎对学生的人生没有任何滋养。我希望能给学生留一份值得一生去完成的作业，即便告别了校园，也愿意继续完成，这样的作业才会具有"生长"的力量，将不停留于当下的某时某刻。为此，我设计了一份立足日常，又着意长远的作业，既是给学生布置的，同时也是给自己的要求。

我给学生布置"留白"作业：要求学生每周必须拿出一定的闲暇时间，去看电影、参观博物馆、走进大自然、学做菜等。假期也不能成为另一个小学期，我倡导家长带孩子一起开启一段旅行、参加公益活动，到家长单位去参加职业体验，观察社会百态，体验五味人生。

我给学生布置"相约20年"的作业：要求学生想想20年后希望自己从事哪方面的工作，希望自己有哪些文体特长，希望成为一个有着怎样做事风格的人。

### （一）增"留白"——丰富人生体验

美的东西需要在广阔的天地里去寻找。我让孩子们用"留白"的时间开启一段旅程，将所见所闻拍成照片、视频，制作成课件，写下游记，讲述其中的故事，让那段时光变得清晰且有意义；走进大自然：放下手机，来到室外，可以是玩泥巴、播种、采野花、放风筝、骑单车……

许多国家都把博物馆喻为"人类的良心"，一个人看美好的东西多了，才不容易被不美好的东西蒙蔽。我让学生在参观博物馆前先搜集资料，参观后进行梳理，可以通过课件的形式讲述自己的发现和理解。

用"留白"的时间学做地道的菜，三年下来至少是六道菜，或请教或自创，并拍下全过程。回看时，会发现不只创造了舌尖上的美味，更创造了与亲人之前的情味。

### （二）去功利——让热爱成为驱动力

唯有热爱才能让孩子在潜移默化中，在兴味盎然的探索中提升素养与能力。

跟随着我校海量阅读工程，让学生爱上阅读，培养阅读的兴趣。我要求学生不拘于读哪些书，凭着兴趣和热爱读下去。书籍是活着的声音，阅读不但医愚，还能医俗，希望学生三年至少读50本，涉及6个以上的领域，写读后感，使之成为一种习惯，甚至是一种生活方式。

我要求学生看电影，电影是艺术，也是生活，好的电影是对人的生命行为的一种叙述和反思。鼓励学生试着写影评，并学习他人优秀的影评，这样提高自己的欣赏力和理解力。如果有兴趣，还可以为经典片段配音，既有趣又有意义。

我鼓励学生定期参加学校和社区组织的志愿者活动，或长期帮助一个需要帮助的人。每天坚持体育锻炼，培养至少一项体育爱好，不仅为了体育中考，而是养成一种健康的生活方式。培养一项兴趣爱好，帮助自己度过自足的闲暇生活。

这些是我留给孩子们一生都可以去完成的"作业"。

卢梭说：误用光阴比虚掷光阴损失更大，教育错了的儿童比未受教育的儿童离智慧更远。国家"双减"政策的实施为我们教育者指明了方向，我们要做的就是静下心来，用行动和时间引领孩子慢慢靠近智慧，为孩子点燃一把思想的火炬，照亮他们前行的路。

# 仁者不忧，勇者不惧，智者不惑

韩　凌

在全国上下共同应对新冠疫情之际，高二（6）班的师生们，认真落实教育部提出的"停课不停学，成长不延期"的号召，虽然师生们不能面对面地沟通，但高二6班的同学们在老师们的精心指导下，充实地学习、锻炼和生活着。

我觉得班主任应该是一个懂得感受幸福、创造幸福的人，他应该有着浪漫的情怀、澎湃的心胸，能带给学生温暖，传递给学生希望。好的班主任应该是具有悲悯情怀、人文精神的布道者！今年1月份才刚刚接手这个班，就遇到特殊情况。过去的两个月里，我用心努力着工作，虽然很累，但我享受着作为一名班主任老师的幸福。

## 一、做一个仁爱的班主任，因为仁者不忧

### （一）要有一颗博爱之心，让爱的光芒普照"众生"

刚接手这个班，我还都没有家长们的联系方式，每日的体温报表就是一张张的集结令。我快速地联系到每一位孩子、家长，建立微信群，通过问卷星收集所有同学和家长的电话。疫情严重，孩子们不能出门，不能开学，很多同学的内心也是焦虑的。开学前一天，高二（6）班在微信群组织了一个简短的开学典礼仪式，我给大家写了一封信，增加仪式感，消除同学们的焦虑。我通过多种方式和同学们沟通，或用微信，或用电话或利用直播平台，既有分层探讨，也有一对一的谈话。在和每位学生的互动中，让他们感受到来自老师的关怀。我总是会跟我的学生说"我们要彼此想起、感到温暖""班主任是学校里

你最亲的人"。班主任应以一颗博大包容的心接纳所有的学生，不要让他们感到被冷落，让他们在爱的包围中修复矫正，完善自我。

### （二）要有一点"偏爱"之心，让爱的阳光射进"角落"

在寒假里，彭苛芮全家由于探亲被滞留了湖北荆州。她现在怎么样？身边的亲戚还好吗？有没有带电脑回去？能够正常听网课吗？一系列的担心瞬间闪过。我赶紧给孩子妈妈打过去电话。电话那头，听到苛芮妈妈熟悉的荆州话，久违的乡音，让我鼻子一酸。因为我也是湖北黄石人，在这次疫情期间，亲戚也有在医院工作的，听到了太多的感动，家乡得到了太多的帮助。和苛芮妈妈沟通完，我也踏实了不少。孩子妈妈是医务工作者，非常注意预防和保护。身边亲戚也没有得病的，姥姥家房子是个独栋，生活也有保障，孩子的学习用具以及电子产品都随身携带，没有任何学习障碍，后阶段，家校配合，共抗疫情。另外，孩子妈妈特别担心北京如果开学还没赶回去，怕孩子耽误了课程。我也给家长吃了一颗定心丸：如果开学，孩子缺的课，老师们一定利用休息时间，帮孩子补齐！

班主任工作中，总有一些"偏爱"，是要给特别的学生，得到老师特别的关注，让爱的阳光射进"角落"，最终达到共情！

## 二、做一个勇敢的班主任，因为勇者不惧

### （一）首先要勇于不敢，有所敬畏

作为一个班主任，要对自己这份平凡而又不普通的职业怀着敬畏之心，因为敬畏，所以不敢，不敢懈怠，不敢矫情，不敢对学校的托付随便敷衍，不敢拿学生的前途随意玩笑。一旦接了班主任这个任命，我就要有一种使命感：这是我的班，我要努力把它带好，我不敢不负责；因为不敢，所以认真，我会认真地管理好班级。疫情期间，看不到学生，我如何管理好他们？我刚上任，学生不听我的怎么办？我请来了救星，我把年级主任张琳老师请进学生群，直接进入班级群亲自督促管理。张主任还利用周末时间倾听我的苦恼和困惑，指导我带班的具体措施和方法。在张主任的鼓励下，我大胆管理，和学生倾心交流，并联合科任老师商讨如何促进学生学业品行双发展。

### （二）一个勇者还应该懂得反思，善于学习

我从来没有直播过，第一周的直播课堂，我把 PPT 和课案提前发给学生，

课上主要是讲练结合。通过学生的作业发现效果并不好。学生认为自己手头有了资料，就可以自学了，可是又没有坚持自学，直播也没听，时间全耽误了。我就思考，为什么培训机构的老师能够吸引住学生，难道真的仅仅是奖励卡吗？观察我儿子的课外网课，我也学了几招。第二周开始，我调整了数学课堂，我所有的课上知识，不提前告诉同学们。课上，当我向学生展示例题和练习的时候，每个人都是公平的，谁也没有提前看到题目。好，此时，快速思考，动笔计算，把答案输在聊天框。有了这种竞争意识，课堂不再是沉闷的，看到聊天框蹦出的答案可以想象出网络的那头同学们奋笔疾书的样子，我笑了。看到课堂人数从40多人到70人，我也是很开心的。是的，作为一个老师，不管是教学还是教育，在处理学生问题时应常常扪心自问："有没有更好的方式？"用反思出来的教育方法、教育规律来指导工作，会更有效果。

## 三、做一个有智慧的班主任，因为智者不惑

### （一）全面了解学生，做一个出细活的"篾匠"

教育的智慧是建立在理解的基础上，教无定法，教育所面临的个体是变化多样的，因材施教才是硬道理。不同学生，应有不同的教育方式。比如我观察辛雨卿同学，他不听课，也不交作业。我先打电话从其他同学口中了解他的性格特点，然后微信和他妈妈沟通，了解到孩子爸爸长期在外工作，一直由妈妈一个人带大，天生敏感。了解了这些情况后，再和孩子聊天，从看到的民族团结，到生命的意义，到感恩家长。聊天中委婉细腻，特别注意保护他的自尊心。另一个同学张天阳，平时就大大咧咧、行为随便，我采取"当头棒喝"的方式以促其警醒。在这一段特殊的日子里，白天教学，晚上电话沟通。家里人笑我像个"篾匠"，总是喜欢和学生磨来磨去，殊不知，细致的篾匠才能织出精美的笼子，而一个细致的班主任，才能走进学生心灵，引导他成长！

### （二）注重人格养成，做一个有魅力的"领袖"

班主任真正的智慧应该体现在对学生进行健全人格的引导、健康成长的促进上，一个智慧的班主任给予学生的不仅是知识，更重要的还有学生对世界的正确认识以及他们对生活的乐观态度。海量阅读是171中学的必修课，坚持了十年。疫情期间，我们一样坚持。每周二和周五同学们阅读完后在班级群分享感受，之后我会点评。不仅对他们进行"家国天下"和"慎独自律"的责任

意识培养，还会针对疫情期间发生的一些热点事件组织探讨，让他们能明辨是非，弘扬正气。还建议他们每周自我反省，"见贤而思齐焉，见不贤而内自省也"，在学习过程中完善自我，我告诉他们真正的人才应该是"有知识、有文化、有人格"！我深刻地认识到：班主任一定要纵观全局，要在学生心灵成长、人格养成方面做他们的精神导师！

孔子曰："仁者不忧，勇者不惧，智者不惑！"一个班主任，如果能做仁者、勇者、智者，达到如此高的人格修养，又怎一个好字了得！我会继续坚守岗位，传递正能量！

# 教书育人是历久弥新的挑战

## ——给新任班主任的建议

刘　晶　高新华

随着新学期的开学，一定有不少老师承担班主任工作。对于那些初当班主任的老师，在充满期待、摩拳擦掌的同时，可能还有些许的不自信、一丝的忐忑。笔者是示范高中的年级组长，兼任班主任，曾经获得过"紫禁杯班主任"称号，在此想将自己走过的班主任之路和青年班主任分享。

## 一、要树立清晰的班主任工作理念

做工作之前，树立清晰的理念是有必要的。积极的工作理念能够引领我们前进，是我们在茫然时找到前进方向的保障。我们做学生时都有自己的班主任；工作中也见过、听说过很多班主任。老师们风格不同、理念各异，产生的教育效果也不同。这其中涉及最多的就是"爱"和"严"两个词。笔者认为二者并不矛盾，应该统一起来，"爱在细微处，严在该严时"。

### （一）爱在细微处

我们的教育对象是学生，更是孩子。作为老师，我们首先要做"有爱"的教师。《大地总有孩子跑过》一书中提道："所谓'没有爱就没有教育'，'爱'是双向乃至多向的，而不是仅仅是教师对学生的单向的爱的投射。真正的教育，在相爱的人之间展开。"在我们选择做教师的那一刻，我们就要做好付出爱的准备，只有爱学生，在平日里观察学生的美好，学生才能感受到被爱，才能"亲其师、信其道"，从而成为"有爱"的学生。

然而教师应该如何给予爱，学生需要何种"爱"，这是因人而异的。要做到这一点，班主任需要在与学生朝夕相处的过程中，不断地观察和交流，与家长多沟通，清楚学生的成长和环境，从而了解学生的特点。在接班之前的假期，教师可通过问卷星等网络工具，分别设计家长和学生的调查问卷，了解学生的基本情况、性格特点，为"第一次见面"打下基础。通过沟通了解，有两种学生尤其需要关注：其一，家里有全职家长，每天将孩子的生活起居安排得井井有条，但是孩子处于叛逆期，并不认可这样的家庭教育。对于这类学生，我们就不能采用细致入微的"保姆式的爱"，应该给他"忘年交式的爱"，让他以人生导师的视角看待我们。其二，父母很忙，只能照顾到他的基本生活，其他全部靠自己独立完成。这样的学生，自主能力很强，但是内心还是很渴望别人的关心和爱护，因此我们应该给予"及时微痕的爱"。

### （二）严在该严时

学校教育主要就是在班集体中展开的，集体的意义就是让学生形成集体观念，成长为"社会人"，而且集体能够帮助学生、历练学生，从而使学生更加快速成长。但是，现在学生的个性化越来越强，不愿意受集体的约束，不接受老师的教育，表现为屡次违反常规纪律，不愿意约束自己。对于这样的行为，我们班主任就应该体现出"严"的一面，让学生意识到个人应该服从集体，意识到规矩是集体良性发展的保障。

例如，在刚当班主任的时候，笔者通过问卷了解到小威同学的妈妈是非常敬业的医生，经常值班不在家；爸爸负责照顾孩子起居，但是脾气暴躁，经常和小威吵架，使得小威处于非常严重的叛逆期。因此，我采用了"保姆式"和"妈妈式"的爱。除了细致入微地关心他，为了让他平复情绪，我还对他的一些小错轻描淡写，没有让他意识到"老师是班主任"，这就为后来我对他的教育埋下了不良的隐患。终于，在他连续三次在教室内和同学一起玩手机游戏后，我严厉地批评了他，并且一定要家长配合收缴他的手机，这引起了他极大的不满，甚至我对他前面的教育付出全部付诸东流。事后我反思：我以为我给予了他缺失的"妈妈式的爱"，我就可以采用激烈的教育方式。但是，因为我的爱丧失了限度，老师不可能像妈妈一样溺爱孩子；我对他的严厉，是突如其来的，是缺乏弹性的，瞬间的收紧让他认为之前的爱是虚假的。从此，我重新审视了我的"爱"与"严"，形成了"爱在细微处，严在该严时"的教育理念。

# 二、要有恰当的班主任角色定位

作为班主任，每一次面对新生都会有新的挑战。即便我们有着丰富的班主任工作经验，我们旧有的经验、模式、方法，对于新学生也未必合适——因为社会在高速发展，学生的成长环境也不同。所以，班主任也要与时俱进，根据学生的特点，不断调整自己的教育理念，与学生一起成长，把握好自己的角色。

## （一）做"良师益友"型的班主任

初做班主任，教师往往拥有较高的工作热情，愿意投入时间、精力甚至金钱，与学生长时间相处，交流非常深入，甚至购买应急物品、礼物……这些做法很容易拉近和学生的距离，迅速成为学生朋友。这样的做法短期内能看到较好的教育效果。然而我们需要冷静地看待：老师和学生的关系过于亲近，学生首先会把老师定位成什么？老师能把所有的学生都拉近到如此亲近的关系吗？其他关系不够近的学生，如何看待老师的教育管理？学生更需要的是朋友还是老师？对于学生，学校、班级除了是学习知识的场地，还是学生逐步适应集体生活、适应未来社会的地方。我们班主任也应该为学生逐步创设这样"模拟场"，让学生身心都得到历练和发展。所以，班主任应该是学生的"良师"——智慧地"谋"、恰当地"教"、巧妙地"引"，让学生真正地增长知识和能力。班主任也应该是学生的"益友"，帮助学生疏解心理压力、排解消极情绪。

## （二）做"共同成长"型的班主任

无论是与学生相处一年，还是完整带完一轮，教师都会和学生一起遇到一些问题，所以一起处理问题的过程就是和学生一起成长的机会。那么我们班主任是怎样成长的呢？

（1）常怀不足之心，博采众长。在网络如此发达的今天，我们能够了解到、学习到很多优秀班主任的工作理念、方法，积极吸纳转化，为我所用，让我们增加应对各种问题、帮助各样学生的本领。

（2）不堕进取之心，反思改进。随着班主任龄的增加，我们会遇到各种问题，我们一定会做出处理，然而处理完毕，我们应该有反思意识，冷静地分析是否有更好的方案处理类似问题。另外，随着我们的经验不断提升，我们还要警惕经验带给我们的负面干扰。因为，经验仅仅是处理原来问题的历史记录，它适合新的问题、新的学生吗？笔者两年前所带班级学生非常喜欢一个班会环节——"畅聊人生"，然而当我将这个自以为傲的环节移植到本届学生班会中，学生给予的评价是"您的话让我们第二次叛逆"。

（3）甘当配角之心，促生成长。在带班过程中，一定会遇到各种问题，哪怕是排座位、排值日、选班委都可能产生问题。一旦出现问题，班主任要组织学生讨论解决，让他们成为解决问题的主角，成为班级管理的智库，身为班主任的我们需要做好辅助推动作用。经过这样一次次地磨练，学生们就能互相理解，也能提升处理问题的能力，从而获得真正的成长。

### （三）做"因地制宜"型的班主任

初做班主任，青年教师可以学习他人的带班经验，但不要生搬硬套。没有程序化的策略，更没有可以完全照搬的经验。"世界上没有两片完全相同的叶子"，更没有相同的班级，因为每个班级的学生成长环境不同、学生的家长不同、学生的能力特点不同，诸多的不同，班主任带班也必须"因地制宜"，找到最适合本班学生的方式方法。本人听过魏书生老师的报告，他的带班策略是"人人都有事做"，这一点笔者非常认可，我也借用了这一经验。但是我发现，在实施过程中，有的学生不能完成"他应该做的事"，这就不是魏老师经验能够指引我们的了。我就因地制宜地执行了"四步走"策略：首先让学生意识到做好"他应该做的事"是对集体、对个人很有意义的——根据学生特点安排适合的事情——以帮忙、督促、检查等方式陪伴学生完成"该做的事"，并且提出"完工标准"——让学生感受到将"该做的事"做好，是一种巨大的进步，并且感受这一进步带给他的快乐。这样的"四步走"策略，有效地让班级运转起来，让学生进步成长。

### （四）做"合力共育"型的班主任

学生的第一位老师，一定是家长；影响学生最大的人，也是家长；学生身上一定有家长的影子。正因如此，我们对学生教育一定不能离开家长，孤军奋战可能导致疲于奔命。如何形成家校合力，产生好的教育效果呢？最有效的途径就是家校沟通。

（1）尽快了解学生家庭特点、家长特点，达成教育目标、方向的共识，使家校教育逐步汇合到同一方向上。

（2）大致实现教育的"时间尺度分工"，即在学生周末、节假日等时间，家长的教育成为学校教育的延续，避免我们常说的"5+2=0"的现象（上学五天＋周末两天＝一周白学）。

（3）通过会议，成立家长委员会，班主任成为家委会的发展建议者，成为家委会的舆论引领者。

小宇是一名休学复课生，因为重度抑郁的心理问题长期缺课后转入我班。进入新集体后，一方面他要调整自己的心理状态，一方面还要适应新的环境。身为班主任，我首先在班级创造和谐氛围。即使在大家主动接纳他的情况下，他也依旧会出现反复的情绪变化，从而导致缺课，进而缺考。在这一个学期的学习生活里，他从未参加过集体考试。家长也一直表示希望能给孩子一些时间，让他慢慢鼓起勇气。作为班主任，我深感理解且配合家长，给孩子调整的时间。直到本学期期末，通过和家长的沟通，我们一致决定，让小宇不再逃避，参加考试。因为如果我们一直给他时间，他就会一直逃避，极有可能再次面临休学。所以为了让他勇于面对现实，敢于直视问题，我和家长制定策略，分别跟小宇进行沟通，在沟通与鼓励之下，该生终于下定决心参加考试，有些科目考得也不错。借此机会，我抓住机会和小宇以及家长一起交流，回顾本次考试的得失并且对小宇进行了鼓励，小宇的脸上浮现出了久违的微笑，眼睛里露出了一丝光亮，我知道我的工作已经找到了正确的方向。

所以身为班主任，我们要做家长的盟友，做有利于孩子成长的决定，和家长一起关心、爱护、鼓励学生，帮助他们成长。

## 三、要抓住教育教学的育人时机

作为班主任，一定是班级教育工作的主要承担者和实施者，同时一定还有自己任教学科的课堂教学任务，这两个看似泾渭分明的角色，一定要和谐统一起来，才能让自己教育教学健康发展，让学生在德智体方面全面发展。

### （一）抓好德育教育主阵地

班会、晨训、晚点评等是班主任进行教育的主阵地，要认真准备，充分发挥作用。班主任可以根据学校要求，进行相应的教育活动；也可发动班级学生，解决班级存在的问题或制定班级发展方略；还可以以小组或个人的方式接受任务，探讨社会热点、科技前沿等，让学生的思想与时俱进。

在高一第一学期期中考试后，学生们取得的成绩与心理预期有很大差距，本人召集班干部共同协商，研究成绩不理想的原因及改进方法。之后召开班会，同学们共同探讨，最终决定组建学习小组，日常探讨学习问题，定期开展小组学习活动，班级学习氛围明显提升。在疫情居家学习期间，学生普遍反映自控力较弱。本人作为班主任，组织学习小组组长线上会议，研究各组提高效率的方法，各个小组呈现出多种学习方式，如："诗歌飞花令""网络自习室""模拟考场""每日一题"等。通过一段时间的执行，最终在网络班会上进行展示交流，取得了良好效果。

### （二）把握学科育人契机

根据学科课程标准，我们可以看到，无论哪个学科，都要坚持"立德树人"。育人不光是班主任育人主阵地的任务，还是身为学科教师的我们应该去关注的。育人契机是每位老师都应学会抓住的。就英语学科而言，有的单元讲述体育精神，有的讲述科学精神，有的介绍文化节日，有的讲述美德……这些都是我们可以把握的育人点，让学生通过名人事迹，探究人物品质，树立学习榜样；通过文化知识弘扬文化自信；通过故事文本体会人生哲理……可以说，学科教学的课堂是学生学习科学知识的主阵地，这决定了学生学习的效果，重要性不言而喻，把握好育人时机能给知识的讲授锦上添花。

教育教学应该是互相渗透的关系，而非互相占用。有的年轻班主任很有可能受到学校德育部门为本班量化打低分、个别学生出现问题屡教不改、学生违反纪律等班级问题困扰，从而在自己教学的课堂上不断强调班级问题。笔者坚决反对这样的行为。首先，没有犯错的同学不能学习学科知识，会产生抵触情绪；其次，大量耽误课堂教学时间，如果后续弥补，必然占用其他时间，自己的教育将愈发艰难。再有，如果经常让课堂教学受影响，教学效果必然打折扣，学生也会对班主任的教学能力产生信任危机。

总之，做好班主任对任何老师而言都是一种挑战，因为我们面对的是个性鲜明的学生。他们思想尚不成熟，会产生层出不穷的问题。因此，我们班主任必须用一颗热爱之心投入到班级工作中；用一种爱学习、善研究的习惯投入到班级工作中；用一股肯付出的尽头投入到班级工作中。这样才能促进学生健康快速成长，这样也能激发我们的职业幸福感。

# 重视劳动教育　提升劳动素养

张奕平

随着社会发展，在家庭中存在着一定程度的重书本教育、轻劳动教育的倾向，一些青少年中会出现劳动观念淡薄、生活能力欠缺、不珍惜劳动成果、不想劳动、不会劳动的现象，劳动的独特育人价值在一定程度上被忽视，劳动教育被淡化、弱化，但劳动素养对于中小学生有着重要的意义和价值，在中小学教育中需要采取有效措施更加积极地开展、加强劳动教育，探索培养劳动素养的实践路径。

## 一、劳动教育的价值

劳动素养是个人在长期的劳动学习和时间过程中逐渐形成的，劳动教育不仅有利于学生掌握劳动技能，更是对学生劳动观念、劳动习惯和劳动品格的培养，使学生树立正确的劳动价值观和劳动态度，养成劳动习惯的教育，对于个人终身发展和适应社会发展需要有着至关重要的意义。

### （一）劳动教育可以培育学生的良好品格

劳动教育有助于培育学生正确的劳动价值观。近年来，功利主义流行，出现轻视体力劳动、歧视普通劳动者的不良现象，劳动教育可以促进学生形成劳动价值观、养成劳动素养，培育学生认识劳动、尊重劳动，帮助学生形成正确的劳动观点、积极的劳动态度以及热爱劳动和劳动人民的情感，激发他们对于劳动的内在热情，逐渐形成爱岗敬业、艰苦奋斗、甘于奉献的优秀品质，劳动教育中的体验与感悟促进了学生对生命精神境界的自我提升，使他们焕发出热情和力量，劳动教育不仅唤醒了学生的内在生命意识，还浸润了他们的生命品格，促进其生命的生长。

### （二）劳动教育可以强健学生体魄，磨炼学生意志

在劳动教育中，学生亲身参与进行实践，在此过程中，学生不可避免地会遇到一些挫折，面对困难，有人失落，有人难过，有人愤怒，也有人焦虑。但消极的情绪过后，学生能逐步意识到正面挫折、战胜困难才能获得成功。他们在感悟挫折的过程中逐渐拓展了思维的宽度，深切地发觉所有人生命深处都蕴含着自我承受能力、自我调节能力、自我修复能力，从而学会在逆境中生存，培养自强不息的精神。而在劳动教育过程中，学生的体质得到了锻炼，他们在实践中逐渐增强对自然、对世界的控制感，动手能力得到增强，同时也增强了忍耐力和恒心，锤炼了意志品质。

### （三）劳动教育是个人发展与社会发展的统一

劳动教育是为了促进人的全面发展基础上掌握职业技能，做到全面发展与重点突破相结合，劳动教育促进与德育、智育、体育、美育的有机融合。劳动教育的价值诉求在于培养全面发展的人并且赋予其实现有意义和有尊严的生活能力。以劳树德、以劳增智、以劳健体、以劳育美，德智体美劳全面发展的教育理念是素质教育体系的价值基础，也是健全人格和培养全面发展人才的基础。劳动是人类创造财富、生存壮大的唯一途径，人类在劳动过程中创造知识、传递知识，通过劳动，人们实现个人的价值和发展的同时，也为日后走向社会打下基础。

## 二、劳动教育的实施

### （一）劳动教育的实施原则

1.劳动教育应准确把握并实现其价值取向，通过劳动教育要引导学生树立正确的劳动观，崇尚劳动、尊重劳动，增强对劳动人民的感情，报效国家，奉献社会，着力提升学生综合素质，促进学生全面发展、健康成长。

2.劳动教育的开展要尊重教育规律，结合学生年龄特点，以体力劳动为主，注意手脑并用、安全适度，强化实践体验，让学生亲历劳动过程，提升育人实效性。

3.劳动教育活动的开发要符合时代特点，能够适应现代社会需要和科技发展，注重社会服务新变化，针对劳动新形态，改进劳动教育方式。

4.劳动教育实施要根据各地区和学校实际，结合当地在自然、经济、文化等方面条件，整合家庭、学校、社会各方面力量，充分挖掘可利用资源，拓宽劳动教育途径，采取多种方式开展劳动教育。

## （二）劳动教育的实施内容

### 1.创设校园热爱劳动的文化建设

营造良好的校园环境，可以让学生在社会化、人性化和科学化的校园环境中潜移默化地感受劳动教育，例如在学校的宣传栏、走廊墙壁上可以悬挂有关劳动的名人名言，班级的黑板报、专栏等都可以围绕热爱劳动的内容开展布置，同时利用学校的广播站、校园电视台等多方面宣传进行劳动展示，使全体师生了解劳动教育的基本内容、要求和重要意义，牢固树立学生的劳动意识，营造浓厚的氛围，形成"人人知劳动"的良好氛围，为"人人爱劳动"打下认识基础。

### 2.落实校园常规的劳动活动

劳动教育可以提高学生独立生活的能力，将这些日常生活中必需的技能作为学校常规的劳动内容，如每天的校园环境打扫、班级值日、学生打餐服务、车辆码放、值周任务等都是学校必备的常规劳动内容，让学生积极地投入日常的校园整理和清洁劳动中，将观念转化为行动，让学生会生活、爱生活，自觉承担起校园、家庭、个人的基本劳动责任。

### 3.进行适时的校园劳动体验

在校内常规劳动的基础上，教师可以抓住契机，适时在班级中带领学生参与不同于以往的劳动体验。例如，可以组织学生在秋季进行校园内果实的采摘处理，冬季组织学生清除积雪等，这样的劳动体验不仅能多方面培养学生劳动技能，学生获得的感受往往对劳动情感的提升有更显著的作用。曾经有我班学生在进入高三后，因为大量的学习资料无处安放，班里环境显得杂乱和压抑，这时候学生提出集体购买个人物品柜用于放置书籍，在获得全班同学的支持后，学生进行了挑选采购组装。开始教室里的组装工作显得杂乱无章，但很快学生在劳动的过程中就摸索出了自己的方法，学生的劳动体验过程从无序到有序，从个人独立工作到流水线集体作业，打眼、拧螺丝、组装柜体、安装柜锁，没有花费太多的时间就把全班的柜子都组装完毕。看着自己的劳动成果和整齐温馨的教室环境，学生也获得了极大的成就感。在整个劳动过程中，也增进了学生之间的感情，体验了不一样的劳动过程。

4. 引导开展家庭劳动展示活动

家庭对学生的教育起着至关重要的作用，鼓励家长创设家庭劳动教育情境，在日常生活中潜移默化地引导孩子从家务劳动中体会劳动的价值和光荣。通过家庭中的劳动相关活动，不仅能持续提升学生参与劳动的意识，同时也能丰富学生的课余生活，感受劳动的乐趣，体验劳动的价值，让学生在劳逸结合中获得健康、全面的发展。学校通过活动可以引导学生积极参与家庭劳动中，如开展"劳动技能比赛""劳动小能手""大厨当家"等展示活动，使"热爱劳动、劳动光荣"思想意识扎根学生心里。

5. 组织学生参加社会劳动实践

劳动教育活动不仅可以在校内、在家庭中进行，还可充分挖掘利用社会资源，让学生走出校园，走进社会大课堂，进行平时接触不到的劳动内容，如对于城市的学生开展学农教育、到工厂公司进行职业体验等，结合现代社会需要和当地的传统产业形态，开辟劳动教育实践基地，丰富学生的劳动形式，强化劳动教育。

劳动是学生成长成才的必修课，我们应在中小学中重视劳动教育，努力形成劳动教育的氛围，使得家庭劳动教育日常化，学校劳动教育规范化，社会劳动教育多样化，形成协同育人格局。在全社会中倡导崇尚劳动、尊重劳动者的风气，让劳动的种子深植学生心中，逐步提升学生的劳动素质，促进学生的全面发展，让学生成长为堪当民族复兴大任的时代新人。

# 多种点卡营造多彩生活 多元评价展现多样风采

## ——北京市第一七一中学奖励卡评价制度

孟　璟　彭春雨

这是一种带有神奇魔力的卡片，它让我们不惧困难，愈挫愈勇，团结协作，勇往直前……什么样的卡片能有这么大的力量？那就是我们一七一中学的奖励卡。

美国心理学家斯金纳提出了强化理论。所谓强化，指的是对一种行为的肯定或否定的后果，在一定程度上会决定这种行为在今后是否会重复发生，而对学生的某种行为或行为结果进行科学的奖励，即予以强化，此行为就会被固定下来形成习惯。

奖励卡的本质属于心理学上"代币奖励法"的范畴。代币奖励法是一种由心理学上的强化原理发展而来的教学方法。奖励卡评价制度成功地运用强化理论，通过代币物及其相对应的后援强化物对学生形成刺激，激发学生的学习动机，帮助学生形成稳定且良好的学习习惯。

年级不仅利用奖励卡对学生的行为进行强化，更重要的是奖励卡评价制度展现了师生美好风采，营造了丰富多彩的校园生活。

## 一、奖励卡评价制度——美好滋养，唤醒神奇

### （一）奖励卡的使用范围

年级所有班主任及任课老师均可发放奖励卡。学科教师发放本学科奖励卡，班主任发放品德奖励卡及小组奖励卡。

**（二）奖励卡的奖励原则**

奖励进步、奖励突出、奖励参与、奖励奉献、奖励品行、奖励创意、奖励自强、奖励共赢……

**（三）奖励卡的领取与使用规定**

1. 年级组长负责奖励卡的发放与登记。

2. 学科奖励卡均以备课组为单位按月领取。

3. 每位任课老师至备课组长处按课时领取，每课时2张。

4. 班主任按实际工作日领取，每日2张品德奖励卡，1张小组奖励卡，可分发给班级组内教师。

我们实行的是全员奖励卡评价制度。每一位老师都可以发放奖励卡，奖励学业成绩优秀，作业认真，课上积极发言，有新创意和想法，热心为班集体服务，值日又快又整洁；等等。奖励卡的奖励的内容几乎涵盖了学生们在校生活的每一个细节。只要你做得好，只要你有进步，就能得到肯定与奖励。

## 二、奖励卡设计各显神通——自成宇宙，万物生花

发给学生的奖励卡要有吸引学生的画面，更要有学科特色和时尚元素。所以，奖励卡的设计也不能是一劳永逸，而要根据学生的特点、学科的变化、时政特点进行调整优化。学期初，我们就对年级里所有学生进行了动员，希望更多的人参与到我们奖励卡设计团队中。

在第一次奖励卡征集活动中，我们惊喜地看到，仅语文一个学科就收到了14张各具风格的作品，真是让我们非常欣喜。每一次奖励卡的设计征集都由辅导教师张江带领年级宣传队进行年级动员、作品收集、海选、投票等环节，经过层层把关，精挑细选，最终挑选出设计美观、学科特点明显、思想积极的奖励卡模板。这些模板标注了设计者的姓名和班级，每个设计者可以获取一套完整的奖励卡作为纪念。确定的奖励卡模版，再经过张老师的悉心指导、年级宣传队的编辑加工，最后印刷出版，按照配额发放到年级老师手中。

奖励卡设计征集活动，不仅锻炼了学生团队的组织能力，丰富了学生的校园生活，也挖掘了年级学生的艺术潜能，展示了学生的风采。

作为奖励卡的设计者，初三（15）班陈乐同学说："当看到我的设计被制作成奖励卡时，内心就像有一束束阳光照射进来，无比温暖，无比快乐。更让我

自豪的是，用我的努力和才华为学校做出独属于我的贡献。"初三（4）杨语晴说："看着我设计的奖励卡在全年级发放，被同学们喜爱，小心珍藏，一种自豪感从心底油然而生。我捧着奖励卡，心里感慨万千，自己的努力终见成果，激动之余是骄傲与感动。"

三年的奖励卡版面征集根据各个学期的不同学情，选用了不同主题。

## （一）初一上学期

学科奖励卡：语文、数学、英语、生物、地理、历史、政治

综合学科奖励卡：音乐、美术、体育、劳技

品德卡（个人卡）：

小组卡：

期中考试优秀表彰奖励卡：

山东研学纪念奖励卡：

这是我们初中三年唯一一次离开北京的研学活动。为期一周的研学充实而有意义，用奖励卡的方式记录下来，让学生看到卡片就能回忆起那段美好的时光。

### （二）初一下学期

由于疫情的影响，这是我们经历的非常特殊的一个学期。学生们居家学习，适应线上课程，虽足不出户，生活却一样多彩。我们特意设定了特别版面的奖励卡，以纪念这个特殊的学期：

"人心齐　泰山移"奖励卡：

"海量阅读、体育锻炼"奖励卡：

"停课不停学，我们在行动"学科检测奖励卡

"停课不停学，我们在行动"网课学习奖励卡

"停课不停学，我们在行动"纪念版奖励卡

"停课不停学，我们在行动"是一七一中学初一学生坚定不移的学习态度，他们将自己在疫情居家学习期间的绘画作品收集起来，汇成了奖励卡背面的图画。背面四个大字是"众志成城"的口号，也是学生们信念的表达。纪念版正面图片上带着护目镜，身着防护服的白衣天使，眼睛虽被花瓣遮挡，但相信终有花开疫散的一天。学生们美好的期待与祝愿，都融汇在奖励卡的设计之中。

## （三）初二上学期

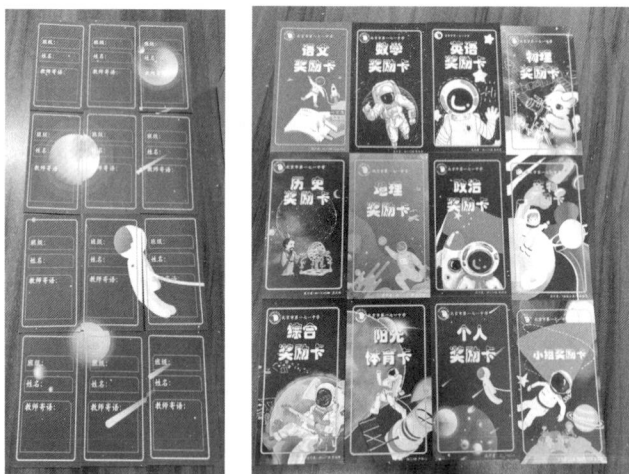

随着中国航天航空事业的蓬勃发展，年级特别制作了一套太空主题奖励卡，而更加吸引人的是，这套奖励卡的背面是一副拼图，可以拼合成一幅航天员出舱的画面。这样别具匠心的设计促使学生要在每一个学科都有所进步和发展，这样才能集齐所有科目的奖励卡，最终完成拼图。

### （四）初二下学期

这是学生们在东校区的最后一个学期。由于疫情停课，好像还没有来得及和这个充满活力与魅力的校园好好交流一下，就要分别了。于是，我们选定校园中一个个魅力地点作为奖励卡的模版，给学生们留存住那个被肯定和赞美的教室，那个被欢笑声和鼓励声充盈的校园。

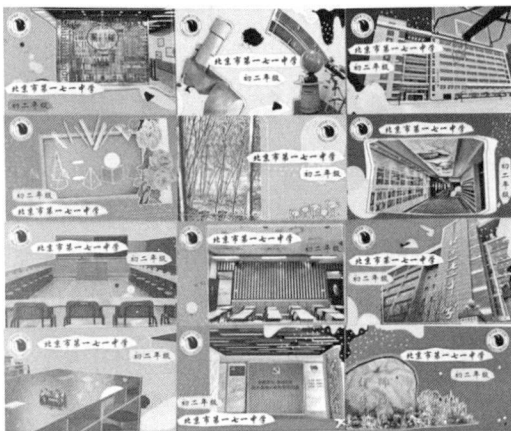

### （五）初三上学期

初三进入了中考的备考关键时期，学生们创作热情不减，新颖的设计层出不穷。辅导老师和宣传队从票选结果中选定了"人教版教科书版面"作为初三上学期奖励卡的最终版面。卡面依然是学生们自主绘制的图画，而小组奖励卡则选用了18个班级的"初三班级誓言"汇总为一张促人觉醒、催人奋进的卡片。

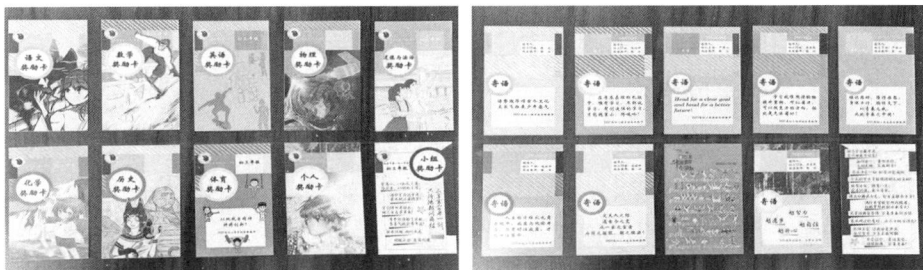

### （六）初三下学期

到了中考的冲刺阶段，大部分学生的中考目标都是171中学高中部。我们就将这个美好的目标印在奖励卡上——全科满分，经过努力，就不会是梦！而9张学科奖励卡的背面竟然是一张从东校区向北校区进发的地图。小组卡设计为一张孩子们喜闻乐见的"全能签",背面的寄语——"期待再遇见"寄托了所有老师对学生的殷殷期待。

六个学期的奖励卡设计饱含着师生的智慧和心血,非常有留存的价值。

## 三、奖励卡实施各显所长——立德树人,心怀天下

陈爱玉校长有着独特的育人理念——"让优秀生更优,普通生成优,潜质生向优。"奖励卡的实施就是在陈校长的理念指导下进行的。

### (一)学科奖励卡

顾名思义,就是给在学科学习中学有所长或学有长进的学生准备的卡片,以便激励学生在学习上更上一层楼;学科老师还会奖励那些听讲认真、作业认真等学习态度端正的学生。在教学中使用代币奖励法,发现它能够帮助教师稳定课堂纪律,提高课堂教学效率,也能较大程度激发学生学习的热情,提高学生的课堂参与度,对课堂的顺利推进有着很大的帮助作用。

### (二)品德奖励卡

品德卡是为了奖励那些在生活、品质方面表现突出和进步的学生。积极参与志愿活动可以获取品德卡,乐于帮助他人可以获取品德卡,热心班级劳动可以获取品德卡,积极投身志愿服务也可以获取品德卡……

在班级活动中使用代币奖励法,品德卡的发放可以激发学生不断提升自我修养,营造充满正能量的班集体。

### (三)小组奖励卡

陈爱玉校长曾经说过:"小成功靠个人,大成功靠团队。"学校不以个人成

绩论好坏，而以团队成绩论成败。年级对学生的评价也汲取了陈校长的经验，以小组为单位，对学生进行全方位的评价。

北京市第一七一中学长期坚持小组合作学习模式。每个小组成立之初，都会给自己的小组取一个团结奋进的组名，设计一个漂亮的 LOGO，制定符合自己小组实际情况的奋斗目标。教师授课时，会在黑板一侧的"小组评价表格"中随时对小组表现进行打分。当堂课结束，根据得分高低评价优秀小组，由此诞生了"小组奖励卡"。

小组奖励卡就是对一个小组在学习或生活方面表现突出或进步的奖励。小组卡获取的难度较大，要求每个学生有集体荣誉感，有团结合作能力，当然，小组卡的性价比也较学科奖励卡高，一张组卡的价值相当于六张个人卡。

这样，无形中促进了小组长的管理水平和能动性，也激发了小组成员之间的互相激励和监督，更刺激了潜质生的向上、向善发展。

### （四）教师寄语

奖励卡本身的功能性就很强大，而一项独具匠心的设计更让这种功能发挥到极致。那就是要求每张奖励卡的背面，老师都会写上寄语。这些寄语中，或鼓励，或表扬，或期盼，无论是怎样的话语，都加强了师生的交流。

曹预老师在单梁同学取得佳绩后，在奖励卡上写下了如下情真意切的文字："孩子，请你一定相信，放下包袱才能走得更远，付出努力才能收获硕果。这一次佳绩是对你过去的肯定，从现在开始，请你再接再厉！老师相信你！"

而这项特色设计，源于罗红燕校长的一句话："学校留给年级思想的空间，年级可以根据自己年级的实际情况设计具有年级特色的活动。"

事实证明，那些写在奖励卡背面的寄语，字迹清秀，文笔优美，展现了老师的书法和文学风采，更加深了学生对老师的敬佩，让学生在接下来的学习中，动力十足。

## 四、奖励卡换购各露笑颜——美好当时、流转心间

获得奖励卡是件让人开心的事，而对于学生们来说，更开心的是年级定期举行全年级的奖励卡换购礼品活动。

### （一）学生喜获丰收

奖励卡换购是学生最高兴的时刻，每学期期末考试以后，学校会花巨资

购买丰富的学习用品和食品，开展隆重的奖励卡换购活动。学生们拿出自己通过努力获得的奖励卡精心兑换奖品，个个喜笑颜开；小组同学也根据组卡的多少换取奖品，分享着成功的喜悦；还有同学把奖励卡换购的奖品送给老师和家长，感谢他们的恩情，充分展示了171学子懂得感恩的美好品质。

初三18班王艺伯同学写道："奖励卡换购马上开始，一想到这些卡片不久就会成为学习用品和美食，我既不舍又激动；当看着收获满满的学习用品和零食，我觉得整颗心都被快乐和满足占据。"初三13班熊奕杰同学写道："用通过认真和努力获得的奖励卡换来的零食格外香甜，换来的学习用品格外好用。"

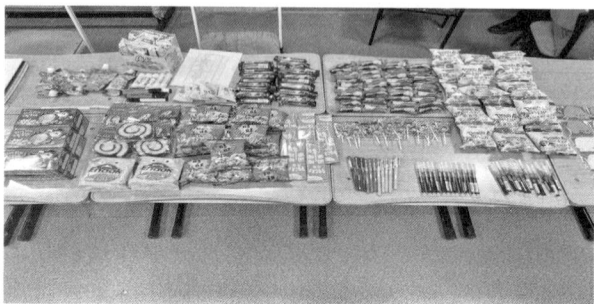

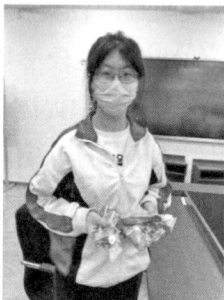

由于换购会剪掉奖励卡的一角，很多同学不舍得将自己好不容易积攒成套的奖励卡进行换购，就会将它们留存起来，小心翼翼地收藏。这里面记录着自己的努力与成功，是初中时代非常有意义的奖品。

**（二）志愿者尽心服务**

年级奖励卡换购活动，需要一批志愿者为大家服务。15和17两个班的学生在班主任的带领下，从初一年级开始就开设了"年级奖励卡换购活动志愿服务岗"。换购活动需要将奖品分类、清点、摆放，并进行最终的面对面换购服务。引领班级学生至指定换购点位，收卡、清点、换购，一气呵成。每次的奖励卡换购活动，两个班的学生都要占用自己的课余时间，提前到达换购地点，分类整理，按照换购张数将奖品分类摆放，收卡剪角，解释说明……每次都忙到放学之后，再进行自己班级的奖励卡换购。

作为奖励卡换购活动志愿者的15班伍思衡同学说："志愿活动让我感受到了团队的力量。换购者人山人海，有时会出现忙不过来的情况。这时，旁边岗位上的志愿者会主动过来支援。让我不得不感叹三年奖励卡换购活动积攒下来的默契。"15班徐峻睿同学说："作为奖励卡换购活动的志愿者，能为全年级同学服务，我感到非常荣幸。看到他们换购到自己心仪的奖品时那喜悦的样子，我也觉得特别高兴。"15班诸晨羽有他独特的思考："看到每个班都有几个同学，手握大把奖励卡来换购。我知道，我还要更加努力，要在接下来的学期中获得更多的奖励卡。"

我们年级作为一七一中学的一员成功地践行着学校的评价机制，让奖励卡这一特色评价机制的功能发挥得淋漓尽致，并且在这三年里一以贯之地坚持下来，这不能不说是一个小小的"大成功"。这也正好印证了陈爱玉校长的那句金玉良言——"小成功靠个人，大成功靠团队"。正是因为校领导的鼎力相助，因为年级老师的精诚团结，奖励卡评价机制成为了我们年级的一大特色，一张小小的奖励卡成了师生和谐的润滑剂，成了学生进步的催化剂，成了学生崇美向善的助推力，更成了集体向优发展的推进器。

多种多样的奖励卡营造出了学生多彩的校园生活，多元的奖励卡评价机制，更展现出学生和老师各具特色的别样风采。

管理创新

# 凝聚党建势能 引领教育高质量发展

雷 宏

建立中小学校党组织领导的校长负责制，是坚持"为党育人、为国育才"根本任务，保证党的教育方针和党中央决策部署在中小学校得到贯彻落实的必然要求。北京市第一七一中学党委充分发挥党组织领导作用，务实履行把方向、管大局、作决策、抓班子、带队伍、保落实的领导职责。把党建工作作为办学治校的重要内容，用高质量的党建引领学校高质量发展、凝智聚力培养德智体美劳全面发展的社会主义建设者和接班人。

## 一、传承红色文化，打造高质量发展之"魂"

一七一中学党委以习近平新时代中国特色社会主义思想为指导，结合"不忘初心、牢记使命"教育活动，以"四史"学习为核心内容，形成系列党课。在校党委会、理论中心组、全体教职工、全体学生中传承红色基因、赓续红色血脉，进一步提高全校师生的思想政治素质和理论素养。

在加强理论学习的基础上，结合一七一中学"有层次无淘汰"的办学理念，校党委将"把一件事情做到底"作为党建理念，依托"红旗党建品牌"，以高质量的党建引领高质量的教育发展。一是凸显政治属性，在理论学习中锤炼党性修养，增强党的领导力。以习近平新时代中国特色社会主义思想和习近平总书记关于教育的重要论述为指导，坚持稳中求进总基调，聚焦中央、市区对教育系统各项要求、核心区建设战略构想、区"双提升"计划等，带领班子成员、党员同志进一步加强理论学习，提升思想境界、理论水平。二是凸显使命担当，激发干事创业的激情。努力建设党员教师和党员干部两支队伍，坚定政治信仰，忠诚于党、忠于党的教育事业。在以党风促学风、师风、校风上，形成强大的组织力、凝聚力，充分发挥党组织总揽全局、协调各方的作用。三是凸显作风建设，增强党的向心力。健全完善廉政监督制度，把党风廉政建设工作与教育教学工作同部署、同落实，切实管好自己分管的人和事；加强校务、党务公开工作，探索发挥党政工、教代会代表共同参与的管理共同体；加强意识形态工作，引导教职工与党同心同德、同向同行，传递正能量；加强民主集中制，发挥党委的政治核心作用和战斗堡垒作用。切实发挥党对教育工作的全面领导，不断增强党组织的"政治领导力""思想引领力""组织建设力""群众凝聚力""推动发展力"。

## 二、完善治理结构，构筑高质量发展之"道"

在组织价值上，增强"四个意识"、坚定"四个自信"、做到"两个维护"，实现一七一人上下"价值认同、文化认同、目标认同、人心归一"。

在组织结构上，采取结构化、基层渗透式布局，按照"支部建在连上"的基本原则，将9个二级支部建在教研组上，将20个党小组建在备课组上，形成校党委、教研组党支部、备课组党小组、党员教师的扁平化党组织建设体系，让理论学习与业务学习拧成一股绳，形成"同频共振"的高质量效能。

在议事决策机制上，强化党组织领导原则，在广泛听取师生建议的基础上，由党委会民主决策学校重大事项，校务会部署执行，落实"三重一大"相关要求。

在治理策略上，探索1+X战略：1为统一，即一七一中学的办学理念、学校标识、质量管理、教师发展、学生培养基本目标统一；X为每个校区、年级、教研组（二级支部）、备课组（党小组）都因地制宜、因材施教，都有适合自己的"X"策略。我们坚信适合的教育才是最好的教育，最好的教育一定是有活力的教育，具有活力的教育才能真正体现民主的教育，从而又让民主的教育成为激发师生潜能的好教育。

在管理文化上，就是对自己，干好负责的板块；对他人，换位思考，补位工作；对团队，树立一盘棋的观念。求同存异，取长补短，既讲分工，更讲合作，通过发挥"个人潜能、团队势能、高效赋能"的工作合力，形成"无须扬鞭自奋蹄"的干事创业局面。在一七一已基本形成管理的雁阵效应，敢于用人、善于用人，才能使人才辈出，成为助力区域教育发展的源头活水。

在党员队伍建设上，遵从"双培养"原则，党员发展严把质量关，党员教育严把政治关，党员监督严把底线关，党员评议严把民主关。以一七一党员教师为旗帜，带领学校全体员工不忘初心、牢记使命、凝智聚力、共谋发展。

## 三、加强教师队伍建设，锤炼高质量发展之"术"

发展高质量教育的关键和核心是人才。按照"党管人才"的原则，一七一中学党委高度重视人才队伍建设，做到"引进高端的人，用好现有的人，留住关键的人，培养青年的人"，用科学的制度稳定人，用真诚的感情留住人，用和谐的环境凝聚人，用一流的事业激励人，以人为本推动学校各项事业的发展，实现"名校造就名师，名师成就名校"的良性循环。一七一中学党委在"立师德、强师能、敢担当"三个着力点上下足功夫。

立师德：倡导每一位育人者做"好老师"。师德建设是人才建设的首要工程。一七一中学着力强化教师的政治意识、责任意识、风险意识和底线意识，筑牢课堂教学意识形态主阵地。号召引导全体教师要争当让学生满意、让家长放心的好老师；做一个让师生敬重、让师生贴心的好老师。一位好老师首先应该是以德施教、以德立身的楷模。我们一致认同：好教师＋好的师生关系＝好教育。教师必须率先垂范、以身作则，引导和帮助学生把握好人生方向，特别是引导和帮助学生扣好人生的第一粒扣子。人人都有良好的师德，必定能形成良好的学风、师风、校风。

强师能：优化每一位育人者的"教育加工力"。师德是育人之根本，师能则为育人之保障、工匠精神之基础。一七一中学一直将师德师风建设与教师专业发展相结合、与学校发展相结合，努力培养造就一支德业双馨的教师队伍，形成人人争做党和人民满意的好老师的浓厚氛围。一七一中学党委将"师能八大力"，即"认知力、研考力、系统力、扬优力、训练力、纠偏力、改变力、追新力"作为着力点，将提升教师"全专业属性"作为核心任务，通过"真、实、活、新"的校本教研强师能。聚焦教师"教"的专业属性：以高效备课、精准授课，推动课堂教与学质量的整体提升。聚焦教师"学"的专业属性：构建跨年级、跨学段、跨学科的开放灵活教研空间，充分整合各类教研资源，搭建新型教研平台，形成良性教研生态。聚焦教师"学科"的专业属性：通过专家讲座、学科核心素养研讨、全校教学大会等多种形式切实提升教师的学识与见地。

敢担当：坚定每一位育人者的"教育定力"。一七一中学党委倡导："我们面前无困难，困难面前有我们。"敢于担当是要脚踏实地、真抓实干，敢于担当是要勇于直面问题、善于解决问题，敢于担当是看准了的事情，就要拿出勇气来，坚定不移地干下去。校党委要求每一名教职工的担当体现在：积极传递正能量；公平对待每一位学生；让每一节课都精彩；耐心辅导学生，认真解答学生疑惑；落实作业"三批三改"；积极承担各级研究课；自觉践行教师是学科质量的第一责任人、班主任是班级质量的第一责任人、备课组长是年级学科质量的第一责任人……每一位教职员工时刻将"培养什么人、怎样培养人、为谁培养人"的根本问题放在心中、看在眼里、落在行动，努力为"培养社会主义建设者和接班人"的教育事业不断奋斗。

未来，面对党和国家对于教育高质量发展的新要求，一七一人将在党组织的领导下，以新的教育变革，实现教育教学质量的新跨越。我们将牢记教育的初心，继续坚持以德为先，继续坚持全面发展，继续坚持面向人人，继续坚持因材施教，继续坚持知行合一，继续坚持融合发展，继续坚持终身学习，继续坚持共建共享，开启教育高质量发展新阶段。

# 用科技为教育赋能　让技术为实践服务

吴丽军

## 一、时代的召唤——用科技为教育赋能

当今世界正经历百年未有之大变局。教育是社会进步的原动力，值此人类社会大变革的时代，面向未来世界的发展，未来教育创新的关键，在于信息技术与教育工作的结合。而面对一线教育，技术助力教师的培养与发展，对于未来教育的创新是至关重要且非常迫切的。

## 二、一七一的追求——让技术为实践服务

一七一中学作为市级示范校，我校顺应时代潮流组建起"大数据精准教研中心"，我们希望通过大数据精准教研中心平台为集团校教师提供全方位的教研信息化服务，推动教师教研工作高效专业，助力学校打造教师群体学习型组织，实现学校整体效能的提升和品质的跃升。

对教师，我们希望通过大数据精准教研中心平台，教师能够实现备课、教学、听评课、科研、培训、评价等教研场景的一站式完成。基于教师教研全场景大数据辅助教师进行教学教研反思，赋能教师高效专业发展，不断提升教育教学质量和效率。

对于业务负责人，我们希望通过大数据精准教研中心平台，可以查看、分析各类业务的实时动态，如备课进度、学生学情、听评课反馈、科研审核、培

训反馈等。基于业务的实时动态，业务负责人可以高效管理，及时反馈，助力各部门打造学习型组织。同时基于数据的分析和对比，更便于发现共性问题，实现部门间高效协作，跨部门、跨校区的精准教研。

对于学校负责人，我们希望这个平台帮助集团各个校区管理者实现教师成长档案的统一管理及各类教研活动的集中数据分析，为学校决策提供智慧化数据支持，提高学校教育管理的信息化水平，同时对学校资源进行体系化建设，提高资源利用效率。基于数据分析实现精准高效的治理决策，规范校区和学科建设、促进集团教师的专业成长一体化。

## 三、务实的选择——以平台为工作助力

看起来我们的需求虽然不复杂，但是我们也调研了很多教育信息化产品，往往只能实现其中少数几项功能，无法达成我们所期望的目标。后来，我们发现了"果之全场景教师工作发展平台"。

这个平台提供了教师教学教研、专业发展和成就激励三大类九套工具，实现了一站式、全周期的教师工作和发展场景打通。同时，他们也提供了大数据分析、校本知识库这些非常契合学校管理、发展理念的平台。果之教师平台的优势在于：思路创新、深度理解教育，以及专业的服务。

因此，我们开始和果果科技这家公司进行合作，基于果之教师平台，服务我校大数据精准教研中心基地建设。

## 四、不懈的探索——将信息化增效这件事做到底

### （一）建立"校本云知识库"

我们基于果之教师平台构建了一七一的校本云知识库，两年间为学校留存了 2 万多份校本知识。我们利用平台解决了困扰我校许久的一大问题，就是如何将老师们手中零散的各类知识高效地实现集中化、结构化、智能化地留存与创新复用。平台通过自动采集教研环节的数据，基于 AI 算法提炼出其中的显性知识和隐性知识，智能构建的学校的校本云知识库；这个知识库不仅包括了教案、课件、培训、课题等这些资源，还自动保留了这些资源产生的过程，是

带过程的结果。通过这个云知识库的建设，我们的老师就可以共享更多优质的校本知识，实现复用和创新。老师在使用中可以通过关键字检索，智能查找复用相关的知识。在所有的知识中，都可以看到相关的推荐，提高了知识的复用性。

### （二）建立协同备课系统

我们协助果之教师平台完善了协同备课模块，为教师们提供了"在线word""语音说课""视频讨论""多人协作"等智能工具，集团的教师可以跨校区，实时视频研讨，同步开展教案协作。

我们传统的线下集体备课，现在可以和线上备课相结合，对于备课组长和备课教师都有极大的辅助。而且通过对备课计划、过程、成果等进行全过程的数据采集，实现了大数据分析和优化，全面提升了备课和管理的效率和质量。基于果之协同备课系统，我校实现备课组线上线下的常态化协同，备课教案成果共享。

### （三）创建协同听评课系统

果之教师平台专门为我校开通了听评课模块。基于果之教师平台实现的电子听课本，能够即时同步教师的教案。我们通过和纸质听课本结合，让老师能便捷记录课堂的文字和音视频，同时评价结果即时反馈给授课教师。基于听课评课系统，我们实现类常态化进班听课以及跨校区"听评课活动"。所有的听课记录一键导出，非常高效便捷。

### （四）搭建校本科研系统

面对新中高考改革，教师的科研能力非常重要。做科研能让新教师迅速掌握教育教学规律、熟悉课堂教学，也是让教师个人和教师队伍快速成长的有效途径。因此我们也搭建了校本科研系统，一方面助力教师提升项目研究能力，另一方面科研管理者现在也能够随时查看到各学科教师在科研方面的关注点及取得的成果。科研内容覆盖了课题、教学比赛、论文比赛等各种科研类型，极大提升了我们教师参与课题研究的积极性和便捷性。我们通过科研协作，鼓励老师们形成课题组，共同就共性问题开展研究和反思。通过上述方式，我们教师的科研能力也得到了大幅的提升。

### （五）建立教师成长档案

基于教师们参与备课、听评课、科研、培训等活动的成果输出，我们还搭建了一七一中学的教师成长档案，以校本化的评价激励指标体系和评价流程，实现了真正客观量化的评价和在线的审批流，无论是老师还是审核人都极大地减轻了负担，也提升了准确性。

## 五、无私的共享——中心辐射，链式发展，多校联动

在相关的政策引领下，一七一教育集团也在探索线上线下的区域教育融合发展的新模式，联合十所小初高学校，于2021年7月成立"东城区校际协同精准教研及资源众创共享共同体"，目前已有包括东直门中学、北京五十四中学、宏志中学、和平里第四小学、和平里九三小学、安外三条小学等在内的学校已经加入共同体，以一七一教育集团为基地，形成常态化、项目化的专题交流活动，并以"全场景教师工作发展平台"为基础搭建的网络学习空间为载体，开展技术助力下的跨校区教研、教学工作研究，最终形成课题成果及分享。

通过结合一七一中基地打造东城"中心辐射，链式发展，多校联动"的精准教研体系，推动区域教研质量效率双提升。形成特色的精准教研和资源众创教育服务新体系对区域有较大的借鉴意义。

## 六、积极的成果——路漫漫其修远兮，吾将上下而求索

北京一七一中教育集团通过打造互联网＋教育背景下的创新网络学习空间，以果之全场景教师工作发展平台为蓝图，结合本校实际需求，助力学校建设以学生为中心的学习成长空间，以教师为中心的工作发展空间和以学校为中心的知识共享及数据治理的管理空间。为集团校教师提供全方位的教研信息化服务，推动教师教研工作高效专业，助力学校打造教师群体学习型组织，实现学校教育教学效能的提升和品质的跃升，也带动了周边区域整体效能的共同提升。

2021年，教育部公布了《教育部办公厅关于公布2021年度网络学习空间应用普及活动优秀区域和优秀学校名单的通知》（教科信厅函〔2021〕31号）。经遴选推荐、材料评审、视频答辩等环节，北京市第一七一中学在全国候选学校中脱颖而出，被评为"2021年度网络学习空间应用普及活动优秀学校"。这

个奖项名副其实。

　　"路漫漫其修远兮，吾将上下而求索"。随着 AI、5G 等新技术的高速发展，学生将要面临的世界是充满未知和变化的。而教育者要积极主动地应对、拥抱这些变化。一七一中将继续"用科技为教育赋能让技术为实践服务"，扎根一线教育教学实践，为培养优秀的未来公民贡献力量。

# 以"艺术素养手册评价法"为依托的美育评价研究

*史晨飞*

为全面贯彻党的教育方针、全面实施素质教育、全面推进教育改革，促进学生全面、和谐、持续发展和综合素质的不断提高。我校按照北京市深化基础教育综合改革的总体部署，结合学校实际，制定《北京市第一七一中学初中学生综合素质评价实施方案》，并根据方案制定了《北京市第一七一中学初中学生综合素质评价细则》。其中第四项指标——艺术素养指标权重占初中学生综合素质评价总权重的12%，主要考核学生的感知能力（对艺术感受、理解、鉴赏的表现情况和能力发展情况）和技能表现（学习掌握艺术技能及参与艺术活动的情况和表现）。感知能力主要考查学生参与市、区、学校及社区、乡村文化活动的表现情况（每学期计次评价，占25%）；技能表现主要考查学生学习掌握至少一项艺术技能，特别是传承中华优秀文化方面的艺术技能表现情况（每学期计次评价，占25%）。我校在开设丰富的艺术课程的基础上，依托自编的《北京市第一七一中学艺术测评手册》（以下简称为《手册》）落实艺术素养评价，以评价促学生艺术素养的提升。

## 一、研究评价方案设计手册

为全面贯彻党的教育方针，全面实施素质教育、全面推进教育改革，促进学生全面、和谐、持续发展，不断提高学生的综合素质。我校按照北京市深化基础教育综合改革的总体部署，结合学校实际，制定《北京市第一七一中学初中学生综合素质评价实施方案》，并根据方案制定了《北京市第一七一中学初中学生综合素质评价细则》。其中第四项指标——艺术素养指标权重占初中学生综合素质评价总权重的12%，主要考核学生的感知能力（对艺术感受、理解、鉴赏的表现情况和能力发展情况）和技能表现（学习掌握艺术技能及参与艺术活动的情况和表现）。感知能力主要考查学生参与市、区、学校及社区、乡村文化活动的表现情况（每学期计次评价，占25%）；技能表现主要考查学生学习掌握至少一项艺术技能，特别是传承中华优秀文化方面的艺术技能表现情况（每学期计次评价，占25%）。我校在开设丰富的艺术课程的基础上，依托自编的《北京市第一七一中学艺术测评手册》（以下简称为《手册》）落实艺术素养评价，以评价促学生艺术素养的提升。

### （一）此《手册》设计着重培养学生的核心素养有

（1）增强学生人文底蕴的积累，让每个学生在学习和理解艺术的同时，逐步形成具有宽厚的文化基础，有更高人文情怀和审美情趣的人。学校每年会举办大大小小的文化艺术活动，例如非物质文化遗产进校园、清明节碰彩蛋、京剧进校园、戏剧活动、钢琴演奏等，学生通过参与活动，了解并且掌握前人所留下的优秀成果，从而注重内在涵养的培养。

（2）增强学生科学精神的探索，学生在参与社团机器人以及学校举办的科学嘉年华活动、科技绘画展示的过程中，能够理解和运用科学知识所形成的思维方式对未知领域进行探究。

（3）引导学生自主地、全面地、健康地成长，学生能够在课堂的参与过程中，认识和发现自我价值，发掘自我潜力，从而发展成为有明确的人生方向和有生活品质的人。《手册》改变了学生的学习方法、学习方式的选择以及学习进程的评估，学生在课堂的学习过程中变得善学乐学、勤于反思。

（4）关注学生社会责任感和实践创新能力的培养，形成适应终身发展和社会发展需要的必备品格和关键能力。学生在参加日常校内、校外同其他学校和社区联合举办的艺术活动过程中，在处理社会、国家等关系方面的问题所形成的国家认同、社会责任的价值取向和行为方式是积极的。

**（二）《手册》评价的目的和意义**

（1）积累初中阶段的成长体验，反映学生的成长进步，引导学生和学校认知、把握成长需求和成长规律。

（2）从学生的实际表现出发，做出合理的、全面的评价。真实客观记录学生成长过程中的发展状况和实际表现，采取定性与定量相结合的方式进行综合评价。评价的重心要指向学生的发展过程，努力获取学生的全面信息，既要体现对学生的基本要求，又要关注学生间的个体差异。评价要多主体参与，将学生自评、互评和教师评价相结合。

（3）在对学生进行全面评价的基础上，提炼评价重点，优化评价方式，注重增强学生综合素质评价在引导学生发展、学校办学和考试招生改革方面的应用性和实效性。

（4）充分尊重人的发展性与特殊性需要，注重评价的内容多元、方法多样。既要重视学生的学业成绩，又要重视学生思想品德以及多方面潜能的发展，注重学生的创新能力和实践能力培养，促进学生的自主发展。

# 二、艺术课程设置——课程丛林效应

## （一）开设多样的艺术课门类

为适应学生需求，我们对音乐、美术、舞蹈、体育、心理等课程进行了全方位重构，将国家课程和校本课程深度融合，开设了 30 多门课程，如：京剧、民乐合奏、二胡等 17 门音乐类课程；书法、国画、美术与科学、创意 DIY 制作等 15 门美术类课程。开辟了三十多个"生命课程工作室"，实行专人、专室、专业、专课，并打乱行政班级的界限，实施小班化走班教学管理，将课程选择权交给孩子，为每一个学生兴趣的养成、特长的发挥、潜能的挖掘提供了广阔的平台，满足了每个学生汲取个性营养的需求。有的同学就是因为选修了某节艺术课，进而发展成为终身的爱好，丰富了自己的生活。

### （二）积极为学生搭建展示的平台

学校每年都有元旦联欢、艺术节、社团活动日、运动会开幕式和各项综合型比赛等丰富的平台，让学生在上面一展风采。年级、班级也会举办特色的活动，不断挖掘人才，优秀的学生还能代表学校参加更高级别的比赛，获得荣誉。不但能够丰富校园生活，也让孩子们充满活力和自信！

在我校的艺术课中，有很多和中国传统文化相关的门类，比如黄梅戏、国画、书法、篆刻、民乐团等等，深受孩子们的喜爱和家长的认可。我们发现，只要让孩子们自己动手去做，传统艺术依然绽放光彩，孩子们对民族的热爱和自信心也与日俱增，对民族的热情也不断地被激发出来，这比任何语言上的训导都更有成效！

艺术课丛林课程开课伊始，我们学校就制定了每堂课按学生出勤、纪律、参与程度、落实情况以 4 分做一当堂评价。我们就艺术课程学习成果的最高评价方式就是展演、展览。对于学生而言，把学习成果展示给大家，提高学生学习热情。

除了参加全国、市区级的艺术比赛以外，每学年，学校都会录制音乐类课程的汇报演出，在校园电视台向全校师生播放。录制内容覆盖每一位选修音乐类课程的学生。选修美术类课程的学生，每学年也都需要上交一件最满意的作品，张贴在教学楼大厅里进行展览，书法、国画、陶艺、创意 DIY……每一门课程的作品展出都各有特色，每一位学生的作品在展览中都有一席之地。这样的评价方式，极大提升了学生们的学习积极性，为学生深入学习，持续提升艺术修养奠定了基础。

## 三、核心评价方法——手册评价法

为了有效地对学生的学习状况进行监督，提高学生的学习效率，以及从实质上提高学生的综合素质，我校根据各方献策，制定了《北京市第一七一中学艺术测评手册》，主要是针对初一、初二年级选修艺术类课程的学生进行为期两年的艺术综合测评；每学期期末设计了《北京市第一七一中学关于"艺术"

素养的问卷调查》，主要是针对初一、初二年级的学生对学校艺术课程的设计，所聘任的艺术课程的教师的满意度等方面的调查；采用访谈的方法对学校精英艺术课程"金帆合唱团"的成员进行调查；设计了专门的课堂观察表对学校新兴的中外艺术课程——英语戏剧课的学生和老师进行观察和分析。本文主要以《手册》为例。

《手册》主要包括学生每节课的用具准备、学习态度、出勤情况、落实情况以及参与程度。在评价过程中，主要采取学生自评、互评和教师评价相结合的评价方式，使评价更客观、有效，让学生清楚地认识到自己的长处，发扬自己的长处；意识到自己的短处，弥补自己的短处；发现自己与同学之间的差距，学习其他同学的闪光点。这样不仅对塑造学生的健康人格有积极的作用，而且对培养未来社会所需的人才有建设性意义。这本册子主要针对选修美术、书法、音乐、戏剧以及舞蹈学科的学生进行测评。

**（一）手册评价法的创新点——三维、立体**

手册评价的设计宗旨是从学生发展的角度出发，含基础指标（课程学习和课外活动）、学业指标（基础知识和基本技能）和发展指标（校外学习、校外实践活动和校外欣赏活动），不仅仅从学习成绩的角度对学生进行评判，而且从学生的技能以及学生自我发展的角度对学生作出评价。

手册评价的主体包括学生个体、同学和老师，打破了以往唯老师评价学生的思维定式，使学生可以通过自己、通过同伴、通过老师，全面有效地认识自我。

手册评价的内容较广。美术和书法基础指标的"课程学习"部分所考核的内容包括五项指标，分别是：用具准备、学习态度、落实情况、出勤情况和参与程度；学业指标包括学生基础知识和基本技能两大块，其中基础知识包括学生的美术实践知识和美术文化知识；基本技能包括学生的美术实践技能和美术鉴赏技能。

手册对各项指标给出明确的分数：以美术和书法基础指标中的课外活动为例，课内活动占学期成绩为 25 分（25%），其中用具准备 2 分（2%），具体包括剪刀、彩卡、图纸、彩笔等的准备；学习态度 3 分（3%），具体指上课认真听讲；落实情况 6 分（6%），其中课堂作业的完成和课下作业的完成各占 3 分；出勤情况 6 分（6%），其中缺勤两次为 5 分，缺勤四次为 4 分，缺勤六次为 3 分，缺勤六次以上为 1 分；参与程度 8 分（8%），主要是通过为每个人发一张"个人认证卡"，然后教师根据学生在课堂上的参与程度为其发小红旗粘贴卡，学期内累计红旗卡为 20+ 的为 8 分，17—20 的为 7 分，14—16 的为 6 分，11—13 的为 5 分，8—10 的为 4 分，7 分以下的为 3 分。如下表所示。

美术学科测评表（一）

| 基础指标 | 课程学习 | 时间 | 用具准备 2分 | 学习态度 3分 | 落实情况 6分 | 出勤情况 6分 | 参与程度 8分 | 总分 25分 |
|---|---|---|---|---|---|---|---|---|
| | | 至 学年 | | | | | | |
| | | 至 学年 | | | | | | |
| | 课外活动 | 时间 | 用具准备 2分 | 学习态度 3分 | 落实情况 2分 | 出勤情况 2分 | 参与程度 3分 | 展示情况 2分 | 总分 15分 |
| | | 至 学年 | | | | | | | |
| | | 至 学年 | | | | | | | |

学业指标分为基础知识（美术实践知识和美术文化知识）和基本技能（美术实践技能和美术鉴赏技能）。期末的时候，美术教师为学生出一份满分为 100 分且涵盖本学期所学的美术文化基础常识的试卷，所有学生参与测试，学生的美术文化知识分数 = 学生所得成绩 × 10%；美术实践知识 = 学生每学期完成一件课上作品得 5 分 × 作品数量（三件及以上记作三件）；美术实践技能 = 学生每学期完成一件课上作品的创新点加入一次得 5 分 × 作品数量（三件及以上记作三件）；美术鉴赏技能 = 每参加一次校内美术展览活动（附有活动心得）得 5 分 × 参加的次数（三次及以上记作三次）。在发展指标中，校外活动分数 = 学生每参加一次校外美术活动得 5 分 × 参加的次数。

美术学科测评表（二）

| 学业指标 | 时间 | 基础知识 | | 基本技能 | | 总分 |
|---|---|---|---|---|---|---|
| | | 美术实践知识 15分 | 美术文化知识 10分 | 美术实践技能 15分 | 美术鉴赏技能 10分 | 50分 |
| | 至 学年 | | | | | |
| | 至 学年 | | | | | |
| | 学生自评 | | 同学互评 | | 教师评语 | |
| | 学生自评 | | 同学互评 | | 教师评语 | |

美术学科测评表（三）

| 校外美术学习（10分） | | | |
|---|---|---|---|
| | 时间 | 名称 | 学时 | 得分 |
| 校外学习 | 1 | | | |
| | 2 | | | |
| | 3 | | | |
| | 4 | | | |
| | 5 | | | |

以上表格附加发展指标行说明如下：

| 发展指标 | 美术实践活动 | | |
|---|---|---|---|
| | 时间 | 名称 | 得分 |
| 校外学习 | 1 | | |
| | 2 | | |
| | 3 | | |
| | 时间 | 名称 | |
| 校外学习 | 1 | | |
| | 2 | | |
| | 3 | | |
| 美术特长加分 | 参与活动 | 获奖情况 | 加分 |
| | | | |

## （二）手册评价的要求

对学校的要求：因为在手册的学期末需要学生粘贴自己的学习作品、参观作品的照片以及在校外的活动学分，所以需要学校源源不断地为学生提供各类学习资源，例如定期举办主题画展、参观美术馆校外活动、举办非物质文化遗产进校园活动、社团开放日、戏剧节、体美日以及清明绘彩蛋、碰彩蛋活动等。

对老师的要求：教师不仅要根据学生的需求设置各类创新性课程，而且要仔细地观察学生每节课的上课情况，在课后进行耐心地记录，期末时再客观地给学生评定成绩。

在我校教师队伍中有美术教师9人，外聘2人，音乐教师10人，外聘7人。共有23间艺术教室，其中美术专业工作室8间、音乐专业工作室13间、舞蹈专业工作室 2 间，开设 34 门艺术课程。我校 19 位艺术教师中，35 岁以下的青年教师占 50%，他们年轻，朝气蓬勃，专业素养高，爱岗敬业，而中年教师则是我校艺术课程开发实施的有生力量。我校艺术教师中有博士教师 1 名、硕士教师 3 名，因课程需要还外聘 7 位教师，其中多位高学历教师均来自专业院校和国家级乐团，为我校艺术课程教学质量提供了专业保障。

对学生的要求：除了学生自评外，还需要采用随机抽查的方法，让学生对自己的小伙伴作出客观的评价。

### （三）手册评价使用情况及效果

从评价指标看，新制定的评价体系对学生的考察点更加全面，其中基础指标包括课程学习和课外活动学习两方面，在课程学习中包括用具准备、学习态度、落实情况、出勤情况、参与程度等 5 项，课外活动学习包括用具准备、学习态度、落实情况、出勤情况、参与程度和展示情况等 6 项指标。例如：用具准备不仅是为了考查学生对这门课的重视，更是为了让学生养成良好的学习习惯——无论做任何事，都要有所准备。相较于以前只注重学生校内的学习，此评价体系增加了校外学习考核的环节，从发展人的角度，鼓励学生走出去。

从评价内容看，这本手册需要学生粘贴自己的作品图片和活动图片，为评价提供翔实的依据，这不仅能激励学生积极参与创作和活动，让学生有成就感，而且可以留下学生在艺术素养方面的成长足迹。此外，教师也会利用上课点名册和观察记录表等记录学生学习的点点滴滴，仔细观察每个学生的上课情况，适时予以评价，对学生成长起到及时的监督和指导作用，促进学生发展进步。

从评价主体看，打破了以前只有老师对学生的点的评价，呈现出三维空间感。如，在手册扉页上设计了学生的自我介绍。学生一般会介绍自己的姓名、班级、兴趣爱好，个人对艺术的感受，学到的知识以及希望自己通过此门课程能达到怎样的程度等等。这样有助于学生认识自我，树立目标，在以后的学习过程中时刻牢记自己的目标而努力。下面节选一名初二学生的自我介绍：

> 我这个人生性愚钝，对各类色彩不太敏感，而且画出的线条常常没有一丝丝美感，所以心中有些小自卑。依稀记得上创意美术的第一节课，老师让大家画"你心目中的房子"。在大家的印象中，房子应该是方方正正的小盒子，但是我脑洞大开，画了一幢彩色的蛋壳一样房子。当所有人看到我的画时，都哈哈哈大笑，但是老师并没有，而是让我讲了讲我所画这幅画的灵感源于何处，并且表扬了我敢于突破思维定式进行创新。从此我爱上了画画，希望在新的学期能够有自己新的作品。

——《北京市第一七一中学艺术测评手册》

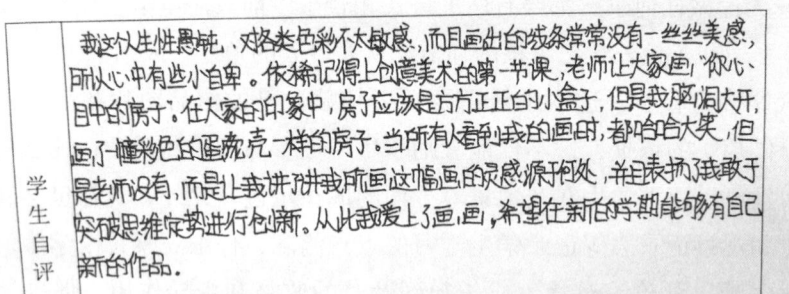

再如，在期末的评价中，也有学生的自我评价，目的是让学生自我反思本学期所学到的知识和自己的表现情况；还有教师评价，目的是让教师对学生本学期的整体表现作出评价；以及同学评价，目的是让周围熟悉、了解自己的同学评价自己本学期的表现，避免"不识庐山真面目，只缘身在此山中"的自我感觉良好的片面认识，也避免有些同学在老师面前表现良好而在同学面前表现不好造成的片面评价。

## 四、教师以及学生感悟

在《手册》使用的过程中，所任艺术课的老师很多感悟，因为学生的艺术课程的学习以及活动评价成了一项重要内容。为了使这项工作有序展开，教师们做了很多工作。在填写对学生的评价之前，教师们首先在开学第一节课就向学生详细地介绍了《手册》中的各项细则，如学生在课前如何准备，在课堂中的表现，课后完成作业程度，学生在课堂中如何评价自己的小伙伴，学生需要参加哪些活动，等等，逐一向学生解释清楚。其次，想要学生能够积极主动地加入课堂中，重要的一步是调动学生上课的积极性，所以在设计每堂课的过程中，教师常常将一些身边的热点事件或现象融入课程中，课后让学生以小组的形式提交作业；最后，学生展示的作品常常以照片或录影的形式，为学生保留档案。

以下是一位老师对这一年来《手册》使用的感受：

《手册》是对学生初中阶段进行的全员、全方位、全程性的评价，其最终目的是促进每个学生在原有基础上全面发展。同时，它也促动着教师转变教育教学行为和方式，引导着家长和社会逐步形成科学的教育质量观、发展观、学生观和评价观，帮助孩子们在成长的过程中更加清晰地看到来自学校、同伴、家庭等多方面的关心、帮助和支持。

《手册》的评价内容和角度非常宽泛，且主要的评价方式是评语，这便在最大程度上赋予了评价者畅所欲言，开放点评的权力和机会。《手册》的重大改变是加入了学生自评的部分，这体现了教育对学生自身发展意愿的尊重。通过综合素质评价，我们可以得到与学生成长相关的多元化的信息，这不仅可以帮助学生在评价的过程对自身发展有一个完整的回顾，也可以帮助教师和学校对学生有一个比较深刻、全面、准确的认识。

以下是一位戏剧老师对自己班上学生学期的评语：

本学期安然的戏剧表演能力有很大的提高，依稀记得在开学的第一堂课上，安然同学坐在教室里一个角落里，耷拉着小脑袋，有些羞涩，有些内向。当轮到他自我介绍的时候，他怯生生地站起来，红着小脸蛋儿，说话的语气中带有丝丝的颤音说："大家好，我叫安然，我的性格偏内向，但是我热爱表演……"在本学期戏剧课上，为了解放他的天性，我时不时地鼓励他扮演各种各样的角色，融入整个集体的活动当中。学期末的时候，看着他和他的小伙伴将自编自导的荆轲刺秦王的历史剧有模有样地表演出来的时候，甚是欣慰和感动。安然，你是好样的，希望你以后越来越自信，自信人生二百年哦！

教师评价

以下是一位学生对自己同伴一年来使用《手册》的感受：

很庆幸能够成为王雨泽《手册》的评价小伙伴，记得刚开学的时候，拿到老师发给我们手中这方小小的小册子，我有些满不在乎的，觉得这一定是学校装样子发给我们的，但有些紧张害怕，是因为数不清的空白小格子上会有老师关于我们上课时的表现的烙印。大概你的心情和我一样，这一学期，我们小组的成员，为了不给自己组拖后腿，我们在上课的时候都像打了鸡血似的，争先恐后地回答老师的问题，头脑风暴各种点子。课下常常组团设计老师布置给我们的作业。虽说有时候，我的脾气有点儿倔，让你们生气，但是那小格子里老师为我们填写的高高的分数和老师的评语可以看出，我们学到了很多，成长了很多。

同伴互评

《手册》是对学生全面发展状况的观察、记录和分析，是艺术素养培养、发展个性特长的重要手段。《手册》是对初中学生艺术素质评价进行管理、记录和评价的依托，记录反映艺术素质的代表性、关键性事实为主要方式。鼓励学生本人、同伴等更多的主体参与评价，从教师、学生和同伴填写评价的结果情况来看，可以看出学生和同伴是以积极和认真的态度对待此项活动。

# 五、实施阶段小结及相关建议

我校利用自主设计的《北京市第一七一中学艺术测评手册》对初中一年级、二年级的学生进行观察、记录、分析和评价，更好地培育学生艺术素养、发展个性特长，很好地起到了鼓励学生本人、同学互激互励、老师多元评价帮助的诸多作用。学校一贯本着"你有多大本事，学校就为你提供多大平台"的办学理念。在此一年的试验过程中，学校竭尽全力为学生提供各种校内和校外艺术资源，在科技嘉年华活动中，我们看到了学生展示自己科技成果的自豪，也看到了学生向其他学校学习的谦虚态度，更看到了学生对待未知科学的探索精神；学校举办的非物质文化遗产进校园、清明节碰彩蛋、京剧节、中秋节吟诗、祭先烈、唱红歌等传统的活动，我们通过学生写的感想，可以感受到学生对传承中华优秀传统文化的使命感；学校举办的校园戏剧节、钢琴节、社团展示日等活动，我们通过对学生采访，可以感受到学生的审美情趣和人文修养在不断提高；学校组织学生参加学校、社区以及市的艺术展演活动，从而提高学生的社会责任感；相较于以往，课堂上学生更加注重与同伴、老师的探讨，从而提出更具有创新的点子，这在很大程度上提高了学生对自我价值的认知和自我个性发展的需要。

此外在学期末，学校通过各方协议设计出《北京市第一七一中学关于"艺术"素养的问卷调查》，组织全体初一、初二的学生进行了问卷调查，有98%的学生以积极的态度参与此项调查活动中，并且对学校和所任艺术课的教师提出了一些建设性的建议，我们期望在前期手册评价研究成果的基础上，进一步探索和完善手册中的各项指标的合理性，逐步形成具有我校特色的艺术素养评价方案，促进学生艺术素养的提升和学校艺术教育工作的开展。

由于时间的局限性，手册的设计及使用尚处于初级阶段，所以以对于《手册》我们主要有以下几条建议供参考：

1.在手册中加入家长的评价，形成教师、学生、家长之间多方参与的评价；

2.在学期末对学生的艺术成果进行校园展示，将所学通过展示的形式汇报学期成果；

3.每学期开课之前，对所有任职的教师，进行手册使用培训；

4.学校对学生的手册进行间断性的抽查，实现不断反馈，不断纠偏。

# 让阅读成为一种习惯

江武金

## 一、阅读的内涵

从狭义上说，阅读指的就是"读"，通过读来获取信息，完善自我。从广义上说，阅读应该包含两个阶段：一是阅读输入，就是"读"，二是阅读输出，比如阅读之后的交流、讨论、表演、写作等。其中"输入"是基础、是核心，"输出"是成效、是目的。"输入"决定着"输出"。同时，适当地"输出"能够对"输入"起到正向激励作用，当学生看到"输出"的成果时，那种成就感将会是他继续努力"输入"的最大动力。打个比方，阅读的输入阶段就好像学生日常的学习，而阅读输出就好像生活中的运用，这也是属于学习的一部分，能够检测学习的效果并有效地促进学习。只会学习不会运用的那是书呆子，只会阅读不会输出的那是书袋子，这都不是我们所追求的。阅读的输入和输出是相辅相成的。

## 二、阅读的意义

阅读究竟有何意义？

请大家看一组数据，这是 2017 年在媒体上刊登出来的：

截至 2017 年，有 36 位犹太科学家获得了化学奖，占总获奖人数的 20%；有 54 位犹太科学家获得物理学奖，占总获奖人数的 26%；有 56 位犹太科学家获得诺贝尔生理学或医学奖，占总获奖人数的 27%；有 31 位犹太经济学家获得了诺贝尔经济学奖，占总获奖人数的 26%。

全世界犹太人只有 1600 多万，还不如北京市的人口数量，但却收获了全世界 1/4 的诺奖，是全世界获诺奖最多的民族！

原因何在？还有一个数据我们或许可以从中看出一些端倪：犹太人人均每年读书达 68 本，是全世界最热爱读书的民族。

正是阅读给予了他们民族无穷的智慧。

阅读决不只是为了中考、高考，阅读更关乎学生的一生。这是我们学校开展海量阅读的一个最重要的原因。

正确地认识阅读的意义才有可能让阅读成为阅读。

## 三、学生阅读的现状

2021 年 3 月 15 日，《中国青年报》以《阅读！阅读！》为题刊登了一篇文章，介绍了华东师范大学国家教育宏观政策研究院课题组的一项研究结果：

> 初中生中每周阅读时间在 1 小时以下的学生占比 43%，35% 的学生阅读时间在 1—2 小时之间，仅有 3% 的学生每周阅读 7 小时及以上；高中阶段学生阅读时间进一步下降，54% 的学生每周阅读时间在 1 小时以下。另外，对调查数据进行相关分析发现，学生阅读时间和作业时间负相关，即作业时间越多，课外阅读时间越少。
>
> 将课外读物推荐书目写入语文教材标准，其根本目的在于培养学生广泛的阅读兴趣，扩大阅读面，增加阅读量，希望学生"少做题、多读书"。但是课题组在研究中发现，实际教学活动的过程中却存在读物阅读与考试挂钩、"为了考试而读书"的现象。

阅读所面临的现状让人担忧。

## 四、学生阅读主要考虑的问题

要很好地在学校推行阅读，一定要全面考虑以下几个问题。

从输入的角度，要考虑：家长和老师愿不愿意让学生读？学生愿不愿意读？学生有没有时间去读？要读什么？要怎样读？

从输出的角度要考虑：如何认识输出的意义？要输出什么？怎样输出？如

何搭建输出的平台？后面两个问题比较难解决。

# 五、一七一中学在海量阅读方面的系统性做法

一七一中学从 2010 年开始推行海量阅读工程，经过 10 余年的发展，学校形成了一个比较系统的阅读体系。这套系统分为三部分：阅读保障体系、阅读活动体系、阅读输出体系。

## （一）阅读保障体系包括：

1. 保障阅读时间

将阅读纳入课时，包括校级静读课、学科阅读课。每周二下午第二节都是校级静读课。

2. 阅读九阶晋级

制定了九个晋级等次：九品童生、八品生员、七品秀才、六品举人、五品贡士、四品进士、三品进士状元、二品翰林学士和一品海量阁大学士来予以评价。

3. 开学典礼表彰

从 2010 年到现在，每年的开学典礼都以围绕海量阅读为主题展开，参加的嘉宾也都是著名作家，或文化人，像肖复兴、曹文轩等。开学典礼上还有一项最重要的，就是表彰上一学年在阅读中表现突出的同学，项目非常多。

4. 阅读经费支持

除了购买图书之外，学校每年印刷学生的优秀作品集，每年的学生阅读表彰，每年学生开展各项阅读活动的经费支持，估计一下，没有七八十万也有五六十万元。

5. 阅读宣传

学校非常重视海量阅读的宣传。每一届新生入校教育，家长会学生会都会集中宣传阅读的意义，宣传学校海量阅读的成果，提出海量阅读的要求。

阅读保障体系，体现了学校的支持和重视！展示了学校开展海量阅读的决心！有了这种重视和决心，海量阅读才能比较顺利地推行下去。

## （二）阅读活动体系包括：

### 1. 文化讲堂

每周二早上开讲，15 分钟。最初以"立足于传统，植根于文化"为宗旨，在引导学生诵读经典片段的基础上感受经典的整体风貌，从而达到生发兴趣，了解经典文化的目的。

### 2. 晨跑换美文，美文换美食

每天清晨，171 中学都有上千学生在操场上晨跑，每个完成晨跑的孩子会从体育老师手中得到特别的礼物——美文，作为运动之后平复身体和心情的"心灵早餐"。

### 3. 校园电视台，好书推荐

为配合学校海量阅读工程的顺利开展，校园电视台特开设了好书推荐栏目，主要由学生给学生推荐读物，实现同伴教育同伴，同伴影响同伴。学校希望通过这一栏目，不断丰富同学们的"海量阅读"书单，充盈同学们的精彩人生，在更大范围内引导学生养成读好书，进而好读书的习惯。

### 4. 图书漂流

为营造良好的校园文化气氛，加强校园学生文化交流，每学期我们都开展以"知识随图书传递　智慧与漂流同行"为主题的美丽文化传递——图书漂流系列活动。

### 5. 阅读先进评选

不管是班级表彰还是年级表彰，只要有表彰一定会有关于阅读的项目。

这些都是固定的常规活动，还有很多各班自行的创意活动。不一一赘述。

这些活动的目的和意义在于营造一种浓厚的阅读氛围，激发学生对阅读的持续兴趣，进而养成良好的阅读习惯。

## （三）阅读输出体系包括：

### 1. "说"输出

主要是阅读讲堂。包括海量阅读小讲堂、海量阅读大讲堂、海量阅读荣誉讲堂。小讲堂是各班利用班会的晨检时间自行开展。

### 2. "写"的输出

班刊、年级刊、学校作品集、公众号、作文大赛、诗歌大赛……学校给学生搭建了多样平台。

每年都会有 200 来篇文章公开发表。《中国青年报》《中国妇女报》《北京晚报》《全国优秀作文选》《首都公共文化》……最多的一年有近 300 篇。

阅读输出是让学生对阅读收获的整理、内化的过程，能让阅读的效果最大化；同时又能进一步激发学生的阅读兴趣，促进学生的阅读。

> 文字是清新的长风，从耳畔吹过，向远方而去；书是一坛陈年佳酿，醉酒当歌，岂不快哉？当你撇开一切杂念，捧上一本书于小楼一角安然静读，轻风舒适，书香缭绕，不知不觉便醉在书中了。
>
> ——李婧涵（学生）

> 从一个写作文让人不能喘息的小学生，变成了一个有思想、有思维逻辑的中学生，这中间的巨大变化我认为是因为书。从上初中的那个夏天开始，学校的海量阅读就让女儿喜欢上了读书。她常常会一个人坐公车到书店，一看书通常就是一整天。晚上，还会选一些自己喜欢的书买回来当作"作业"。付出终会有回报，再读她的文章，不再喘不过气来，而是一种欣赏与享受的过程。
>
> ——刘丽梅（家长）

这两段文字能在一定程度上说明学校海量阅读的初步成效。但是，更大的成效在学生今后的成长中。学生养成的阅读习惯，积蓄的阅读力量，一定会助力他们更健康地成长，更好地服务于民族复兴的需要，成就更幸福的生活、更丰盈的人生，这就是海量阅读的终极意义。

# 新高考下"科学、精准"备考策略研究

曹义龙

2022 年是北京新教材高考元年，也是新高考、新课程、新课标、新教材"四新高考"落地的元年。没有高考大纲，备考依据为"普通高中学科课程标准"，新高考体系更侧重能力和综合素质的培养，更注重学科核心素养的考查。如何将"四新高考"落地，如何科学精准备考，如何成就所有的莘莘学子——这是所有备考者应该不断思考、实践和研究的课题。期望本文的论述能给大家提供可借鉴的思路和方法。

## 一、新高考改革及其带来的变化

新高考改革是一项逐渐推进的综合性的重大的教育改革。要科学精准应战新高考，首先要清楚新高考的要求和变化。下表梳理列出了新高考相关的主要文件及其发布时间和主要内容。

| 文件名称 | 发布时间 | 主要内容 |
| --- | --- | --- |
| 《关于全面深化课程改革落实立德树人根本任务的意见》 | 2014.03 | 深化课改、落实立德树人根本任务的重要性和紧迫性；全面深化课改的总体要求；推进关键领域和主要环节改革；加强课改的组织保障共 4 个部分。 |
| 《关于深化考试招生制度改革的实施意见》 | 2014.09 | 考试招生制度改革的基本原则和总体目标；考试招生制度改革的主要任务和措施（包括改进招生计划分配方式和录取机制、改革考试形式和内容、启动高考综合改革试点、改革监督管理机制） |

续表

| 文件名称 | 发布时间 | 主要内容 |
|---|---|---|
| 《普通高中课程方案和学科课程标准（2017年版）》 | 2018.01 | 修订后的主要内容和变化：<br>课程方案：进一步明确普通高中的定位；进一步优化课程机构；强化课程有效实施的制度建设；<br>课程标准：凝练了核心素养；更新了教学内容；研制了学业质量标准；增强了指导性。 |
| 《中国高考评价体系》和《中国高考评价体系说明》 | 2020.01 | 由"一核""四层""四翼"组成。分别是高考的核心功能、高考的四方面考查内容、高考的四项基本考查要求。 |

通过对相关文件的梳理和学习，我们总结新高考的突出变化主要有以下几点：

### （一）考试科目设置和形式的变化

考生总成绩由统一高考的语文、数学、外语3个科目成绩和高中学业水平考试3个科目成绩组成。保持统一高考的语文、数学、外语科目不变、分值不变，不分文理科，外语科目提供两次考试机会。计入总成绩的高中学业水平考试科目，由考生根据报考高校要求和自身特长，在思想政治、历史、地理、物理、化学、生物等科目中自主选择。

### （二）考试内容的调整

高考评价体系中明确指出了高考考查的内容为"四层"分别为：核心价值、学科素养、关键能力和必备知识。

其中必备知识与原高考相比有三点不同。一是有所更新，体现了自然科学和人文科学领域的新研究、新认识、新成果。二是有所删减，如数学学科根据普通高中课程标准的修订情况以及文理不分科的新高考要求，对知识的内容进行了调整。三是考查形式上有所变化，减少对静态知识的考查，而将考查点放在能力和素养培养过程中必须具备的可迁移的知识上。

关键能力是高水平人才培养体系所必须具备的、支撑学习者终身发展和适应时代要求的知识和能力，是培育核心价值必须具备的基础，是发展学科素养的重要支撑和前提。

学科素养是指合理运用科学的思维方法，有效地组织整合学科的相关知识，调动运用学科的相关能力，高质量地认识、分析、解决问题的综合品质。

核心价值强调的是学科共性，是面对现实的问题情境时表现出的正确的情感态度和价值观的综合，其内涵覆盖了德、智、体、美、劳五个领域。

# 二、新高考备考策略

面对新高考的变化，高三阶段如何科学精准备考？我们认为要守正创新，在继承原有备考经验的基础上，高三教师以新高考理念为指导，研读新高考课程方案，准确理解本学科新课程标准，掌握新高考的规律；每个学科都要以提升学生核心素养为根本目标，逐步培养学生分析、解决问题的能力；在研究、调整、适应的备考过程中螺旋上升，从而有效提高备考质量。

下面是我们带着思考进行的实践，取得了一定的成果，总结分享给大家。

## （一）回归备考本质

新高考下，学生的课表变了，上课的形式变了，上课的内容更新了，考试的方向调整了。新高考下，着重于能力和核心素养的考查，要求学生必须善于将学到的知识应用于实践中去，意味着学生必须学会解决那些从未见过的、陌生情景的问题，学会用创造性的思维方式分析和解决问题。作为备考的指引者，我们要从纷繁的变化中找到复习备考的根本性内容，在备考的实践过程中回归备考的本质——回归教材、回归课堂、回归基础。

### 1. 回归教材

备考中可以发现，很多高考题都是"源于教材、高于教材"的，都能在教材中找到"影子"。因此，教材中的例题、习题是我们高考复习中必不可少的素材，是我们高考取胜的第一手资料。当然，回归教材，并不只是简单地读读教材，让学生随便看看，更不是依赖教材，单纯地照本宣科，把教材内容机械重复或是"炒冷饭"式的复习，而是在教师引导下做到：一是要重视基于教材内容的情境衍生问题；二是以教材习题结论"由此及彼"地变式问题；三是在"知识交汇点处"命题的研究与演练；四是联系生活实际，用好教材情景和素材。只有这样才能提高学生发现和提出问题的洞察力、分析和解决问题的真本事，把回归教材落到实处。真正做到回归教材起始点，抢占备考制高点。

### 2. 回归课堂

课堂是高三备考的第一阵地，高三教师要致力于解决课堂增效与减负提质这一矛盾，致力于打造成长型思维课堂，实现高效备考。成长型思维课堂是有目标的课堂，课堂教学首先是要有明确的教学目标，这个目标应该是符合学生实际和新高考要求的。在教学中始终围绕目标，重点突出、内容充实，同时也更好地控制了课堂的教学进度。成长型思维课堂是教师主导的课堂，教师是课堂的设计者和组织者，是课堂质量的第一责任人。每堂课都是课前充分、精心准备，做到有备而来，充分发挥教师的主导地位。成长型思维课堂是学生主体的课堂，一堂好课不是老师讲了什么而是学生会了什么，高效的课堂一定是以学生为主体的。课堂的落实细抓、巧抓有方法，根据不同的情况我们采取卡片教学法、基础竞赛法、学生板演法，等等。总之，必须设计好学生的课堂活动，务必使学生动起来，除了看和听之外，更要动手、动口、动脑。总之，课堂围绕学生"成长型思维模式"培育展开，凸显学生在课堂中的主体地位。

3. 回归基础

新高考非常重视思维考查，非常重视知识和情景之间的逻辑联系。在备考中只有将知识的逻辑联系弄通弄透，才能够领悟以知识为载体的思想方法，最终掌握知识的本质。要让学生弄通知识背后隐藏的逻辑，就需要在备考中让学生"知其然还要知其所以然"，即不仅知道"是什么"，知道"为什么"，还要知道"怎么来的，还可以怎么去应用"。这就要求教师在备考中，要改变重结论轻过程的不良教学倾向，更要淡化二级结论的识记，要重视知识的构建过程。在基于学生已有知识、学习认知能力的基础上，让学生能够有所超越、有所突破，这就要求备考中教师可以引导学生回归基础知识、基础常识、基础方法、基础情景，让学生在回归基础的过程中经历知识的发生过程，弄清楚知识的起源，习得解决问题的一般策略，增强情感体验，弄通知识之间的逻辑联系，促进知识本质的掌握和迁移。真正做到回归基础，返璞归真，从源头把握学科本质。

**（二）扎实备考落实**

1. 坚持"三个100分"

新高考理念下的备考更关注学生的实际获得，为此我们提出了"三个100分"的落实理念，即课本读后100分、课案练后100分、测试考后100分。这就要求老师们时刻关注备考行为后学生知识的掌握程度，学科能力的提升情况，核心素养形成的水平。

2. 坚持"导师制"

坚持推动导师制的实行，充分发挥全体任职教师在高三学习中的指导和教育作用，营造全员育人的教育氛围。做到教师人人是导师，学生个个受关爱，实现全员育人、全面育人、全程育人。导师不仅导学，而且导心，班级组教师就是本班学生的导师。每次考试有学生热情高涨，也有学生沮丧迷茫，焦虑不安，考后的教育工作必须重点做好。

新高考改革对高三备考来说，既是机遇，又是挑战。面对改革，我们要既注重宏观把握，又关注细节落实，以教师为中心，以学生为本，以教师的职业幸福、以学生生命成长质量为备考工作的出发点，在坚持原有成功经验基础上，"蓄势聚力，继承创新"，来"成就教学改革，观照生命未来"。

# 生涯课程方案

孙冬君

## 一、背景分析

### （一）生涯发展教育与我校的办学理念相契合

北京市第一七一中学始建于 1958 年，是东城区规模较大的中学，每年初一和高一入校的学生就有 1000 多人，学生人数多、层次多元，陈爱玉校长提出了"做有层次无淘汰的教育"的口号，面向全体学生，承认差异，因材施教，一个一个"经营"学生，让每个学生都能得到最大限度的发展。学校始终坚持"精心、精细、精品"的办学精神，不断实现"惠师、惠生、惠民"的办学目标，精心培养"健全的人格、优雅的行为、坚实的基础、出色的智慧"的终身发展的学生。

2009 年，我校专职心理教师第一次参加东城区举办的生涯规划培训，第一次接触了生涯规划的概念，接触了生涯规划课程。2010 年，我校在高一年级开设生涯规划选修课，选修学生人数 20 多人，授课教师尝试编制教案和学案。该选修课程向学生渗透生涯规划意识和方法，并且引导学生认识自己、认识职业世界，探索大学和专业，并编制选修课学案手册和选修课教材。

### （二）生涯发展教育是对新高考政策的回应

2014 年中央下发了《国务院关于深化考试招生制度改革的实施意见》，新的高考政策规定，高考考试科目由语数外和选考科目组合。新高考改革选考方式使学生不得不由"文理套餐"到形式各样"自助餐"的转变，这种从顶层设计的科学选才的思想，在促进学生个性发展的同时，也给学生带来了选择困难，这使得高中生涯规划教育成为高中课程建设重要部分。

### （三）生涯发展教育是实施立德树人、培养学生核心素养的抓手

2014 年教育部研制印发《关于全面深化课程改革落实立德树人根本任务的意见》，提出"教育部将组织研究提出各学段学生发展核心素养体系，明确学生应具备的适应终身发展和社会发展需要的必备品格和关键能力"。2016 年，北京师范大学林崇德教授团队发布研究成果，中国学生核心素养以"全面发展的人"为核心，并针对学生的年龄特点提出各学段学生的具体表现和要求。2019 年，北京市生涯课程研发团队提出生涯发展核心素养的四个维度、12 个关键能力。

2017 年，171 中学以生涯规划选修课程、心理选修课为基础，高一年级开设生涯发展指导必修课程。生涯课程的开设不仅是顺应高考改革的大趋势，而且指向学校办学目标、办学宗旨，做"有层次无淘汰的教育"，为学生终身发展奠定基础。

## 二、课程目标和课程理念

学生生涯发展素养是核心素养的重要内容，是生涯发展课程建设的重要引领。我校生涯课程目标制定的时候，依据北京市生涯发展核心素养的四个维度、12 个关键能力，制定我校生涯发展教育的总目标：以高考改革为背景，以培养核心素养为导向，抓住学生对新高考选科选考迫切需求，以解决适应高一新的学习和生活的现实问题，唤醒学生生涯规划意识。培养学生人生规划的能力，正确认识自我，正确处理选科选考问题，为未来专业和职业选择做好心理准备。达到自我发展和社会现实的契合点，实现人生价值，过有意义的幸福人生。

具体目标：

生涯认知：唤醒生涯规划意识，了解、评估自己的兴趣、能力、价值观。

生涯选择：能根据自己的兴趣特长和学习特点进行初步选科能力，对比不同选择科目对应的专业和大学。

生涯探索：进行生涯探索与体验，培养实践能力和多途径探索能力。

生活和学业管理：正确处理人际关系，增强情绪管理和压力管理能力，提高学习自信心和学习效率，学会目标制定和时间管理。

课程理念：落实高中新课程改革的要求，遵循社会主义核心价值观，培

养学生正确的人生观、价值观和世界观，以北京市生涯发展核心素养的四个维度、12 个关键能力为引领，遵从实用性、体验性、学生主体性、价值引导性的原则，注重体验和实践。帮助学生提高生涯适应力，拓展生涯发展路径，引导学生建立多元的能力评价体系，积极面对时代的机遇和挑战，自主发展，做出行动和改变。在授课中重视将真实生活案例与学生的实际需要结合，将社会信息与课程内容有机结合，将课程目标与学生的反馈结合，及时调整授课内容。

## 三、课程内容结构

我校生涯发展指导校本必修课主要参考北京教育科学研究院的《高中生涯规划与管理》等教学参考教材，基于课程理念设立的课程结构如下：

| 板块 | 内容 | 标题 |
|------|------|------|
| 一 | 开启高中生活 | 生涯起航 |
| | | 高中新起点 |
| | | 人际交往的模式 |
| | 活动探究 | 我的生涯彩虹 |
| 二 | 探索未知自我 | 兴趣与职业 |
| | | 遇见个性的自己 |
| | | 多元的我 |
| | | 能力伴随成长 |
| | | 价值观——生涯的潜在舵手 |
| | 活动探究 | 学科价值与选科指导 |
| 三 | 探寻外部环境 | 探索职业世界 |
| | | 认识大学选择专业 |
| | | 高中后的多种选择 |
| | 活动探究 | 职业体验 |
| 四 | 凝练生涯智慧 | 抉择岔路口 |
| | | 追求成功直面挑战 |
| | | 异性交往 |
| | | 积极的生涯信念 |
| | | 目标指引未来 |
| | | 时间管理 |
| | | 最有效的行动 |
| | | 压力管理 |
| | 活动探究 | 我的生涯规划书 |

# 四、课程设置与教学方式

高一生涯课程课时每周一节，连续两个学期共 24 节课。为了落实培养核心素养，实现生涯课程目标，采取丰富灵活的教学方式，利用课内外资源创设学生体验的教学环境。为了提高教学实效性，除了常规课堂教学精益求精，不断追求完善之外，我们将校内学习和社会实践结合的生涯发展指导教育。在校外资源开发和利用有以下几方面：

## （一）职业人请进来

我校高一年级家长非常热心学校教育，尤其在对孩子生涯规划方面都很重视。我们成立生涯规划家长导师微信群，有的家长自愿成为学生的生涯导师，群里经常发布一些生涯规划的文章，同时定期组织不同年级家长来学校为同学开展职业人进校园活动。学生自主选择自己感兴趣的职业领域，通过家长分享职业认识和职业发展前景，消除学生对职业的表层认识、刻板印象，了解职业道德和职业素养。

## （二）毕业校友沙龙

我们邀请了 171 中学毕业的在读本科或研究生回到校园，给学生带来大学生活感受以及详细的专业解读和未来发展。学生参加讲座后反映：学长讲解细致、真实、有用，贴近我们的兴趣，补充了自己以前对大学和专业的认识和信息，让他们改变了对大学和专业的看法，重新审视自己的专业选择。还有的学生说他们更加坚定自己的专业选择。

## （三）职场体验走出去

选择了来自家长的 11 个不同领域的生涯实践基地。学生们按照兴趣选择并组成小组开展实践体验活动，在参观中体验各社会职业的工作内容，了解各种职业所需的知识、技能，访谈职业资深人士，增强对社会职业的认识。职场参观活动不仅增加了学生们对职业世界的了解，更提升了学生们开展生涯规划的意识。

# 五、课程评价

## （一）学生自评和教师评价两种方式结合

学生通过写学习效果反思，对自我的学习效果进行评估。

**（二）过程性评价和结果性评价结合**

教师一方面参照学习反思评估学生的学习效果，另一方面依据学生的课堂表现、随堂作业完成情况等多角度对学生进行过程性评价；根据学生探究性作业，如专业职业介绍发言、生涯规划书进行结果性评价。

课程评价表

| 姓名 | 过程性评价 | | 结果性评价 | | | | | 自评和教师评价 | |
|------|------------|------------|------------|------------|----------|----------|------------|----------------|------|
| | 课堂发言 | 随堂学案 | 专业职业发言 | 学科老师访谈 | 职业体验 | 职业梦想 | 生涯规划书 | 自我评价 | 总评 |
| 张庭 | | | | | | | | | |
| 李欢 | | | | | | | | | |

# 六、课程发展阶段历程和特点

经过近 10 年生涯课程建设和发展，我们经历了三个阶段：

第一阶段（2010—2015 年），生涯规划选修课，受众面小，生涯选修课与心理课融合，课程与学生心理健康和生涯规划紧密相连。

第二阶段（2015—2017 年），生涯发展选修课系统化，不断丰富教学内容和教学方式，组织生涯相关讲座等。强调独立、理性、梦想、规律四方面，尊重学生个性的学习习惯，引导学生找到适合自己的学习方法。鼓励学生要仰望星空，寻找自己的梦想，也要脚踏实地，实现自己的理想与目标。

第三阶段（2017—2020 年），生涯规划教育的核心理念是大生涯理念，不仅有专门生涯规划课程，还有年级组举办的多学科社科讲座、多样化社团活动和各种人才培养计划，这些课程和活动在引导学生发现学科魅力、寻找自我的落脚点、找到适合自己的学习兴趣和学习方法，把学习和发展、自我和社会、现在和未来建立连接，增强学生对自我、对外界环境、对自我发展能力进行积极探索和内在整合，找到适合自己的发展路径。

我校生涯发展课程建设的特点是：

营造学校生涯教育氛围，建立生涯课程支持系统。把毕业校友、家长生涯导师形成机制化建设，探索建立职业体验基地，让课程的支持系统立体化、丰富化和多元化。通过课程和体验活动，引导学生主动获取生涯信息，内化学习经验，把握生涯过程，以兴趣为基础，以志向为导向，回归当下的学习。

我们试图通过形式多样的教育活动，丰富学生生涯规划内容，促进学生自主发展，提升学生自我认知，帮助学生了解自我的优势是什么，我想从事什么职业，未来如何过我想要的人生，提高他们的生涯管理能力。

# 高端引领　有效干预　教研促师生共同成长
## ——做有效的教师研训

许绮菲

2021 年，中共中央办公厅、国务院办公厅印发的《关于进一步减轻义务教育阶段学生作业负担和校外培训负担的意见》指出：以习近平新时代中国特色社会主义思想为指导，全面贯彻党的教育方针，落实立德树人根本任务，着眼建设高质量教育体系，强化学校教育主阵地作用。

教师是学校发展的动力和灵魂，教师优秀的教学能力是"增效减负"的保障。我校数学教研组致力于以科学、有序的教研活动提升教师专业素养，把教师教学专业能力的提升作为"增效减负"核心任务之一。

## 一、数学教研组教研"历程"

数学教研活动的科学、有序经历了不断学习、逐步修正、逐步提升的过程：

1.2009 年市级教研展示活动《依托校本教研、促进教师专业化发展》。这次教研活动推出初高中 5 节现场课，教研组建设交流的内容涵盖三个方面：（1）转变观念、我要教研；（2）"愉悦"氛围、常规化教研；（3）专业引领，多种形式、重视实效。提倡教学"反思""专题化研讨"。这一阶段激起了组内教师的教研热情，教研内容没有形成体系。

2.2013 年开始，数学组有幸作为基地校参与北京市教育科学规划课题《促进北京市高中数学新课程有效实施的对策研究》（编号 DBB10073）及教育部全国规划课题《高中数学新课程实施中的班级学业水平测试及反馈的研究》（编号 FHB120467）。在课题研究过程中，开始阅读《教育目标的新分类学（第 2 版）》《百年课程标准》《什么是数学》等书籍，开始学着做问卷、访谈、研究报告；开始收集来自一线的鲜活教学经验和有效教学策略，在专家指导下通过归纳、分析和提升，尝试最终形成一些具有一定推广和应用价值的基本操作策略的行动研究；开始思考高中数学命题技术及分析测试结果对教学反馈的研究，提高课程实施的实效性。感受了运用理性思维和系统研究探索知识的活动和过程。

3.2018 年教育部高中课改实验"三新一旧"项目推进工作中，负责组织召开北京市第一七一中学的团队教研创新教学成果汇报会。教师研训报告以最平实的语言记录了五个月来我们的研究主线：初步选题、修改选题、明确分工、暑期全体老师的自主学习、提交文献报告与学习者调研问卷、提交学习者调研报告、展示课教学设计与研讨、数学主题特征揭示与重要信息推送与研究课、难点解决一系列过程。在这一活动中，我们注意了基本概念的界定和基本材料的积累。在进入课题研究之前，对主题词或者几个最关键的核心概念做一番比较清楚的梳理，然后给出一个操作性定义，并且在整个操作过程中要坚守这个操作性定义，按这个操作性定义去操作，去使用它来说明问题。注意研究过程中材料的积累，因为有了一个研究过程，这个过程的记录就是研究的证明材料，用过程来证明结果。研讨会呈现了文献研究报告，学习者调研报告，四节说播课形式的展示课及难点解决策略报告及专门技能研训暨教研组工作交流。

两次展示活动对比，第一次展示活动关注一节具体的课如何设计与实施，第二次展示活动聚焦教师研训的过程与教师专业技能的提升，我们认为课堂质量仅仅是教师专业技能的一部分。我们的目标是争取做一个具备专业理念、专业知识、专门技能的教师。

现在的教研与课题研究同步进行系统研究，教研组申报并通过了一个市规划课题，两个教育学会课题。研究过程中教研组长统领的同时更多发挥备课组长的作用。作为区引领性名学科基地非常愿意在与各校的交流中共同进步。

## 二、展示活动举例

2021 年 10 月，数学组承办了主题为"复习教学如何进行"的大型市级展示活动。

复习教学如何进行是长时间困扰许多老师的问题。其原因在于我们既没有进行复习教学的专门教材，又很难找到能够指导复习教学设计的专业书籍，还缺少针对复习教学设计的专门培训。本次展示活动主题是探讨基于目标分类的数学复习教学的设计与实施。

从教育目标分类的角度认识如何解答题目，我们会发现，在解题过程中涉及的知识有概念、法则和公式等，这些知识都属于事实类知识和概念类知识。解题思路或者解题方法，则属于程序类知识，是指某些具体的操作步骤，某种固定的操作顺序，运行之后能得到结果。我们将解题思路步骤简称为"认"，把用到的概念、法则、公式等知识要素简称为"知"，将具体题目的解答过程看作一个任务，那么这三类知识放在一起就构成了一类新的知识，称之为认知任务知识。做题的过程中，需要先提取相关知识，而提取的前提是能够在理解的基础上进行记忆。再将提取的知识进行有步骤地应用，通过应用、分析等思维过程完成任务。弄清知识的类别，对于我们解释和分析如何解答一道题、题目能否正确解答、不能正确解答题目的原因有着重大的意义和作用。

本次展示了复习课的三种课型——温习课、数分课、析题课。

如果我们以知识体系的结构性认识为教学目标，我们就得到了一种新的复习课型——温习课。温习课的目标不再是独立的一个或几个概念与原理，而是某个模块的全部知识要素之间的关系，特别是知识之间的结构。教学实施过程中改变"教师讲学生听"的方式，积极开展高级认知活动，并采用小组合作学习方式，以达到发展能力的目标。

数分课的目标分为三个维度，可以合并描述为：通过分析教师给出的各种测试数据图表，完成个人的自我认知，设计个人的学习方案，提高学习数学的兴趣，巩固学好数学的信心。

析题课一般在数分课之后进行，以认知任务知识和分析能力为目标，其中的"析"字主要是指分析的意思。在析题课中，最重要的任务不是让学生做题，而是要给出学生题目和解答，让学生先分析题目解答过程中用到了哪些具体的知识，在这个基础上，再对解答过程进行概括和总结。如果可能的话，用图示的方法直观表示解题思路。

析题课具备以下要素：

1. 并不是仅仅停留在对题目正确解答过程的分析，一方面要指示正规，一方面要矫正错误，必须兼施并用，才会有较好的效果。这就要求我们不仅分析正确解答，还要评价典型失误；

2.同伴互助，由于分析认知任务知识具有一定的难度，学生的学习能力又有着一定的差异，为了达到所有学生都能得到促进和发展的目的，我们需要改变"教师讲学生听"的方式，积极开展小组合作学习方式，以达到同伴互助的功效；

3.要抛砖引玉，此处的"砖"是指需要进行分析的数学题。"砖"的选取依赖于学生群体表现和测试数据；

4.有备而来。在挑选典型正解和误解之前，一定要填写题目控制表。

这三种复习课型在课堂实施中都是以学生为主体，充分发挥同学互助作用，但是有时我们发现高中生在课堂中不喜欢、不习惯发言，导致课堂完全达不到我们所希望的效果，这是为什么？又如何解决呢？我们组织教研组老师学习了《T.E.T.教师效能训练》，通过学习，我们发现在我们的认知里的有效沟通事实上不少是被称作"12类沟通绊脚石"。教师们普遍认为《P.E.T.父母效能训练》《学习障碍儿童的心理与教育》《阅读障碍与阅读困难——给教师的解释》也是非常值得推荐的书目。

带着教育的理想做理想的教育，把一件事做到底！教研，我们一直在路上。

# 在增效减负中助力学生高效学习

罗红燕

　　"双减"工作的要义在于有效减轻义务教育阶段学生过重的作业负担和校外培训负担，是国家层面对义务教育阶段提出的要求，国家层面的"双减"，区域层面的"双升"，为基层学校教改的深入指明了方向。学校应该始终如一坚守"聚焦质量提升"实现"全面优质"，以"提质增效"实现"学生减负"，以"有层次无淘汰"的教育实践实现"让每个孩子都发光"的教育追求，我们以往的这些理念和实际教育教学行为与当前的要求高度契合。在工作中我不断进行着"双减"与"双升"的思与行，用学校严格的教学与管理保障学生的高效学习。

## 一、树立现代教育思想，聚焦质量管理提升，是"增效减负"的"魂"

　　面对新评价、新课程、新素养等改革形势，学校教学管理形成以聚焦办学质量的"五观"、聚焦质量管理的"八大力"和"十大意识"为核心的现代教育思想。

　　1. "五观"是指：教育观——让学生变好的教育才是好教育；学生观——人皆可以为尧舜；教师观——知高为师，德高为范；课程观——学校是加工课程的地方；质量关——应试教育成为素质教育沃土上的一朵奇葩。

　　2. "八大力"是指：教育理解力、教育规划力、教育供给力、教育创意力、教育加工力、教育诊断力、教育促进力、教育协同力。

　　3. "十大意识"是指：前瞻意识、统筹意识、攻坚意识、勤耕意识、过程意识、落实意识、评价意识、合作意识、忧患意识、闭环意识。

面对"双减"教育改革形式，为了实现"双升"，打开视野、跟进创新，在提升教学质量上凝练并实践独具一七一特色的课堂质量落实"十大力"：即课堂的创新力、转化力、研判力、发现力、教学力、落实力、过关力、精准力、合作力和加工力。做好基本面，做实执行力。对于认准了的事"一以贯之、凡事彻底、持续改善"。

## 二、优化"三课一体"体系，完善贯通培养模式，是"增效减负，高效学习"的"道"

### （一）完善整合丛林课程，提升课程适切性

一七一人认为："增效减负"落实的根本在课程体系改革。为此，我们严把"国家课程深耕化、校本课程特色化、特色课程精品化"三级课程实施要领，基础课程做精规划，把握难易轻重，实施个性化施教。拓展课程实行"四专课堂"：专人专室专项培养学生专长。荣誉课程，为独具个性、学有所长的学生提供更丰富更开阔更高端的课程。三级课程，科科各美其美，满足不同学生的多元需求。在一七一中学，学生普遍感到学校生活丰富多彩，超出他们进校之前的预期。

### （二）继承发展"课案教学"，提高学科教学效能

在追求"上好每一堂课"的路上，必须有切实的抓手，这个抓手在学校就是"课案"。课案是教师对新课标和新教材的重整再生，课案一直追求"三化"：星级化、生活化、学科价值化，以适应新的评价改革、新的课程要求、新的核心素养要义和分层走班教学的需要。星级化是为了实现课堂的教学分层，生活化是为了帮助学生将知识运用到实践中，做到学和用的结合，学科价值化是为了帮助学生完成知识迁移与学科能力的建立。与此同时，课案的质量和落实上一直追求"三高"，即"高质、高效和高端"。课案最终成为学生学习的宝典。

### （三）继续创新"五步自主高效课堂"，培育学生核心素养

学校课堂围绕"明确目标、自学初评、展示提升、讲解拓展、练习反馈"为基本环节，形成独特的"五步自主高效课堂"，在"精研学习规律，传承教学优势，探索特色高效教学途径"中充分发挥了双主体作用。

随之而行的学校优质课标准，成为更多教师的共同着力点，老师们将"必备知识、关键能力、学科核心素养、核心价值和学业质量"等内容有机地融入各个学科的教学中。每学年，以"骨干教师示范课"等多轮公开课为抓手，以打造"成长型思维模式课堂"为总体目标，聚焦学生知识、能力、思维、品格的课堂获得，不断提升学校课堂整体效率，真正实现了以课堂的"增效"，促学生的"减负"和"高效"。

### （四）建立完善的贯通式人才培养模式，实现基础教育的"全程增效减负"

为学生提供适切而丰富、全程而高效的教育，是教育者的责任和使命。我们的建设路径，一是加强课程供给，以"丛林化的课程体系"奠定学生发展的基础，以荣誉课程实现学生的多元兴趣培养；二是重视一贯制课程建设，实行初高中六年一贯制规划和培养、小初高十二年一贯制规划和培养。每个阶段的学科设置、学程安排、内容含量、培养目标、实施路径等相互配合，精准衔接，有效避免了超前和重复，极大减轻了学生负担，提高了培养效率和效能。

## 三、立德强能，打造"全专业属性"教师队伍，是助力学生学习高效的"术"

2022年，东城区教育两委部署"双升计划"，特别强调要提升教师队伍质量，在此问题上，学校认为：一名合格的教师应该是"全专业属性"充分发展的人，包括三个部分，即教师"学"的专业性、"教"的专业性和"学科"专业性。为发展全体教师的"全专业属性"，近年来在以下三个方面做足功夫。

### （一）立师德：倡导每一位育人者"做十种人"

一七一中学十多年倡导教职工"做十种人"：为人师表的高尚人，团结谦让的开明人，淡泊名利的大度人，扶正压邪的正直人，全面质量的明白人，学术研究的带头人，开拓创新的聪明人，立足本行的实干人，身心愉悦的健康人，品味生活的现代人。每学年组织不同形式的研讨会，推荐优秀教师代表用业绩说话、用案例讲道理，深刻诠释敬业、尊重、创新的师德内涵。达到以"学"养师德，以"规"约师德，以"标"导师德，以"情"化师德，以"案"警师德目的。

### （二）强师能：优化每一位育人者的教育加工力

一七一中学始终将提升教师"全专业属性"作为核心任务，通过"真、实、活、新教研"强师能。"真"研修：专题研究、话题研究，以学生问题为出发点，解决教学真问题。"实"研修：人人参与，全程参与。备课即研究，形成有研究氛围、有战斗力的备课组团队。"新"研修：与时俱进的微创新。倡导课堂教学中的微创新，让创新的意识和力量融入课堂的小细节。"活"研修：活学活用，迁移变通。只有老师教学中的灵活多变，才能培养学生的处变不惊以及应对变化的能力。

聚焦教师"教"的专业属性：以高效备课、精准授课，推动课堂教与学质量的整体提升。聚焦教师"学"的专业属性：构建跨年级、跨学段、跨学科的开放灵活教研空间，充分整合各类教研资源，搭建新型教研平台，形成良性教研生态。聚焦教师"学科"的专业属性：通过专家讲座、学科核心素养研讨、全校教学大会等多种形式切实提升教师的学识与见地。

三年来，学校采用线上线下相结合的方式，邀请200余位专家讲座，高位引领，提升教研水准；学校现有100余名市区学科带头人、骨干教师，优化人才梯队；搭建一系列科研平台，以研促教，仅本学年，干部教师主持市级规划课题15项，校本研究课题100余项。

### （三）优师评：激励每一位育人者做更好的自己

一七一中学拥有"五级评优"等特色"评教评学"教师激励与监督机制。"五级评优"是一七一中学经过十多年的探索与实践，逐渐形成的行之有效的教师激励体系：即每年为教师颁发希望之星、教坛新秀、受学生欢迎教师、教学能手、功勋教师五种荣誉称号，真正实现"因为有了我，一七一中学更美好"的愿景。

## 四、教育教学全面优质、学生素养整体提升，是"增效减负"和学生学习高效的"果"

以现代教育思想，将"增效减负促学生学习高效"的意识，内化为全体教职工的统一观念；以更加适切学生需求的丛林课程为全体学生提供精准服务；以更加符合教学规律的"课案教学"作为全体学生减轻负担的重要抓手；以更加适应学生学习的"五步自主高效课堂"涵养学生核心素养；以更加优秀的

"全专业属性"教师队伍为切实落实"增效减负"保驾护航。在大家的共同努力下，一七一中学获得了累累硕果。近三年，我校学生在体育竞赛中获国家级奖项130人次，其中王昭宇同学代表中国参加世界中学生游泳比赛荣获冠军；一七一"金帆合唱团"获得全国金奖，为庆祝中国共产党成立100周年等重大政治活动，进行了20余次专场演出，原高三7班石晶同学代表中国参加2020年世界中学生美术大赛获金奖；科技创新活动中，我校学生获得国际奖项17个，国家级奖项90个，市级奖项800余人次。

　　未来，落实"双减双升"将成为一七一中学教育教学的重中之重。我们将继续坚持特色项目精雕细刻，以求做精做强，以达优质高效。如作业"三批三改"：学生作业全批全改、重点题细批细改、特需学生面批面改；如"导师制"：班级组教师人人当导师，导心导学导行，真正做到教书育人不分家。

# 继传统　创新篇　蹄疾步稳
# 积微善　育大德　成风化人
## ——德育管理的实践与探究

### 南　玲

梁晓声说，文化可以用四句话表达：植根于内心的修养，无需提醒的自觉，以约束为前提的自由，为别人着想的善良。作为一名教师，一名德育工作者，我深切地感受到育人过程的艰辛与漫长，我们的付出也许不会立竿见影，需要用较长的时间去践行，甚至一生去体味。但同时它带给人的丰盈的收获又会与成长相伴，至诚相随。

作为德育副校长，我努力追求做有温度、有深度、有广度、有高度的教育。打造高水平的德育团队，助推学生的健康成长与多元发展，使之成人、成才、成栋梁。

构建强有力的德育团队是先决条件，以培育和践行社会主义核心价值观为指引，以培养具有"健全的人格、优雅的行为、坚实的基础、出色的智慧"的优秀学子为核心工作目标，以发展学生核心素养为导向，坚持"在继承中发展，在发展中超越，在传统中变革，在变革中创新"的原则。以"立德树人"为出发点，拓宽德育课程的育人渠道，巩固课堂育人阵地，促进学科德育渗透，打造活动育人特色，不断丰富"有层次无淘汰"的德育内涵，从而形成系统完备的大德育体系，彰显德育工作"以德化人、以文养人"的新风范。

# 一、站位新高、精思细研——构建德育管理研究体系

**（一）举全员之力整合资源，立足改革，放眼大局，创新开拓德育管理空间**

建立在校长领导下，由德育主管校长到教育处主任、级部长，到年级组长，到以班主任为核心的班级组的"德育链"，凝成共舞共振的德育工作队伍，打破"单兵作战""孤岛效应"，实现人人同向同行，形成协同效应。

以社会实践基地为依托，以主题教育为载体，坚持"读书育人、活动育人、文化育人"。形成良性的、多层次的、立体的"德育场"。

形成从小学一年级到高三年级的十二年德育管理体系，形成有针对性、符合学段特点、成发展体系的德育管理模式。

**（二）重视科研引领，深挖"德育思想"，提升学校德育工作的理论水平**

认真学习《中国学生发展核心素养》，深刻体会其内涵，领悟教育强国、科教兴国的必要性。提炼、浓缩属于自己学生特点的价值观、人生观、世界观，以及教育观、教师观、学生观、课程观、质量观，等等，形成全体师生共同研究的校本课题。

树立"问题即课题"的观念，从学生的生活实际出发，加强学校德育科研，探索科学高效的学校德育管理模式，促进学校德育特色发展。依托"尊重课题""学校美育与人生发展的实验研究""性健康教育"等多个德育课题的开展，激发教师的专业思考，培养创新意识，为教育工作提供更有力的理论依据。

**（三）加强队伍建设，拓宽工作思路，使德育工作依托新理念，站位新高度**

强化全员德育的观念，做到教师人人是导师，学生个个受关爱，促进每一位学生的全面健康成长。

建构"专家指导引领，同伴合作互动、个体反思探究"为特色的班主任岗位培训模式。

## 二、多元、延展、开放、创新——打造特色德育课程体系

### （一）传统文化课程——激活文化基因　传承民族血脉

民族传统节日是中国文化不可或缺的筋骨血肉，我们有责任和义务透视传统节日这个窗口，让民族文化薪火相传，生生不息。"彩蛋对碰显身手，民俗流传写春秋"的清明节，"喜过中秋晒团圆"的中秋节，"赏花灯 猜灯谜"的元宵节，"爆竹声中一岁除"的春节等传统节日，用独树一帜的活动引领新生代重拾久违的民俗与传统。

通过拟写对联、习得书法、创作国画、京剧展演、黄梅戏联唱、民乐演奏、中医药文化、茶艺花道交流等传统文化体验，让师生感受蕴含祖先深远智慧的精华，在翰墨飘香、诗书雅乐中坚定作为中国人的文化骨气和底气。

"传承民俗文化 体验非遗经典"彩绘兔爷、脸谱、景泰蓝画、泥公鸡、陶艺京八件等二十余个非遗项目，让同学们亲身体验、感悟、传承中华文化的优秀基因。

### （二）阳光体育课程——激扬活力无限　奠基终身发展

校园有了体育，就有了生命的阳光和蓬勃的朝气。在校园内要形成全员为学生健康协同努力，齐抓共管的良好局面，以达成"提升学生身心健康水平，为学生终身发展奠基"的共同追求。自编健美操，让师生完美演绎。创设"阳光体育状元榜"，力争把学生课余体育活动发展成为有特色、有效果、有亮点的"三有"工程。举办以"运动为生命打好底色，阅读为人生积蓄能量"为主题的秋季运动会，释放激情与能量。冬季体育月会驱散严冬。定向越野、长跑、长短跳绳、踢毽等多种比赛使学生跑出了健康，跳出了自信，释放无限的青春与活力。

### （三）社团课程——创新运行管理　尽展个性才华

学生社团，是全面提升学生综合素质的重要载体，亦是彰显个性才华的舞台。学校涵盖科技、传统文化、体育、人文社会、文艺等门类，包罗万象，百花齐放。在管理上，追求科学性、专业性、竞技性、人文性的统一。通过加强社团建设，旨在提高学生的综合素质，拓展开放性思维，提升创造性能力，从而为学生个性化发展助力。在不断丰富校园文化的同时，学生社团也收获光荣与梦想。

### （四）志愿服务课程——倡导尚德崇信 培育责任意识

代代传承的志愿服务精神很早在校园中就播下了生命的种子，一批批志愿服务团队更是与时俱进地应运而生。通过参加志愿活动，促使学生传播爱心、传递文明；更为学生培育起责任意识，获得丰富生活体验同时，加深了对社会的认识。

### （五）生涯规划课程——初探学之所往 笃定志之所向

根据学生的年龄特点，在各级部积极开设生涯启蒙、生涯探索、学业规划、职业初探等内容的生涯规划课程，带领学生走进各行业的领军企业中，亲身体验行业属性和职业特点，使学生把自己在校的学习与未来的生涯发展联系起来，从而明确目标、开拓视野、激发潜能，有效地进行自我调控，鞭策自己迈向成功。

### （六）礼仪课程——温文儒雅相成 文明知礼相映

以"礼仪教育"为依托，上好人生第一课。通过晨训、班会等教育阵地，让学生学习《弟子规》《朱子家训》等经典篇目，通过重要节日——教师节、母亲节等及重要活动——成人仪式、毕业典礼等，让学生成为"礼"的践行者。礼仪宣传、礼仪教育、礼仪展示让学生"知礼""明礼""行礼""守礼"，涵养出文明知礼的校园文化。

## 三、青春正好，成就万丈光芒——实践活动育人体系

### （一）"海量阅读"为人生积蓄能量

通过"海量阅读"九阶晋级制、儒学讲堂、晨跑赠美文、美文换巧克力、校园电视台每周书店、周二静读、图书漂流等活动，让学生在校园书香氛围中，认识天地之大小，悟透人生之难易。

为鼓励学生进一步把阅读推向深入，完成输入到输出的过程，开设了"奇文共欣赏、疑义相与析"为主题的海量阅读大讲堂。

海量阅读工程，使学生爱上了读书、迷上了写作。近几年，近百名学生在省部级及以上刊物中发表文章，书情雅意、崇美向善。

### （二）静心涵养，熏陶艺术心灵

开展传统文化教育为重点、不断丰富传统文化教育的课程，用"崇德利用"打造了青年学子的文化之魂。倾情倾力策划主办文体节专场会演，全校师生各美其美，全方位多角度展示高尚的文化追求，高雅的审美品位。

### （三）青春江湖，我主沉浮

每学年，学子们都将在自己创设的节日嘉年华里释放激情，每个社团展示季都会在各个社团中激起千层波浪，唤起万般回响。

### （四）千帆竞发勇者先——佼佼竞赛

你有多大的本事，学校就给你提供多大的平台。我校学生积极参加各种展示比赛，先后获得了中央台谜语大赛冠军，SK状元榜年度总冠军，极智少年强全国亚军等。

多样的育人文化，把学生具有的"善博雅"的德性真正转化为了提升身心发展的正能量。为了进一步丰富德育内涵，依托学院制改革，在统筹资源配置的前提下，盘活优质资源，拓展活动空间、深化活动内涵、提升活动品质，让学生在没有围墙的校园中成为更好的自己。

## 四、欣赏亮化、润泽桃李——德育评价体系

### （一）每月的常规百分评比

从晨检、言行规范、课间操、卫生多方面进行分数量化，评选出全校"行为示范班""广播操示范班""海量阅读示范班""卫生免检班"等优秀集体并颁发锦旗，一面面红色锦旗在优秀集体的门口高高悬挂，这是最好的德育教科书和风向标。

### （二）"先锋"亮化

借助一年一度的开学典礼表彰，大力弘扬学校涌现出的一批批"校园德育先锋""校园之星"，他们是学生学习的榜样。以此充分发挥同伴激励同伴的作用。

### （三）"活动点卡"亮化

学校每组织一次活动，都会将这些精彩而美丽的成长瞬间化为永恒，学生们亲手设计的特有的"活动点卡"，让大家如获至宝、热衷珍藏。

心中有爱，润物无声。热爱是境界也是胸怀，有技能也有技巧，德育先行，博学启智，集结信仰，收藏幸福。伴着继承发展创新的主旋律，行进在深化教育改革的路上，我会力争以学生视角、教育视角、国际视角为依托，全方位打造德育课程，在德育管理的实践与探究中，不断突破，为学生的精神世界打好底色，叩开梦想之门。